Avant demain. Épigenèse et rationalité

Catherine Malabou

明日《あす》の前に

後成説と合理性

カトリーヌ・マラブー

平野 徹＝訳

人文書院

明日の前に　目次

凡例

・原文においてイタリック体で表記された箇所は、書名、雑誌名は『　』であらわし、強調の箇所は傍点を付した。

・原文における引用箇所および論文名を示す《　》は「　」で、（　）はそのまま（　）であらわした。

・著者による補足は［　］、訳者による補足および注は〔　〕とした。訳者の判断で強調すべきと判断した箇所は〈　〉であらわした。

・原文中でフランス語以外の言語（ドイツ語、ギリシャ語、ラテン語等）がイタリック体で示されている箇所は、そのままイタリック体で記載した。正字体の欧文は、訳者の判断で原文のまま記載したものである。

・引用箇所等で使用・参照した邦訳については注の〔　〕で示した。ただし、文脈上訳に変更をくわえた箇所や，原著フランス語から直接訳出した箇所があり，邦訳の該当箇所とかならずしも一致していない。

明日の前に——後成説と合理性

Epigignomai: 一 後から生まれる（oi epigignomenoi 子孫）。
二 突然あらわれる。起こる。三 付けくわわる。

すべての進化は後成《エピジェネティック》的である。(1)

ジョルジュ・カンギレム

それだから我々が目的としてのみ可能であると見なしている自然物は、世界全体の偶然性の最も主要な証明を成すものである。(2)

イマヌエル・カント

（1） Georges Canguilhem, Georges Lapassade, Jacques Piquemal, Jacques Ulmann, *Du développement à l'évolution au XIXe siècle*, Paris, Puf, « Pratiques théoriques », 1962, p. 26.

（2） Emmanuel Kant, *Critique de la faculté de juger*, §75.〔イマヌエル・カント『判断力批判』下、篠田英雄訳、岩波文庫、一九七九年、§75、七九頁。以下、第三批判と表記〕

はじめに

なぜまた、カントについての本なのか。この哲学者をめぐっては、論文、研究書、記事のたぐいは山ほど書かれてきたというのに、またなぜ一冊をくわえようとするのか。

そうする理由は単純に、評価と称揚の情景の向こうに訣別を意図した逆の動きがあるさまを、読者に目にしていただきたいからである。現在の大陸哲学において、カントと絶縁しようとする動きが進行している。「思弁的実在論」の名のもと、世界や思考、時間に対する新たなアプローチが登場し、『純粋理性批判』以降、不動であると信じられてきた数多の基本前提が疑問視されるようになっている。すなわち認識の有限性、現実的所与、主体と対象との根源的関係としてのアプリオリな総合、自然や思考の諸法則にあるとされ、必然性と普遍性を保証するとされる構造的道具立てのすべて、一口にいうなら、超越論的なものが疑問視されているのである。〈超越論的なもの﹅﹅﹅﹅の放棄〉が、ポスト批判哲学的な新思想の合言葉となる。

超越論的なものを放棄しようとするくわだては、じつはかなり以前からあった。このくわだては、ヘーゲルにはじまり、形而上学の破壊、脱構築まで、連綿とつづけられてきた。ヘーゲルからハイデガーまで、ハイデガーからデリダそしてフーコーまで、その堅牢性、永続性、思考の必須条件と称されるその性格をめぐって、超越論的なものは問題視されてきた。ハイデガーのように時間をもちこむ、あるいはフーコーのように歴史をもちこむといったこころみは、すでに超越論的なものを追い払おうとする身ぶりだったのである。だがこれは哲学だけの話ではない。神経生物学は一九八〇年代半ばにめざましい発展を遂げ、その成果が最近ようやく知られるようになってきたのだが、そこでは分析哲学の伝統にのみかかわるとはいいがたい一連の問いの析出・解明がすすめられ、結果として、すべての超越論的理念が目だたぬかたちで崩されつつある。近年の脳機能をめぐる種々の発見から、思考法則の前提とされる不変性を疑問視する動きが独自のかたちで出てきているのである。

では、形而上学の脱構築よりも、そして認知論よりも根源的であろうとする思弁的実在論を、どう位置づけるべきなのか。一連の大転換のなかでカント哲学は、そして哲学それ自体はどうなるのか。

哲学の近年の情景を俯瞰しながら、こうした問いへの答えをつくりあげることは、私には大事なことだと思われた。この情景を彩ることになる主たるカント読解は、時間、思考と脳の関係、世界の偶然性という三つの問いにかかわっている。

現況をバランスよく概観するには、とうぜんながら、後世の人びとに向けてカントならどう答えるかを推測し、吟味することも欠かせない。

私はこの答えを、『純粋理性批判』でカテゴリーの懐胎を名指そうとしてカントが導入した形象である後成説をめぐって構築してみた。生物学において後成説は、胚の成長を細胞の漸次的な分化で実現するものとする説で、発生当初から胚を完成したものとみなす前成説に対立する説である。私がここに展開しようとするのは、後成説がたんなる修辞技巧にとどまらず、超越論的なものそのものにあてはまるというテーゼである。〈超越論的なもの〉は、発生・発展し、変化し、進化する。この変転に目をやるなら、十七世紀の後成説から現代のエピジェネティクスをへだてている数世紀を跳びこえることすら、可能になる。

超越論的なものは、新たな生を開始する。

『ヘーゲルの未来』の後で、〈カントの未来〉を書くときがやってきたのである。後成説と弁証法が取り結ぶ関係に後でもどらねばならないという条件が付くが。

＊　＊　＊

辛抱づよく私の聞き手になってくれたモニク・ラブリュンヌに感謝する。また、哲学にかんしてのみならず文献関係の面でも貴重な支援を提供してくれたオイステイン・ブレッケにも感謝する。本書は、パリ－オスロ間でおこなわれたわれわれの意見交換に多くを負っている。エティエンヌ・バリバールは入手困難な書籍を何冊も提供してくれた。感謝の念と友情をこめてここに記しておく。

序論

現状確認——ゆらぐカント

三つの問い

三つの問いが本書の起源にある。これら三つの問いは現代の大陸哲学に対する呼びかけであり、理解しがたいほどの沈黙がつづいている三つの領域の輪郭を、この哲学のもとで、この哲学の否定的あるいは逆説的反響として、浮き彫りにすることをねらっている。

最初の問いは時間にかかわっている。時間の問いはなぜ、哲学の主導的な問いの地位を失ってしまったのか。『存在と時間』以後、時間の問いが忽然と姿を消し、ハイデガー自身がその後期の著作でこの問いを放棄する必要を説くにいたった、その理由はなんなのか。『時間と存在』のなかで彼は、「時間とは問いとしては消滅する（*verschwinden*）」[1]と述べている。じじつ、時間について問いかけ、問題を取りあげなおし、時間性の決定的な概念を新たに練りあげようとする人は、ハイデガーに賛同するしないにかかわらず、見あたらない。

二つ目の問いは理性と脳との関係にかかわる。近年の神経生物学の諸発見は、脳の発生・発達をめぐる見方が根底から変化していることを示唆しており、思考の論理的起源と生物学的起源とのあいだには深淵があって架橋できないとする見解は、受け入れ不可能とはいわないまでも、いまや一貫性があるとはいえなくなっている。にもかかわらず、なぜ哲学はこうした成果を無視しつづけるのか。別の形式の探究方法を試さずに、どうして次のような主張をしつづけることができるのか。ジャン＝ピエール・シャンジューとの対談でポール・リクールはこう発言する。「脳は思考［…］の基体［にすぎないの］であり、思考は下部的ニューロン構造の［…］指示」にすぎない(2)。脳の素質として理性の活動〔合理的活動〕を定式化しなおす可能性を無条件に却下する、こうしたかたくなな態度をどうして理解できよう。哲学領域の外にこうした問いを放置したままにせずに取り組むことは、こんにちの緊急の課題ではないのだろうか。

三つ目の問いは、カントの地位にかかわっている。大陸哲学の帰属性の創設者とはいわないまでも、保証人とはいえる思想の権威が、その哲学的伝統の内側から、ここまであからさまに問題視されたのははじめてのことである。認識の有効性そして自然の安定性という原理のもとにカントが据えた、因果的必然性のアプリオリな性質が、現在、公然と問いなおされている。カンタン・メイヤスーの『有限性の後で』――これは「カントの後で」と読むのがふさわしい――の登場は、まさに青天の霹靂ともいうべき出来事だったわけだが、この書物は「相関」(3)という規定を放逐しようとする。「相関」とは、アプリオリな総合、すなわち主体と対象〔主観と客観〕の根源的な相互関与の構造にメイヤスーが与えた名であり、批判哲学において、知性の法則と自然の法則との厳密な対応関係を確保し、「必然性とその厳格な客観性の領域をそれぞれ独立したものとして考える主張を無効にするものである。メイヤスーはこう述べる。「相関主義とは、主観性と客観性の領域をそれぞれ独立したものとして考える主張を無効にするものである」[5]。さらにふみこんで彼はこう述べる。「[…] カント以来の近代哲学の中心概念が相関〔corrélation〕になった〔…〕。私たちが「相関」という語で呼ぶ観念に従えば、私たちは思考と存在の相関のみにアクセス〔accès〕できるのであり、一方の項のみへのアクセスはできない」。したがって、「そのように理解された相関の乗り越え不可能な性格を認めるという思考のあらゆる傾向[6]」を相関主義と呼ぶことは正当化される。あきらかに〈批

（1） Martin Heidegger, *Temps et être*, tr. fr. François Fédier, Paris, Gallimard, « Tel », 1976, p. 222. 訳に変更をくわえた〔引用者＝マラブーによる〕。
（2） Jean-Pierre Changeux, Paul Ricœur, *Ce qui nous fait penser. La nature et la règle*, Paris, Odile Jacob, 1998, p. 61.〔ジャン＝ピエール・シャンジュー、ポール・リクール『脳と心』合田正人、三浦直希訳、みすず書房、二〇〇八年、六三頁〕強調箇所は引用者による。
（3） Quentin Meillassoux, *Après la finitude. Essai sur la nécessité de la contingence*, Paris, Seuil, 2006〔カンタン・メイヤスー『有限性の後で　偶然性の必然性についての試論』千葉雅也、大橋完太郎、星野太訳、人文書院、二〇一六年。マラブーが参照・引用しているのは初版、邦訳の底本は第二版である。邦訳の該当頁を記したが、原文テキストに異同があるため、邦訳と本書の引用部分とが一致していない箇所があり、また訳者が改訳した箇所があることをおことわりしておく〕
（4） Emmanuel Kant, *Critique de la raison pure*, tr. fr. Alain Renaut, Paris, GFFlammarion, 3e édition, 2006, p. 95, B4. Désormais CRP.〔イマヌエル・カント『純粋理性批判』石川文康訳、筑摩書房、二〇一四年、上、五〇頁。以下、第一批判と表記〕
（5） *Après la finitude*, *op. cit.*, p. 18-19.〔メイヤスー『有限性の後で』、前掲書、一六頁〕
（6） *Ibid.*, p. 18.〔同書、一五－一六頁〕

判以後〉といえる身振りで『有限性の後で』が喫緊の課題だと主張するのは、ある先行性を思考することである。すなわちアプリオリなもの以前の、そしてその彼方にある「先立つもの」を、世界で唯一可能な形式がこれだとばかりに押しつけてくる〈総合〉に先立つ事象を思考することである。

世界は「われわれ」以前にはじまっているのだから、「われわれ」に対して、「われわれ」の認識や思考の構造に対して、この世界がまったく無関心だという可能性は現実にあるだろう。また、自分自身の必然性に対し、世界がまったく無関心である可能性があるし、それゆえ、世界が絶対的に偶然的だと判明する可能性もある。この偶然性は、新たな哲学的思索の練りあげを要請する。アプリオリな認識の可能性の探究を「超越論的なもの」とカントが呼んだのに対し、来るべき思索は端的に「超越論的なものの放棄[7]」を遂行するのを課題とする。

メイヤスーの著作はただちに世界中で読まれることになった。「思弁的実在論」は、その呼び名が正しいかどうかは別として、ともかくもこの哲学的見解の呼び名となり、学生や研究者の口の端にのぼり、流行語にさえなった。けれども、この思潮について正面切って論じる者も、超越論的なものの放棄の身ぶりが示す、大いなる挑発、その含意を推しはかろうとする者もいなかった。「絶縁」が起こったなら、その後、大陸哲学はどうなるのか。この問いかけに判断をくだす者はいなかったのだ[8]。

では、何と絶縁するのか。メイヤスーによれば、総合——あるいは「相関」——は最終的に正当化されえないし、超越論的演繹として証明したとするカントの主張とは反対に、何ものも正当化しえない。したがって、因果的必然性には、真の基礎づけ、すなわち必然性がないままである。超越論的なものとの絶縁はこのように、まさしく、総合と自然秩序とのあいだの演繹の強固さを突き崩すことも含意している。

アプリオリそして可能性の条件

それがいかに革新的でおどろきに満ちていようと、メイヤスーの介入はじつのところ、読解の一つの伝統と呼ばれるべきものを追認するのに寄与しており、たとえ本人が自分はこの伝統とは一線を画するのだと主張しても、この点は変わらない。彼の大いなる功績、すなわち真の新しさは、この伝統に、それが失っていた切れ味を与えなおしたところにある。カントをどうするのか、カントをどう継承するのかという問いに、哲学の現在に決定的となる争点の役割を与えなおしたこと、これが彼の功績なのである。

では、それはどういった伝統なのか。ヘーゲルによって着手されたのち、二十世紀に手直しされ、ふたたび方向づけられることになった伝統であり、例は豊富にあるが、超越論的なものに本質的な不安定さを看取する点で一致している。こうした見方は、カントと手を切るのでないにせよ、批判哲学の演繹力を強化しようとして、逆説的に多少ともカントにあらがってカントを読むことを余儀なくされている。みとめておかねばならないのは、超越論的観念論についてのすぐれた読解のいずれもが、主題としてであれ、それ以外のかたちであれ、カントにおける基礎づけの欠如といいうるものを指摘する傾向にあり、それを深刻化させる危険をおかすことさえある、ということである。

「不安定」とは、均衡を欠き、変わりやすいということである。ただちに次のような反論が起こりそうだ。超越論的なものをこんなふうに形容することが、ほんとうに可能なのか。カントによれば、超越論

（7） *Ibid.*, p. 38.〔同書、五〇頁〕

（8） *Ibid.*, p. 39 を参照〔同書、五四頁〕。« rompre avec le transcendantal ».

的なものは理性の構造物の基礎を強化する当のものであったはずではないか。この語はカント固有の語彙のうちでもとりわけ意味の幅がひろく、意味どうしが食いちがってみえることもあるのだが、『純粋理性批判』の序文に単純かつ曇りなき定義がすでに呈示されていることもまた、まぎれもない事実である[9]。カントはこう述べている。超越論的なものとは、アプリオリなもの、すなわち「一切の経験からまったく独立に成立する[10]」ものの同義語と理解してもよいし、アプリオリなものと区別したければ、アプリオリな全認識の特性ではなく「対象についてのわれわれの認識の仕方にかかわるすべての認識を、ただしそのような認識の仕方がアプリオリに可能であるべきかぎりにおいて[11]」、超越論的なものと理解してもよい、という。したがって「超越論的なもの」とは、「アプリオリな認識の可能性や認識のアプリオリな使用[12]」をさすことになる。超越論的なものという語句は、このように、可能性の条件という語句と一体になっている。以上の定義づけにはあいまいさはない。

だが超越論的なものを放棄せねばならないのは、メイヤスーが示すとおり、定義上の理由からではなく、基礎づけにかかわる理由からである。というのも、思考の純粋形式、カテゴリー、判断、原理といったものは、たんに命令で措定されているようにみえるからだ。

> 〔…〕カントは〔…〕思考の諸形式を何らかの原理や体系《システム》——思考の諸形式に絶対的必然性を与えるものとしての——から派生させることはできないと考えるのである。思考の諸形式は、（発生論という意味での）演繹の対象にはなりえず、ただ、記述の対象にしかなりえない「第一の事実」なのだ。そして、〈それ自体〉の領野が現象から区別されうる理由は、まさしく諸形式のこの事実性、たんなる記述可能性、これである。もし、思考の諸形式がヘーゲルの場合のように演繹可能だとするならば、それ

らは無条件に必然的であるとわかるわけで、それらと違う〈それ自体〉が存在するという可能性は抹消されることになる[13]。

このように、超越論的なものの放棄はアプリオリなものそれ自体の放棄も含意している。すなわち、カントはカテゴリー、判断、原理といった認識および思考の構造を「可能性の条件」として呈示することで、こうした諸構造のアプリオリな性格をみちびきだそうとするのだが、そうした手法自体に不信の目を向けるのである。

ここでもまたメイヤスーは、過去に何度ももちあがってきた問題、超越論的なものが始原の条件と定義されながらも、その出自を説明できないという問題を徹底させようとする。それはアプリオリなのだ、アプリオリなものがあるのだと言明するだけでカントはよしとしている。真の演繹だというなら、超越論的なものがどう自身を形成し、思考形式の条件としてどう自身を構成するのか、示してみせるべきであろう。だが、こうした自己措定、自己創始、自己正当性の身ぶりは、逆説的にも、超越論的演繹には見あたらない。総合は一つの事実になっている。この点については、『弔鐘《グラ》』でデリダがすでに指摘して

（9）「超越論的なもの」の多義性については以下の論文を参照。Roger Verneaux, « La notion kantienne d'analyse transcendantale », *Revue philosophique de Louvain*, 1952, vol. 50, no 27, p. 394-428.
（10）CRP, p. 94, B3.〔第一批判、上、四八頁〕
（11）*Ibid.*, p. 110, B25.〔同書、六八頁〕
（12）*Ibid.*, p. 147, A56/B80.〔同書、一一四頁〕
（13）Quentin Meillassoux, *op. cit.*, p. 53.〔メイヤスー『有限性の後で』、前掲書、七〇頁〕

いた。「超越論的なものは、厳密にいって、つねに超カテゴリー的なものをもっていた。体系《システム》内部のどのカテゴリーにも受けとられない、形式化されえない、完結されえないものがある」[14]。それは「体系の可能性という空間を担保する」けれども、その過剰な立場がそれ自体の可能性を自分に説明することはできない。超越論的なものは、体系から「排除されたもの」であり、体系はこれを外部から押しつけれているようにみえるとも、デリダは述べている。

こうした疑問は、不可避的にアプリオリという語に含まれる先行性の性質にも影響をおよぼさずにはいない。「すべての経験から独立した」というのは、すべての経験より前にある、経験に先立っているという意味である。だが正確には、その以前性にどういった意味があるのか。それに優越性があるというなら、どんな正当性を、どんな意義をもっているのか。言い換えるなら、アプリオリなものは、それが基礎づけられるとして、どのようにして基礎づけられるのか。こうした問いがもちあがったのは、一度や二度ではない。『有限性の後で』による糾弾は、突如どこからともなく湧きでてきたわけではない。超越論的なものやアプリオリなものの循環論法に対して向けられてきた、これまでの一連の疑念を、この本は先鋭化させたのである。

超越論的なもの、それは生得的なものか、つくられたものか

さらに掘り下げてみよう。どのようなかたちであれ、超越論的なものをめぐる難点はつねに、アプリオリないし生得的なものと獲得的なものとのあいだの、境界の鮮明さの欠如としてあらわれるものにかかわってきた。この境界を引く線が批判哲学の試金石の一つとなっているだけに、この現象はいっそう逆説めいてみえる。カントはこう言明している。認識のアプリオリな諸形式はあらゆる経験に先立って

与えられるが、それらは正確に生得的ではない。論文「感性界と知性界の形式と原理」の指摘にあるように、カテゴリーがその源泉を見いだすのは、「純粋知性〔悟性〕の本性」においてであり、「生得概念として」ではない[15]。

カントの言明をたどってわれわれが理解すべきなのはむしろ、アプリオリな要素は獲得される、ということである。そしてそれが経験から発するものでない以上、アプリオリな要素は、さらに正確にいうなら、根源的に獲得されたものとみなされねばならない。この論文の発表より後の一七九〇年に、彼はこう述べている。

『純粋理性批判』は神によって植えつけられた（*anerschaffen*）ないしは生得的な（*angeboren*）表象を絶対に認めない。直観に属そうが知性概念に属そうが、すべての表象を獲得されたものとみなす。しかしなおまた根源的獲得（*Erwerbung*）（自然法学者が表現するように）というものも存在し、したがって、先行してはまったく存在しなかった獲得、ゆえにいかなる事象もこの行為に先立っては存在しえなかった獲得が存在する。その種のものとしては、『純粋理性批判』が主張するように、まず空間と時間における物の形式があり、第二に概念における多様の総合的統一がある。なぜならば、われわれの認識

（14） Jacques Derrida, *Glas. Que reste-til du savoir absolu?*, Paris, Denoël Gonthier, « Médiations », vol. II, 1981, p. 227a.

（15） Emmanuel Kant, *La Dissertation de 1770*, Section II, §8, in Œuvres *philosophiques*, Paris, Gallimard, « Bibliothèque de la Pléiade », tome I, 1980 p. 642（désormais Pléiade I）. AK II 345.〔「可感界と可想界の形式と原理」山本道雄訳、『カント全集3』所収、岩波書店、二〇〇一年、三七四頁〕

能力は二つのどちらをもそれ自体そのものとして与えられている客観〔対象〕から取り出すのではなく、自己自身のうちからアプリオリに産出するからである。(16)

とうぜんながら、根源的獲得（*acquisitio originaria*）の観念に立ちかえる必要があるだろう。さしあたってここでは、この観念において指摘され、解決が模索されている論理的問題に焦点をあてよう。根源的獲得は、経験そして誕生が与えられることとの中間をさしている。アプリオリなものと超越論的なものの循環構造が位置づけられる、この媒介的論理空間なしに先行性はない、とカントはいう。根源的獲得は、まさにそれが獲得である以上、生得説に対立する。根源的獲得が場所も時間ももたないのに発生し、時間的経過をたどることになるのは、それがまさに根源的だからだ。

この逆説的な法廷論争で、可能性の条件の可能性は救いだされうるのか。おおかたの読み手の目には、そのようには映っていない。超越論的なものの不安定性とあいまいさは、まさにこの〈中間〉がうまく定義されていないことに由来しているのである。哲学者本人が明言していなくても、この哲学者は「生得説」論者なのだとある者はいう。たしかに、以下のようにカントが述べているくだりは、こうした疑念が起こるのももっともだと思わせる。「とはいえそれに対する根拠が主観〔主体〕のうちになければならず、その根拠が、上述の表象が他の形ではなくそのような形で生じること、その上になおいまだ与えられていない客観〔対象〕へと関係づけられうることを可能にするのである。少なくともこの根拠だけは生得的である」(17)。「生得的」という言葉は口にされている。われわれの認識能力の構成は、ここに述べられているとおりであって、別様ではない。われわれの「主観的布置」の「基礎づけ」は「生得的」だということになる。

また別の論者は、これとは逆に、批判哲学にアプリオリなものの「発生」の作用があるのをみなければならない、と主張する。アプリオリなものが生得的であることを意味しないのなら、それはおのずと構成されることになり、経験から借りてこられたものということになる。同時代の論者たちの頭にも、すでにこうした考えは浮かんでいた。このことは、アプリオリなものという観念の背後に、制作の能力が隠されていたということではないのか。アプリオリなものにもともとあるとされるはたらきの形式に対する疑問は、一七九五年にシュロッサーが表明している。彼はカントの体系を「形式を型押しする手工業〔マニュファクチュア〕（*Formgebungsmanufaktur*）」と形容した。カントはただちに自説を擁護する。アプリオリなものというとき「〔…〕それは、公益目的の製作計画にもとづく意図的な形式付与ではなく、先行する手作業〔…〕、自分固有の能力、すなわち理性を主体が行使し、陶冶すべくおこなう労苦と注意を要する作業のことである[18]」。この「手工業」より前の段階の作業、この手作業より前の作業、あるいは形態化より前の制作は、ただちに生得説の危険を招き寄せる。たんに作業の不在という謎、ひいてはある種の贈与と同じとみなさずに、「純粋作業」という観念をどう擁護するのか。

（16） Emmanuel Kant, *Sur la découverte d'après laquelle toute nouvelle critique de la raison pure serait rendue inutile par une plus ancienne*, イマヌエル・カント「純粋理性のすべての新しい批判は、古い批判によって無用とされるべきであるという発見について」。本論文は「エーベルハルトへの回答」という題でも知られる。*Réponse à Eberhard*, in Œuvres *philosophiques*, Paris, Gallimard, « Bibliothèque de la Pléiade », tome II, 1985, p. 1351-1353（désormais Pléiade II）. AK VIII, 221-223.〔「純粋理性批判の無用論」福谷茂訳、『カント全集13』所収、岩波書店、二〇〇二年、二三五頁〕訳に変更をくわえた。

（17） *Id.* 訳に変更をくわえた〔同書、二三五－二三六頁〕。

この問いは回帰してくる。カントにアプリオリと名づけられたこの〈前なるもの〉——生得的なものでもこしらえものでもないとされる——が自分の居場所を見いだし、しかもどちらか一方に偏るのをつねに回避するということが、いったいどうしたら可能になるのか。超越論的なものの有効性は、この二者の中間の不均衡のために、ひそかに脅かされているのではなかろうか。それは、二つの極のどちらかから、つねに何か借りてこなければならない運命にあるのではないか。

決定的、あるいは欠陥的？

冒頭の三つの問い——時間、思考における脳のはたらき、ラディカルな偶然性という哲学のゆくえ——のつながりは、ここでは思いもよらぬかたちで、同一の問題の場に姿をあらわす。超越論的なものを導入することでカントは合理性を帰属させる作用のもっている固有の様態に光をあてたのだが、三つの問いの信じがたい偶然の一致からみるなら、この様態は決定的であると同時に、欠陥のあるものでもある。決定的だというのは、この帰属化の様態は、大陸哲学にその固有性を授けるからである[19]。欠陥があるというのは、この哲学が基礎づけの不十分さに気づいており、自身の存続に向けて超越論的なものを強化する、あるいは超越論的なものを棄てて自身の根源をよそにさがし求める必要に迫られるためである。時間、思考の生物学、偶然性という、きわめて意味深長な三つの表現は、カント的理性に対する愛憎入り交じった関係として、すなわち負債がありながらも絶縁せねばならない相手との関係として、姿をあらわしている。このように、本書の出発点の三つの問いは、超越論的なものを放棄する身ぶりの三つの異なるヴァージョンに相当する。すなわち、一部保持的な放棄のしかた（時間）、負債をみとめない放棄のしかた（脳）、遺産相続を意識した放棄のしかた（偶然性）である。

時間
説明しよう。カントをその本来像にもどすべく、カントに抵抗しつつカントを読むこと、これが『カントと形而上学の問題』でハイデガーの表明する決意であり、この著書で彼は『純粋理性批判』をその初版と第二版とを分離させ、二つのカントとする。[20] ハイデガーによれば、初版においてカントは、アプリオリなものの時間的構造に光をあてることでその基礎づけを正当化しようとしている。こうした展望に立てば、超越論的なものは「超越性」構造の総体をさしていることがわかる。この構造をつうじて、思考は自身が直面するものに出会うべく自身を脱する。「脱自」の動きには、対象への予示的な方向づけがあるはず、ある種の「前」――アプリオリなもの――があるはずであり、この動きこそがまさしく根源的時間性のしるしにほかならない。まがいものの基礎づけだという攻撃から〈批判〉を救うものこそ、この時間性である。

(18) シュロッサーの発言およびこれに対するカントの回答については以下を参照。Roger Verneaux, *Le Vocabulaire de Kant*, Paris, Aubier-Montaigne, 1967, p. 103.〔引用箇所は、「哲学における最近の高邁な口調」福谷茂訳、『カント全集13』所収、岩波書店、二〇〇二年、二一八頁より〕。
(19) 大陸哲学の帰属性の基礎づけとしてのカント哲学については以下を参照のこと。Tom Rockmore, *In Kant's Wake. Philosophy in the Twentieth Century*, Malden, Blackwell, 2006〔トム・ロックモア『カントの航跡のなかで　二十世紀の哲学』牧野英二監訳、齋藤元紀ほか訳、法政大学出版局、二〇〇八年〕および Lee Braver, *A Thing of This World. A History of Continental Anti-Realism*, Evanston, Northwestern University Press, 2007.
(20) Martin Heidegger, *Kant et le problème de la métaphysique*, tr. fr. Alphonse de Waelhens et Walter Biemel, Paris, Gallimard, « Tel », 1953.〔『ハイデッガー選集　第一九巻　カントと形而上学の問題』木場深定訳、理想社、一九六七年〕

では、この時間性はいかにして、生得説と制作という二重の罠から、表現はちがっていても同じ結果をもたらす罠からカントがのがれるのを可能にするのか。ハイデガーによれば、第一批判の初版で時間性が展開されるのは、超越論的想像力〔構想力〕が作用する圏域である〈中間〉においてである。想像力こそが超越論的なものが形成される審級〔決定機関〕であり、これにより、出会われるべくさしだされる、いっさいのものに向けられた「純粋視野」、超越論的なものの地平が生みだされる。このように、「さしだされるものを自身にもたらす形成行為」[21]として、想像力は定義される。この行為は、ある「制作」には由来しない、すなわち、既成の生得的贈与のうちに解消されない。この想像力はイメージを産出するが、このイメージは人為的な構築物ではないので、われわれは生得物か被造物かというあの選択の外にいることになる。じじつ、ここで語られているイメージは存在者ではない。存在者であれば、われわれは二つの選択肢にとらわれたままになる。時間の純粋イメージが問題となる以上、このイメージは、「表象によっては、いかなる存在者をも出現させることはできないだろう[22]」。それは逆に、時間を客観性の存在論的根拠として出現させ、存るもの、生起するもの、そして到来するものの統一性を、対象とのあらゆる出会いの根源的条件として出現させる。

すでにみたように、われわれの認識能力の構成に生得的性格があるとカントは主張していたのだった。つまり認識能力の構成は二つの「幹」に、感性と知性に分けられていた。だが想像力の媒介的役割は、感性と知性の「根源的結合」を確保するだけではなく、この二つの生得性につきまとう贋作的な不明瞭さのもとに、存在論的形成作用という切れ目を入れる[23]。

ハイデガーの説明によれば、「根源的なもの」は存在者的あるいは心理的に理解されてはならず、これがさしているのは与えられた現前性でも、イメージの生得性ですらない。根源的なものは、「発現させる〔こと〕[24]」から出発して、はじめて理解される。おそらく、幹の生得性はあるだろうが、根の生得性、制作といったものはないだろう。言い換えるなら、超越論的哲学は、基礎づけの偽りのヴァージョンを提供しているにすぎない。ハイデガーは、この点を見抜いている。

　定置された基礎（*der gelegte Grund*）が、事実の土台（*ein vorhandener Boden*）の性格ではなく〈根〉の性格をもつとすれば、この基礎はそこから幹（*Wurzel*）が伸び、これを支えにして安定できるような、そうした根の役目を果たすことができるものでなければならない。こうしたわけで、求められていた方向性はすでに見いだされているのであり、この方向においてこそ、カントにおける基礎づけの根源性が、その固有の問題性の内部から論究されうるだろう。基礎づけがいっそう根源的なものとなるのは、それが定置された基礎に甘んじるのをやめ、この根がどうして二つの幹の根であるかをあきらかにするときである。だがこのことはまさしく、純粋直観と純粋思考を超越論的想像力に還元することを意味する。[25]

　したがって初版の推論をたどるなら、生得と獲得の優劣をめぐる問いなど、存在者的あるいは「人間

（21）*Ibid.*, p. 199.〔同書、一五六‐一五七頁〕
（22）*Id.*〔同書、一五六頁〕
（23）同書以下の部分を参照のこと。*Ibid.*, p. 142. および p. 186.
（24）*Ibid.*, p. 199.〔同書、一五六‐一五七頁〕
（25）*Ibid.*, p. 196.〔同書、一五三頁〕

学的」な優越性をめぐる論争にすぎなくなり、こうした問いで、時間の時間化作用のもつ存在論的優越性を、すなわち産出的想像力の純粋イメージのもとで、またそれをとおして描かれるプロセスの重要性を蔽い隠すことなどできない、ということになる。時間こそが根である。だからこそ、これが思考の「本質的統一[26]」を裏づける。時間は思考の「本性」ではなく、その「本質」であり、ゆえにその真の源泉であり、「その発現それ自身において[27]」思考を明るみに出すものである。時間は、超越論的なものを〈幹〉にしてしまうことをはばむ〈根〉なのだ。

だが周知のように、ハイデガーは、『純粋理性批判』の第二版において、産出的想像力と時間化作用が超越性の根としての地位を失っているとみなす。時間化はもはや、感性と知性のあいだに居を定めるものではなくなる。アプリオリな総合もまた、その時間を失ってしまう。以後、結合の作用は知性のみに割りあてられることになる。イメージの形成行為のもとでの対象性の創設という、あまりに大胆な構想を前にして、カントはそこから「退避した」ことになる[28]。「超越論的想像力が根源的かつ自律的能力としては抹殺され［…］その機能が単なる自発性としての知性に委譲される［…］[29]」。そして「初版では、すべての総合、すなわち総合そのものは、感性や知性に還元されない能力としての想像力から発するとされていたが、第二版では、総合に向けた根源の役割は知性のみが果たすものとされる[30]」。

第二版にみられる論理‐科学的言説は、初版にあった存在論的大胆さを蔽い隠してしまう。想像力の主要な役割が取りのぞかれ、超越論的なものの、もっている形成能力も消されてしまう。不安定で、恣意的な基礎づけについての問いが、ふたたび登場することになる。もともとそのイメージの形成がないのなら、起源はたんなる前提物になってしまうのではないか。それは形成の行為なしに与えられるものなのか、それとも逆に、ある手工業の結果なのか。たしかにカントは、第二版でも想像力の役割をみとめてはいるが、その役割はひどく弱められている。ハイデガーは書いている。「カントは、基礎づけの全体が瓦解しないよう、初版において超越論的な基礎づけの機能を構成するものすべてを維持することを余儀なくされる」[31]。この「余儀なくされ」て、ようやく維持されるような基礎づけは、〈基礎づけ〉といえるのか。不安定ぶりとあいまいさが回帰してくる。それゆえ、カント以後そしてカントのために、時間の問いをふたたび取りあげ、これを徹底化すること、同時に超越論的なものの不安定性とあいまいさを取りのぞくことが課題になる。そして最終的には、意図とは裏腹に、超越論的なものの放棄にいたることになる。

脳

冒頭から本書が合理性をめぐる神経生物学的アプローチを一つの哲学的アプローチととらえ、そのほかの解釈と同じ平面上においていることに、おどろかれた読者もあったかもしれない。だが強調しておきたいのだが、たとえ否定的な、拒否的な態度が示されていても、神経生物学的アプローチには、まぎれもないカント再読の可能性が含まれているのである。こうした読解のしかたを、大陸の哲学者たちは

(26) *Ibid.*, p. 193.〔同書、一四九頁〕
(27) *Ibid.*, p. 124.〔同書、七九頁〕
(28) *Ibid.*, p. 221.〔同書、一七九頁〕
(29) *Ibid.*, p. 251.〔同書、二一三頁〕
(30) *Ibid.*, p. 219.〔同書、一七八頁〕
(31) *Ibid.*, p. 217.〔同書、一七六頁〕

無視する、あるいは分析哲学的伝統とまったく同じものとみなすという過誤をおかしてきた。

現代の神経生物学者の目には、ハイデガーのような哲学者が何を語ろうが、カントが「超越論的なもの」と呼んでいるものなど、あらかじめ決定された認知プロセスの総称にしかみえないだろう。カント的なアプリオリなものは端的にいって、生得的だということになる。そうでないと証明することも、この見方をこえることも、カントにできたためしはないのだから。

しかしながら、しばしば思われていることとは逆に、神経生物学者たちは、認知の要素はまさに生得的でないと主張している。認知の要素は発生・発展するものであり、外的環境と内的状況とのたえざる相互作用の結果としてあらわれる。こうした相互作用が、適応可能性としての合理性を根底から規定している。形成能力も、形成される適性もない超越論的なものにしてみれば、この適応能力は考慮に入れることも、その性格を示してみせることもできないものであろう。

『真について、美について、善について』で、ジャン＝ピエール・シャンジューはこう述べている。認識の二つの「幹」とされる感性と知性は、つねに哲学史では対立するものとされてきた。そうしたわけで、経験論と合理論の論争が起きた[32]。シャンジューによれば、この合理論は哲学的「生得説」のもっともひろまった形式にあたる。彼は述べる。「合理論的あるいは生得説的視点の表現はデカルトで頂点に達する。〝私は、私のうちにある物の観念の無限性を発見する〟あるいはまた、〝私は新しい事柄を知るのではない、むしろ私はすでに知っていることを想起している、すなわち私は、すでに私の精神のうちに存在している事物を、知覚しているのである[33]〟」。ところでカントは、シャンジューのみるところでは、デカルトと「同様の見解をとっている」。そしてカントがこの見解を極限までおしすすめる[34]。批判的合理論は、あきらかに生得説のラディカルなかたちである。

じっさい、超越論的なものは多様性を内から産出するものではない。進化発展も、形成作用も、変形作用もない、固定したものである。思考や認識の純粋要素が精神にそっくり用意されているかのようになっているのである。シャンジューの議論を理解するには、アプリオリなものの論理的先行性が生物学における遺伝子決定論の哲学版だとされている点をみればよい。じっさい、アプリオリなものと超越論的なものの循環構造は、プログラムの同類、すなわち、まさしく合理性についての神経生物学的観点が非難し、採用すべきでないとしたアナロジーにみえる。だがシナプスの発生と発達は、プログラムないしコードの単純な実行ではない。むしろそこには、「神経網の自発的活動もあり、環境との相互作用から生じる活動もある」[35]。現代神経生物学の根本的問題の一つは、「ヒトゲノムと脳の表現型との、いまだほとんど知られていない関係」を、プログラムと個体化との関係を「解明することである」[36]。この関係がエピジェネティクスの作用する空間をひらく。すなわち、個体における遺伝的決定と「環境のもたらした選択の痕跡」との中間に位置する、分化による発生という空間をひらく[37]。思考の起源は、プログラム自体からというよりも、むしろこの関係から発することになり、このことは、カントでも問題になっていたであろうことがらである。「神経的接合の形成」[38]という後成的な視点だけが、生得説と手を切るの

(32) Jean-Pierre Changeux, *Du vrai, du beau, du bien. Une nouvelle approche neuronale*, Paris, Odile Jacob, 2008.
(33) *Ibid.*, p. 422–423.
(34) *Id.*
(35) *Ibid.*, p. 104.
(36) *Id.*
(37) *Ibid.*, p. 77.

を可能にしてくれる。これがアプリオリなものを神経生物学的にとらえたときに出てくる、予期せざる帰結である。ここでもまた、超越論的なものは放棄される。

偶然性

メイヤスーの指摘によれば、相関ないし総合を主題としてなされたどの論争も的を外している。生得であれ、獲得であれ、総合というものは、その確立に先立って存在する偶然性を隠蔽することも、包囲することもできない。つまるところ、超越論的構造は事実としてあらわれるのであり、それゆえ、それ自身の形成作用を説明することはできない。理由の不変要素には理由がない。メイヤスーによれば、それだからこそ、「[…] 偶然性が、世界の事物が〈別様である可能性〉についての知であるのに対し、事実性 facticité というのは、相関構造が〈このようでなければならないこと〉に関する無知でしかない[39]」のだ。問題は以下の点にある。「相関主義者は、諸形式の事実性を主張する一方で、それら諸形式が実際に変化しうるとは主張しないのだ。相関主義者が主張するのは、ただひたすら、なぜ諸形式の変化が不可能なのかは思考できないということ、そして、なぜ私たちに与えられた現実とまったく他なる現実がアプリオリに排除されているのかは思考できないということ、である[40]」。こうして超越論的哲学は、自身の事実性を思考し、アプリオリな偶然性という未踏の概念を開始するのを迫られるのだが、そうなると自然法則や推論の原則が変化しうることになってしまうので、最終的にこの結論を締め出し、証明ぬきで形式の安定性を主張していることになる。幹と根の本性を究明しようとするくわだても、また、存在論的にであれ生物学的にであれ、起源なるものを定義づけようとするくわだても、起源自体を事実と言いつのるわざとらしさ〔事実論性〕factualité の問題を変化させることは、いささかもないのだ。

よって、この哲学と「絶縁」し、思考をラディカルな偶然性という「大いなる外部」へと、もはや思考が「相関」[41]しえないような外部へと解き放たねばならない。「あらゆるものの〈別様である可能性／非存在の可能性〉」[42]を哲学は見いだしたばかりなのだ。哲学がその言説形式を見いだすのは、数学においてである。二十世紀に数学は、古典的な量概念と必然性概念の解体を開始し、可能なものを全体化すること、そして世界の秩序に安定性と普遍的で永続的な不変性をあてがうことの不可能性をあきらかにした。つまり数学は、哲学における脱構築よりも確実に、アプリオリな総合判断の構造を粉砕したのである。同時に数学は、「可能性の条件」の概念に見いだせる内容とは根本的に異なる可能なものの概念をつくりだすことを可能にした。数学の脱‐超越論化、すなわちカント以後の未来は、哲学の未来として言明される。いずれのケースでも、カント主義の遺産を否定することが問題となっているわけではない。メイヤスーが指摘するとおり、「[…]私たちはカント主義者の継承者でしかありえない[43]」のだ。だが、くりかえすが、この認識にはカント主義の放棄がぴったりと重なっている。

（38）*Ibid.*, p. 472.
（39）Quentin Meillassoux, *op. cit.*, p. 54.〔メイヤスー『有限性の後で』、前掲書、七一頁〕
（40）*Id.*〔同書、七二頁〕
（41）*Ibid.*, p. 37.〔同書、五〇頁〕
（42）*Ibid.*, p. 85.〔同書、一〇八頁〕
（43）*Ibid.*, p. 40.〔同書、五四頁〕

自発性なるもののいかがわしさ

存在論と時間性、理性の生物学、偶然性の数学。これら三つの思索の方向は、自発性というカントの概念の不透明ぶりを強調する点で一致している。

カントのいう自発性は、自身を維持することも、主導的地位を確保することも、その形成作用の自律性を誇示できそうにない。それは逆説的にも、つねに〔何ものからか〕派生するものであろう。自発性は、時間のうちに根を下ろし、生物学的に規定されるもの、あるいは単純に偶然的なものであるはずだ。

自発性の疑問視――これは超越論的なものの放棄の言い換えである――は、とうぜんながら、カント哲学の全体像のうち、その中心にねらいを定めることにつながる。というのも、自発性は、カントにとって知性の活動だけでなく、理性の活動をも特徴づけてもいるからである。カテゴリーは知性の自発性から生まれ、理念は理性の純然たる自発性から生まれる[44]。ところで、この理性の自発性は、理論的であると同時に実践的である。「〔…〕理性は自発性という理念をつくりだす。自発性は行為を自ら開始でき、自発性を再び因果結合の法則によって行為へと規定するような、何か他の原因に先行されるには及ばないのである[45]」。この自発性は、「宇宙論的意味での自由」に、すなわち「〔…〕ある状態を自ら開始する能力」に、「自然法則によってそれを時間的に規定するような他の原因に再び従うものではない」能力[46]にわれわれを立ちかえらせる。つまり、超越論的なものは、生を、生きものの有機的組織化の力を特徴づけるのであり、こうしたものこそ、『判断力批判』の目的論的判断の対象なのである。

自発性が不純ではないかと疑うことは、批判哲学全体を脅かし、そのもっとも強力な武器を奪うことである。つまり起源を、起源という概念そのものを、〈われ思う〉や定言命法、判断の建築物といった一連の構造のなかに押しこめ、あらゆる実体性、あらゆる特性、あらゆる特殊的性格づけを剝ぎ取った後の純粋形式に還元する行為自体を脅かすことを意味している。カントの自発性はこの還元の発現として自身を呈示するのだが、そこには特定できる持続時間も日付もなく、唐突さと純粋性のもとで充実した起源への回帰が断ち切られ、存在論的に無垢の肉体が自律性の空間として切り出され、結果として破砕される。こうした空間こそが超越論的空間なのであり、種々のはじまりを形式へと還元する空間なのだ。

となると、超越論的なものは人為的な基盤の役を担っている――その基盤が生得的であれ、つくられたものであれ――と指摘して、これを生来のあいまいさに引きもどすことは、超越論的な還元作用をあらためて疑問視することと等しくなる。超越論的なものは、自分が形而上学から解放されているというけれども、ひそかにそれに連座している、すなわちアプリオリなものの生得説、ないしその制作がそこにはあるのではないか。そういった含意がここにはある。三つの批判書の体系において打ち立てられた、思考、自由、生のつながりの純粋性は毀損されているのである。こういった原理原則を問いなおすことは、カント主義の根本からの解体に等しいと、われわれは知っているのだ。カントにもたしかに事実の論理があるが、現代のカント読解のかずかずがねらいを定めるのは、基礎づけの不安定な性質からくる、ある意味で偶発的な成りゆきである。つまり、基礎づけのまずさという事実が問題になっている。方法はまるで異なり、たがいに両立しないことも少なくないにもかかわらず、ここに取りあげた問いなおし

（44）以下を参照。Emmanuel Kant, *Fondements de la métaphysique des mœurs*, IIIe section, in Pléiade II, *op. cit.*, p. 3222–3223. AK IV, 452.〔「人倫の形而上学の基礎づけ」平田俊博訳、『カント全集7』所収、岩波書店、二〇〇〇年、九九頁〕
（45）CRP, p. 495, A533/B561.〔第一批判、下、二二九－二三〇頁〕
（46）*Id.*〔同書、二二九頁〕

の動きはいずれも、自発性なるものを主観性の過去よりもさらに遠い過去のもとでかき消そうとする決意にいたる。ハイデガーにとって、それははじまりなき存在論的過去である。神経生物学者にとっては生物学的および進化的過去の夜であり、メイヤスーにとっては人間の祖先なき祖先以前性である。

メイヤスーにしたがうなら、アプリオリなものという名称がどんな先行性のことなのか、問うこと自体をやめ、思考や意志の出現、ひいては生命の出現でさえ、ほかの事象と同じく、地球の形成期から連綿とつづく出来事の一つにすぎないとみなすべきだ、ということになる。一連の発生事象にはいかなる特権性もなく、これらは人間不在の、理性や生命に先立つ、「祖先以前的」過去という背景のなかに消えゆくのだ。これは起源という意味も超越論的な野望ももちあわせない過去であり、アプリオリなものよりも古い、まったき総合の過去なのであり、来るべき哲学を基礎づけという不可能な仕事から解放し、同時に「人間どころか生命も存在しない過去について論じる(47)」可能性をひらくものである。

存在論、神経生物学、数学――袋小路《アポリア》

われわれが取りだした三つの道がいずれも、もう一つの合理性の練りあげに向かっているのはあきらかだ。それは理性批判をこえ、可能性の内在的な諸条件の解明にのみ依拠して思考を正当化するのを拒否する合理性である。法則、概念、判断、「思考の自発性(48)」にもとづくという意識に哲学的言説が由来するとは、もはやいえない。むしろ、思考がそこに由来する、非意識的で、かならずしも人間のものではないが形成力をもった審級、非プログラム的な審級はどんなものか、それを理解すべきである。よって、二十世紀から二十一世紀にかけての哲学的転回の特徴は、意識や意志といったものとは異質の思考の起源を徹底的に究明するところにある。これこそ、カント的な超越論的なものと手を切ろうとする、すべ

てのくわだての共通点である。

また同時に確認しておかざるをえないのは――そしてここが肝心な点なのだが――超越論的なものの放棄のくわだてはすべて、袋小路に迷いこんでいるということである。時間化、生物学化、数学化の身ぶりはいずれも、超越論的なものとともに自分自身の対象をも放棄することになっている。時間、思考における生の科学的把握、偶然性をかかげるくわだてはいずれも、同じ結果におちいっている。これからみていくことになるが、非超越論的な姿で時間の概念がその未来を生きていくことにはならなかった。〈破壊‐脱構築〉は、活力なきメシア的時間性をめぐる無限の詩作という身ぶりへと埋没することになった。理性の進化的発生という考えは還元主義および〈批判〉を欠いた実証主義へと逢着し、こうした陣営は彼らに関心を向けようとする大陸哲学に対し嫌悪感を即座に示すばかりである。そして「思弁的実在論」は、突き詰めていうなら、ラディカルな偶然性なる観念に内実を与えることができていない。

新たな弁証論の闘技場ができあがっている。そこには〈破壊‐脱構築〉の思考の線が一方に、科学回帰の新たな厳命に内在する「現実的なもの」の要求がもう一方にあり、両者はぶつかり合うのだが、この二つが衝突しても真に出会うことはない。この科学回帰それ自体も、数学と生物学のあいだの軋轢という火種をかかえている。

---

(47) Quentin Meillassoux, *op. cit.*, p. 37.〔メイヤスー、前掲書、五〇頁〕

(48) CRP, p. 155, B93.〔第一批判、上、一二五頁〕

カントとの折衝をおこなう

こうした現状認識から出発するとはいえ、本書の課題は、超越論的なものの「再構築」や、カントへの回帰をくわだてることではない。議論もせずにカント哲学の不可侵性を主張する意図は、私にはない。なぜそんな必要があろう。超越論的なものは無傷だとか、これには修復が必要だといった見解を論証するのが本書のねらいではない。そうではなく、超越論的なものの放棄をめぐって、カントにあらがうのではなく、カントとの折衝をおこなう必要があることを、示したいのである。というのも、これから示すことになるが、カントの著作そのもの、つまり彼の批判書には、超越論的なものとこれに抵抗するものとの遭遇が組み込まれているからである。この二者の遭遇の行き先は、超越論的なものと経験的なものの分割ではなく、超越論的なものと、それなしで自己を組織化するものとの直面である。これこそ第三批判のテーマ、より正確にいうなら、その第二部で論じられる生との直面なのである。生きものはまさしく、超越論的な身分なきものである。『判断力批判』は、非超越論的なものが批判的合理性のもとに侵入したとき、どういった帰結がもたらされるかを考察している。思考、自由、生の三者の結びつきは、超越論的なものとそれに無関心なものとの衝突のために、変質をこうむる結びつきなのである。生との遭遇、すなわち超越論的なものと超越論的なものに無関心な生とのあいだに接触はまた、カント的体系内部のカテゴリー構造に変更可能性があることをあらわにする。生得説と〈制作〉とのあいだに、別の道をひらく変更可能性である。

われわれの考えでは、超越論的なもののある種の進化そして変形という視点を議論に導入してこそ、時間・理性の起源・偶然性のラディカルさという三つの問いは、将来性をもちうる。

後世の議論をとおしてカントを再読し、試練にかけるのは、本書の目的が以下の点を見定めることにあるからだ。カントは、起源の思考や先行性の再定式化にふたたび向かうのを可能にしてくれるのか。そして存在論、数学、こんにちの神経生物学の三者間で争点となっているものを摑むのを可能にしてくれるのか。くりかえすが、根源的存在論も、生物学的還元主義も、「思弁的実在論」も、〈批判〉以後の厳密な哲学的合理性を求める要請、きわめて現代的な要請に応えられずにいることはみとめる以外にない。批判以後の理性の危機がある以上、カントとの対話に立ちかえらねばならない。そして、理性の基礎づけの有効性についてカントに語ってもらい、後の世代からの諸要求に対して、「前」のもっている力をみせてもらわねばならない。

以上が、本書を主導するアイデアであるが、この二重のくわだてを遂行し、細部にわたって精査するには、アプリオリ、生得、獲得との差異というすでにふれた問題に立ちかえる必要がある。じじつ、この差異の源泉においてこそ、カントとその後の現代の論者との対話が活気づくことになるはずだからだ。この差異は、ジャン＝ピエール・シャンジューよりも以前に、カントがすでに理性の後成説として語っていたのであり、これこそがそもそものはじめから、超越論的なものの地位をゆさぶりをかけるものであり、このことをカントはじゅうぶんに意識していたのである。

「純粋理性の後成説の体系《システム》」について

「[…]純粋理性の後成説の体系[49]」。この定式は、『純粋理性批判』のパラグラフ27〔以下、§27〕、すなわち第二版に登場する定式なのだが、あの「根源的獲得」の定式以前に、しかもそれよりも挑発的な、

(49) CRP, p. 218, B167.〔同書、二二四頁〕

おどろくべきかたちで、素描されたばかりの問題を取りまとめている。

超越論的演繹のこのパラグラフで、まさに「相関」の起源となる問いをカントは呈示している。カントの用語でいうところの、カテゴリーを経験の諸対象にアプリオリに結びつける一致／調和（*Übereinstimmung*）の必然性という問いである。ここですでに言及した複数の問いが、カントのこの分析の中心に存在している。カントによれば、この〈一致／調和〉は生得的ではありえず、それゆえ、カテゴリーは「われわれの現存在と同時にわれわれのうちにも植えつけられ（*eingepflanzte*）[50]」ている、とわれわれが考えざるをえないものである。カテゴリーはまた、経験に由来するものでも、経験的派生物から得られたものでもありえない。ゆえに別の道、カテゴリーの純粋な産出という道をたどらねばならない。カントがアナロジーにうったえるのは、まさにこのときである。後成説の生物学的過程のアナロジーがここに登場する。正確に理解されるなら、アプリオリな一致／調和は、「いわば純粋理性の後成説《エピジェネシス》の体系（*gleichsam ein System der Epigenesis der reinen Vernunft*）[51]」のもとで展開する、とカントはいう。

ギリシャ語で「エピ」は「～の上に／～にくわわって」を意味し、「ジェネシス」は「発生」あるいは「構成」を意味するので、「エピジェネシス」は、部分が順繰り付けくわわり、ある部分から別の部分が形成され、生まれていく、胚の発生・発達の様態をさしていることになる。エピジェネシスという語を最初に使ったのはアリストテレスで、その『動物発生論』のなかで生物の形態形成の作用を説明するさいに、この語が導入されている[52]。彼はこの作用について次のように語る。「すべての［身体の］部分は始めのうちは輪郭だけで区分され、後になって色や軟らかさや硬さを帯び、正にちょうど自然という動物画家が仕事をしているようなものである。というのは、画家もまず線で動物を下書きしておいて、色をぬりつけるからである[53]」。近代におけるこの語の使用は、一六五〇年、ウィリアム・ハーヴィにより開始される。その著書『動物の発生に関する研究』には、有機体の発達としてエピジェネシスが呈示されている。有機体にあって、「すべての部分は、同時に形成されるのではなく、ある継続の順序に従って、形成される」。というのも、「〝[形態] 形成能力 (*formative faculty*)〟はそれ自身のために固有の材料を獲得・準備する」[54]からだ。さらに下って十八世紀初頭には、モーペルテュイとビュフォンが、前成説に対する後成説の優位性を論じ、ここから二つの説の対立は、世紀半ばの中心的論争に発展してゆく[55]。後成的な作用による成長理論——漸進的な複合化・複雑化をつうじた胚の形成——は、前成説の理論に対立する。前成説では、胚は完成し、小型化した個体であり、成長は量的な面だけで、蔽いがとれて形成が完了した器官や身体の部分があらわになるものとされる。

§27で〈一致/調和〉の後成説の考え方に賛意を示すとき、カントはあきらかにこの論争を念頭にお

(50) *Ibid.*, p. 219, B167.〔同書、二二五頁〕

(51) *Ibid.*, p. 218, B167.〔同書、二二四頁〕

(52) Aristote, *De la génération des animaux*, tr. fr. P. Louis, Paris, Les Belles Lettres, 1961.〔『動物発生論』島崎三郎訳、『アリストテレス全集9』所収、岩波書店、一九六九年〕

(53) *Ibid.*, livre II, chap. 6, 743 b, p. 80.〔同書、一八四 - 一八五頁〕

(54) William Harvey, *On the Generation of Animals* (1651), rééd. Ann Arbor, Edwards, 1943, p. 366. 拙訳。ハーヴィはアリストテレスについての注釈書の著者としても知られる。Surexcitations *de Generatione Animalium* (1651).

(55) ビュフォンは、ハーヴィの「形成能力」の再定式化にあたる「内的鋳型」の理論をつくった。モーペルテュイの以下の著作を参照。« Expériences au sujet de la génération », in Œuvres complètes. Histoire des animaux, Paris, F.-D. Pillot, 1830, t. 11, p. 7-8. Voir l'ouvrage de Maupertuis, *Essai sur la formation des corps organisés*, Paris, A. Berlin, 1754.

いている。カントは後成説を「純粋理性の予造／前成体系〔の一種〕」に対立させる。前成説では、われわれの認識構造とその対象との「予定調和」の実在が前提となっていて、カテゴリーは生得的な「主観的素質」と定義されるのだが、こうした見方に対してカントは、カテゴリーの対象との関係は、胚とまったく同様に、自己分化をつうじて成長するとする。後成説の概念は十八世紀末にひろく受け入れられるようになり、知性の自発性についての生物学的形象となる。すなわち、思考の諸要素の超越論的な形成作用があるとする見解となる。この言明は、生得説も制作をめぐる議論も中断させる。超越論的な形成作用は、生物の個体と同じく、発達するものであり、作為的につくられるものではないとされるのである。

だが§27において、先に生じた起源をめぐる困難が解消されるわけではない。じっさいには、困難が増したようにさえみえる。アプリオリな後成的作用があるということを、矛盾なくどう主張するのか。「純粋」作業、作業以前の作業、あるいは過程《プロセス》なき獲得ともいうべき奇妙な観念に、われわれは舞いもどってしまうのではないか。代案は以下のようなものである。一つは、生得的素質にうったえねばならない以上、アプリオリな後成説は、実質的には前成説の一種であるという見方である。だがくりかえすが、発生という観念自体を破棄することなしに純粋な発生を考えることが、どうしたら可能になるのだろう。もう一つは、後成説は正確には純粋ではなく、そこには経験が含まれている、すなわちその過程に意外な出来事、予期せぬ出来事が含まれている、とする見方である。

けれども、経験の対象とカテゴリーの関係は生得的ではなく、またいかなるものであれ、経験から得られたものでもないとする点で、カントはゆずらない。彼は、分化的成長とアプリオリ性とが一致すると指摘している。これが、超越論的演繹の呈示する、目もくらむような問題である。とはいえ、けっきょくのところ、カントがこの問題を解決し、超越論的なものの基礎づけとなる可変性を解明したといえるのだろうか。

後成説の糸をたどり、この説が惹起したあらゆる考察を吟味し、この説から生じる矛盾、論理的難点のすべてに立ち向かい、この問いに答えることを、私は自分の課題としたいのである。後成説と——生物学的生と——超越論的なものとの絡み合いが、本書の主題になる。この絡み合い、はじめはたんなるアナロジー〔比喩、類比〕にみえたものが、内密の関係となり、〈批判〉のくわだての核を形成することになるさまを、私は示してみたい。私のこころみは通例どおり、カントにあらがってカントを読むことになるだろうか。おそらくそうなるのだろうが、この読解は、カントなしですますわけにはいかないことを、私なりに指摘することでもあるだろう。とりわけカントを放棄すべきかどうかが問題になっているときには。

方法についての原則

『純粋理性批判』から、そして純粋知性概念の起源にかんする問題——知性の自発性——から出発して、後成説の歴史的・実践的意味を考慮に入れつつ、目的論的判断の批判が超越論的なものに突きつけた巨大な問いにまでたどりつきたいと私は考えている。

本書の議論は、後成説それ自体がもっている成長のリズムを採用する。本書は、テキストの〈萌芽／胚〉から、すなわち§27から出発し、概念の複雑化を重ねながら後成説の主題が出現してくる、さまざまなカントの資料体のなかに、問題の形態的な発展を追いかけていく。

方法論についてもう一つの方針は、ハイデガーやメイヤスー、神経生物学的分析からじかに出発するのではなく、彼らの議論への到達をめざす、というものである。私は、超越論的なものの根本的な安定性をすでに問題視し、§27に言及してきた複数の重要なカント読解から、本論を開始しようと思う。それゆえ、解釈の行程それ自体が後成的になるだろう。個々の読解の検討から出発したのち、より一般的な解釈へと移って、こんにちのカント受容をめぐる地図作製と診断をおこないたいのである。

〔他人による〕カント読解をとおしてカント自身を読もうというのは、いささか挑発的にみえるかもしれない。だがすでに述べたように、私がアプリオリな後成説を論じようとするのは、〈批判〉以後の視点から、つまりそのアポステリオリな発展の視点からである。こうした手法を採用した動機は、本書で取りあげることになる読解がいずれも、生得説ないし前成説の極、そして経験とアポステリオリの極という、二極のあいだを揺れ動いていることにある。時間への没入、必然性の非決定、理性の生物学化、偶然性の闖入、こうした障碍物、こうした揺れ動き、こうした解決不可能性が、この行程の途中でたえず浮上し、再浮上する。われわれは、後成説がアプリオリな必然性の、究極の不安定性の徴候にほかならない、と結論づけざるをえないのだろうか。後成説は、批判哲学を分解させる誘因であり、こんにち、われわれを、必然性の「放棄」へ、偶然性へとみちびくものなのか。あるいは、われわれは、超越論的後成説の形象をとおして時間の新たな次元を、脳の後成的作用の予期せざる先取りを、そして基礎づけの別の論理を見いだすことになるのか。

超越論的なものというつづれ織りに後成説がひらいた謎は、カント的思考には統一性も、一貫性もないことを示すのか。それとも、現代哲学による見取り図の欠陥をあらわにしているのか。つまりカントを読んでいると信じていたのに、そのじつ、自分自身を読むことになっていた、という事態をあらわにしているのか。

第一章　『純粋理性批判』のパラグラフ27

出発点の問題を呈示する——カテゴリーの起源

認識の構成と理性の体系的連関とが一致するさまを描くべく、カントは『純粋理性批判』において特権的となる二つのたとえをもちだす。建築と生殖（*Erzeugng*）の比喩、すなわち建築中の建物と生きた個体の発生という比喩である。「体系《システム》」は、その建築術的一貫性と「内的な成長・増大」からその統一を引きだしており、こうすることで基礎の堅固さと有機体の諸部分にある内的連関とを結びつける[1]。「後成説《エピジエネシス》」の形象をもちいてカントは次のように説明する。一方にカテゴリーの産出があり、もう一方に体系の産出があるものの、この二つは不可分であり、両者がかたちづくる全体性は「動物の身体のよう[2]」に発生し、成長する。知性〔悟性〕のアプリオリな産出性、そして理性にもともとある建築術的性向を、後成説は伝えようとする。このように、超越論的演繹と純粋理性の建築術とは、完全に呼応しあ

（1） CRP, Architectonique de la raison pure, p. 674, A833/B861.〔第一批判、下、「純粋理性の建築術」A833/B861 四七九頁〕

（2） *Id.*〔同書〕

っているのである。

カントは後成説の形象を『純粋理性批判』第二版で導入し、一七八一年の初版が引き起こした数々の反論に答えようとする。反論の多くは、超越論的基礎の安定性にかかわっていた。一七八六年の『自然科学の形而上学的原理』での言及によれば、反論はいずれも超越論的演繹の規定を標的にしたものだった。この著書の注には「ウルリッヒ教授」が演繹に付与される「原理的根拠」の意義に疑問を表明している「書評」がある、と記されている。疑問が生じるのはもっともだとみとめたうえで、カントはこう述べる。「カテゴリーの完全に明瞭かつ十分な演繹なくしては『純粋理性批判』の体系は根底から動揺する」[3]。じつのところ「[…]純粋理性の使用はすべて、経験の対象以外のものに向かうことはけっしてできない。また、アプリオリな原則においては経験的なものはなにひとつその条件とはなりえないから、アプリオリな原則は経験一般の可能性の原理以上のものであることはできない、ということである。これだけですでに純粋理性の限界規定の真にして十分な基礎である。しかしそれだけでは、経験がいったいいかにして、かのカテゴリーによって、かつカテゴリーによってのみ可能となるのかという課題の解決にはならない」[4]。こうしたわけで、出発点の問いは、カテゴリーと経験の対象とのアプリオリな一致をめぐる問いでなければならないのである。

『純粋理性批判』の§27は、まさしくこの問いに答えを示そうとし、二つの原理的構造が相互依存的である点に光をあてようとするものである。すなわち、一つ目は純粋知性概念のアプリオリな起源、二つ目はこの概念と経験的対象との関係のアプリオリな起源である。経験一般すべての可能性の原理を含んでいるカテゴリーがアプリオリに現象に適用されること、カテゴリーがじっさいに現象に出会うこと、そしてその形式であること、こうしたことがらをカントが証明し、説明できるのは、まさに後成説のアナロジーのおかげだということになる。それゆえ、このアナロジーは、カテゴリーの対象への参照にあてはまるイメージを提供しなければならない。カントの議論では、対象への参照は発生的産出からのみ生じるもの、すなわち知性の自発性から生まれるものである。合理性の体系が妥当性をもちうるかは、全面的にカテゴリー／対象間の関係の、本性と堅牢性にかかっている。この関係は生得的でもなければ、構成されたものでもない、とされねばならない。

偶然発生〔自然発生〕、前成、そして後成

では、問題になるのは、どういったたぐいの産出なのか。この問題は、当該パラグラフの第二段落にこのうえなく明快に定式化されている。「〔…〕経験とその対象の概念との必然的一致（*Übereinstimmung*）が考えられうる道は二つしかない。一つは、経験がそれらの概念を可能にすることであり、もう一つは、これらの概念が経験を可能にすることと、その二つに一つである[5]」。

この「二つの道」をよくみると、前の段落でカントが二つの道のほかに「中間の道」があると指摘しているのに気づく。つまり、じっさいには三つの道が示されているのである。この道はそれぞれ生殖をめぐる三つの生物学的理論に類比的に対応する。すなわち、（一）偶然発生説〔自然発生説〕、（二）前成説、（三）後成説、の三つがある、ということになる。

（3） Emmanuel Kant, *Premiers principes métaphysiques de la science de la nature*, in Pléiade II, *op. cit.*, préface, note, p. 372.〔『自然科学の形而上学的原理』犬竹正幸訳、『カント全集12』所収、岩波書店、二〇〇〇年、一五頁〕
（4） *Ibid.*, p. 373-374.〔同書、一六－一七頁〕
（5） CRP, §27, p. 218. すでに引用した部分。〔第一批判　下、§27、二一四頁〕

「第一の道」は、経験が概念の源泉だとしている。カントはただちに、この道をどこにもいたらぬ道と断ずる。「第一の路線はカテゴリーに関して（また純粋な感性的直観に関しても）起こりえない。なぜなら、それらはアプリオリな概念であり、したがって経験から独立しているからである」[6]。この容認しがたい事態〔アプリオリなカテゴリーが経験から発生するという事態〕を生物学的にいうなら、偶然発生説だということになる。「［カテゴリーの］経験的起源を主張するのは自然発生説〔偶然発生説〕*generatio aequivoca* のたぐいであろう」[7]。この理論は、その内容の大半がカントの時代にのりこえられていたのだが、生物の出現について、無機物からの自発的な分化で生じたものと説明する。この説には、発生の起源と発生の原理、すなわち不活潑な物質と生命の主動性は、その本性にちがいがあるという前提がある。超越論的演繹がこの「道」をたどるなら、アプリオリなものは無機物という起源に等しいとみとめざるをえなくなり、無機物から生命をもったカテゴリーが奇跡的に発生することになり、カテゴリーと対象の一致は、カテゴリーそれ自体と同様、無から *ex nihilo* 出現することになってしまう。むろんこの「道」を採ることなど、カントにはできない相談である。知性の自発性は、この産出でいわれる自発性とは本性上異なっている。偶然発生説のいう産出では、源泉を別とする誕生があり、無から発した子孫があるということになる。これとは逆にカテゴリーは、知性のカテゴリーであり、知性から発し、知性に固有のものである。偶然発生説は、発生の観念それ自体と矛盾する、さらなる検討など必要ない理論上の奇形なのだ。

　偶然発生説と後成説とのあいだの「中間の道」は、前成説〔予造体系〕である。この説によれば、「［…］カテゴリーはわれわれの認識の自ら考えられた（*selbtsgedacht*）第一のアプリオリな原理でもなければ、経験から汲みだされたものでもなく、われわれの現実存在と同時にわれわれに植えつけられた思考のための素質（*Anlagen zum Denken*）だ、という」。「そしてこの素質は、それを使用することが自然の法則――経験はこれにそって経過する――と正確に一致するように、われわれの創造者によって調整されたのだ〔…〕（純粋理性の前成／予造体系の一種）」とされる。(8)

この前成説の「道」を採用するなら、認識の純粋要素は、神がわれわれのうちに植えつけた、生得的な論理傾向である、ということになる。認識が対象とぴったり一致するように、案配されているというわけだ。こうした見立てでは、概念と「概念が適用される」現象は、はじめから、神の決定のもとで完璧に一致し、「予定調和」の関係にある。この「中間の道」を採るということは、あらかじめ調整された関係の秩序にしたがい、ある種の法則に則って諸現象を把握しようとする「素質」が、精神には宿っているという見解になるのだ。自然法則、たとえば因果関係の法則は、こうして、われわれの知性に恣意的に植えつけられるものとなるだろう。

ヒュームと予定調和

第一の「道」、自然発生説という道をカントは、懐疑論の第一テーゼに対応する経験論的立場とみなした。中間の「道」は、第一の説と不可分で対照をなし、第二の懐疑論的テーゼとなる。この第二のテーゼの代表となるのはだれか。

このテーゼを代表するのは、クルージウスとヒュームという二人の哲学者の混合体である。(9)『プロレ

（6）*Id.*〔同書〕
（7）*Id.*〔同書〕
（8）*Ibid.*, p. 219.〔同書、二一五頁〕

ゴーメナ』（一七八三年）の注にクルージウスの名がみつかる。[10] この著作の第三六節で呈示されるのは、『純粋理性批判』の§27と同じ問題なのである。カントはこう述べている。「可能的経験の原理と自然を可能ならしめる法則とのかかる一致――しかもその必然的な一致が生じ得るとすれば、それは二通りの理由によるほかはない、すなわち――これらの自然法則は、経験を介して自然から得られるのか、それともその逆で、自然が経験一般を可能ならしめるところの法則から導来され、経験の普遍的合法則性そのものとまったく同一であるか、二つのうちのいずれかである」[11]。カントはただちに、最初の仮説は完全に矛盾しており、これはクルージウスにより禁じられていた、と付けくわえる。注にはこうある。

クルージウスだけは、これら二通りの理由の中間の道をとることを心得ていた。彼は、誤ることもまた欺くこともあり得ない精霊が、当初かかる自然法則を我々の心に植えつけておいた、と言うのである。しかしこの人自身の体系が相当多くの例を示しているように、彼の体系には、ごまかしの原則すらしばしば混入しているのである、従って真正の起源を偽《にせ》の起源から区別する確実な判定基準が欠けているので、こういう原則を用いることは甚だ危《あぶな》いことのように思われる、我々の心に吹きこんだ者というのが、真実を告げる精霊なのか、それとも「偽りの父」なのかを、我々は確実に知ることができないからである。[12]

この発言は確実に公正さを欠いていそうだが、その詳細に立ち入ることはここではできない。だが興味ぶかいのは、『自然科学の形而上学的原理』では、標的となる人物がクルージウスからヒュームに入れ替わっている点である。この著書でカントは、「一致／調和」の根拠の有効性をめぐる問題は「大きな重要性をもつもの」であり、「以前におこなった議論〔第一批判の§27〕」にともなっていた「曖昧さ」[13]に立ちもどらねばならない、としている。ヒュームが登場するのは、この箇所である。この問題の解決は確実に、ヒュームが主張するのとは反対である。「知性法則が現象とはまったく異なった源泉をもつにもかかわらず、現象が知性法則に不思議にも一致するという事態に直面して、かの鋭敏な書評家が不承

（9）この点にかんしてはライプニッツのことがまず想起されるかもしれないが、彼は第二のテーゼの代表者ではない。この点について以下を参照。Günter Zöller, « Kant On the Generation of Metaphysical Knowledge », in Hariolf Oberer et Gerhard Seel (ed.), *Kant, Analysen - Probleme - Kritik*, Würzburg, Königshausen et Neumann, 1988, p. 76.

（10）Emmanuel Kant, *Prolégomènes à toute métaphysique future qui pourra se présenter comme science*, in Pléiade II, *op. cit.*, note, p. 96. AK, 320.〔イマヌエル・カント『プロレゴメナ』篠田英雄訳、岩波書店、一九七七年、一四五頁〕

（11）*Id.*, p. 96.〔同書〕

（12）*Id.*〔同書、一四五－一四六頁〕クルージウス（一七一五年一月一〇日－一七七五年一〇月一八日）はライプツィヒ大学で哲学および神学の教授であり、著書に『必然的理性真理の見取り図』(1745)、『論理学』(1747)、『道徳哲学』(1767) などがある。カントの体系形成にはクルージウスがきわめて重要な影響を与えている。彼は、数学的必然性と論理的必然性とは異なるとする観念を最初に定式化した。この点についてカッシーラーは次ように述べている。「クルージウスの認識論の本質的成果は、次のような洞察にある。すなわちわれわれの因果的推論のために、矛盾律とは区別される独自の原理や確実性の自立的な根拠が要求されなければならないという洞察にある」〔エルンスト・カッシーラー『認識問題 2-2 近代の哲学と科学における』須田朗、宮武昭、村岡晋一訳、みすず書房、二〇〇三年　一二三頁〕

（13）*Premiers principes métaphysiques de la science de la nature*, *op. cit.*, p. 374.〔『自然科学の形而上学的原理』、前掲書、一七頁〕

不承、予定調和に逃げ道を求める、といったことがなくても済むようにしよう。予定調和という救済策は、それが救うはずの悪よりもさらに大きな悪であるといもいうべきで、救おうとしている悪に対して、やはり実際には救いになりえない(14)」。

　したがって、前成説体系はここではヒュームに帰せられ、『人間知性研究』の第五章で展開される、アプリオリな認識と自然秩序との「予定調和」の仮説のことである(15)。ヒュームはこう記す。「ここには、それゆえ、自然の過程とわれわれの観念の継起との間に一種の予定調和が存している。かくして前者［自然の過程］を支配している力と活力は、われわれにとってまったく未知であるとはいえ、しかもなおかつわれわれの思考と想定は、われわれがみるところでは、自然の他の作品と同一の連続をなして進行していったのである(16)」。

　これに対するカントの答えは、『純粋理性批判』でも『自然科学の形而上学的原理』でも同じである。あらかじめつくられた一致／調和があるとする主張は、カテゴリーの客観的必然性を毀損する。この道をたどると――§27に読めるのは――結果と原因の結びつきは「単に主観的に必然的な結合にとどまって」しまうことになる。別の言い方をするなら、結びつきは純粋に「偶然的」である。以上がヒュームのいわんとするところ、「客観的必然性を習慣にもとづく単なる錯覚と呼ぶもの(17)」である。

　予定調和はカテゴリーの必然性を切り崩す。一致／調和があらかじめきめられているとしたら、知性にできるのは、一致を一つの事実として受け入れることだけである。知性が一致を形成することはないからだ。それはまた、一致の成否は恣意や気まぐれに左右され、まったく別様になる可能性だってある、ということも示唆している。「すなわち、このようなケース［予定調和というケース］にあっては、カテゴリーは必然性を欠くことになるのだが、その必然性はカテゴリーという概念に本質的に属しているのである。なぜなら、たとえば、原因の概念が単にわれわれに植えつけられた任意の主観的必然性に基づ〔く〕〔…〕にすぎないとすれば、前提されたある条件の下である結果の必然性を述べるこの概念は、まちがいだということになってしまうからである」[18]。神の指令によって調節される「生得的」調和に自発性の起源を奪われるなら、知性はこの調和を受容するだけのものに成り下がるだろう。

第三の道

こうして、唯一可能な「道」としてのこるのが、後成説である。カテゴリーが経験に発するのでないとしたら、またカテゴリー「それ自体のうち」に、なんらかの生得的特質を介した対象への参照作用が含まれないとしたら、カテゴリーが何かに関与するとどうして確信できるのか。対象への参照作用にアプリオリな性格があるというのが、どうして正しいのか。

答えはこうだ。一致は、胚のアナロジーにより思考されねばならない。細胞の漸次的分化と複雑化の

（14）Id.〔同書〕

（15）David Hume, *An Inquiry Concerning Human Understanding*, L. A. Selby-Bigge (ed.), Clarendon Press, Oxford, section I, chap. IV « Sceptical doubts concerning the operations of the understanding », et chap. V « Sceptical solution of these doubles », 3e édition (réimpression de l'édition de 1777).〔デイヴィッド・ヒューム『人間知性研究』斎藤繁雄、一ノ瀬正樹訳、法政大学出版局、二〇〇四年、四九頁〕

（16）*Ibid.*, section II, p. 349, 引用者訳。〔同書〕

（17）*Premiers principes métaphysiques de la science de la nature, op. cit.*, p. 374. 2. CRP, p. 219, B168.〔『自然科学の形而上学的原理』、前掲書、一七頁〕

（18）CRP, p. 219, B168.〔第一批判、上、二一五頁〕。

過程をつうじてそれ自身によって発生する胚、それらのアナロジーによって、である。後成説は二方面への反論を呈示できるという利点をもっている。問題となっているのが自発的な発生なのだから、「あらかじめつくられた」調和という考えはおかしい、というのが一つ、そして、発生というものがどうあれ、けっきょくは事前に与えられた種固有の〔アプリオリな〕略図に一致しなければならないのだから、経験から派生するとする考えはおかしい、というのがもう一つである。

カントの時代にはまだ、前成説で生じる「抽出物 *eductus*」と、後成説の帰結となる「産物 *productus*」は、区別されるのがふつうだった。「抽出〔引き出すこと〕eduction」とはたんに、卵のなかですべてが構成されている個体が「大きくなる」発生のことである。これに対し、後成説の理論では、「産物」の現実は、種子の無定形の混淆に発する自己分化〔自己差異化〕と漸次的成長をつうじて構成されるものとされる[19]。フランソワ・デュシェズノは、この点を明確に述べている。

> ほぼ一世紀（一六七二－一七五九）のあいだ、［…］前成説の完全支配の時代がつづいた。前成説の理論には、生体の自己－組織化モデルや、種子の交雑で生じた無定形な初期段階から複雑構造の出現にいたる全過程を説明できる固有の力の概念の出る幕は、いっさいなかった。十八世紀中ごろにも、アルブレヒト・フォン・ハラーやシャルル・ボネといった学者らによる拡張的な変更を受けたかたちで前成説は維持されており、こうした洗練された前成説をカントは知らなかった［ようだ］けれども、彼が批判を展開したのは前世紀の諸理論に対してだけでなく、マルブランシュやライプニッツの思弁理論から前成説の出現にいたる歴史的文脈に対してだったのである[20]。

カントの見解に不可欠の背景をもたらした後成説の勝利は、一七五九年にまずカスパー・フリードリヒ・ヴォルフの『発生論』において宣言され、次いでブルーメンバッハにより、一七八九年に「形成力（*Bildungstrieb*）」の仮説で決定的となる。[21]

カントと当時の生物学者にかかわる重要な問いについては、のちにふれることにしよう。さしあたりここで強調しておくべきは、カントが後成説を援用することで、偶然発生と前成的発生という二つの隘路を回避し、思考本来の発生的な力に光をあてているという点である。カテゴリーと対象との一致が考えられるのは、一致が、活力溢れる、創造的にして自己形成的な関係の産物であるかぎりにおいてである。この一致は、あらかじめ定められた調和の産物（前成説）、あるいは非有機的なものの奇跡的活性化（偶然発生）から生じた帰結ではありえない。何かを与えられると、知性はおのずとこれに〈かたち〉をおしつけ、自身の活動の産物としての認識を組み立てる。こうしたわけで、「カテゴリーは、知性の側からすべての経験一般を可能にする根拠を含んでいる（*erhalten*）[22]」と考えるのは正しいのだ。

---

(19) 以下を参照。Hans Werner Ingensiep, « Die biologischen Analogien und die erkenntnistheoretischen Alternativen in *Kants Kritik der reinen Vernunft* B §27 », Kant-Studien, vol. 85, p. 381–383, p. 383.

(20) François Duchesneau, « Épigenèse de la raison pure et analogies biologiques », *in* François Duchesneau, Guy Lafrance et Claude Piché, *Kant actuel. Hommage à Pierre Laberge*, Paris, Bellarmin-Vrin, 2000, p. 233–256, p. 234.

(21) Caspar Friedrich Wolff, *Theoria generationis*, Hildesheim, Georg Olms Verlag, 1966. Johann Friedrich Blumenbach, *Über den Bildungstrieb*（*Nisus formativus*）*und seinen Einfluß auf die Generation und Reproduction*, *in* Georg Christoph Lichtenberg, Georg Forster（Hrsg.）, *Göttingisches Magazin der Wissenschaften und Litteratur*, 1780, vol. 1, no 5, p. 247–266.

よって、この「含んでいる」を、すでにできあがって集められ、われわれの目の前に登場するのを待っている宝がある、という意味に解すべきではない。そうではなく、発生し成長して現実存在とならねばならない有機体の種子と理解すべきである。カテゴリーとは、経験の純粋種子である。

(22) CRP, §27, p.218, B167S.〔第一批判、上、二一四 - 二一五頁〕

第二章　懐疑的態度におちいるカント読解

原初の素質

自発的に形成作用をおこなう起源があるといったからといって、超越論的なものの純粋性と安定性の問題が解決するわけではない。むしろいっそう複雑になりさえする。

そもそも、〔「カテゴリーは、知性の側からすべての経験一般を可能にする根拠を含んでいる（*erhalten*）」という文章の〕「含んでいる」というのは、奇妙な動詞である。いずれにしても、この動詞は、素質という概念を想起させないだろうか。「概念の分析論」の一説がこの点を確証する。カントは述べている。

われわれは、純粋概念を人間の知性におけるその最初の萌芽〔胚〕と原基〔素質〕（*Keime und Anlagen*）にいたるまで追究するであろう。純粋概念は、ついに経験を機縁に展開され（*bis sie endlich bei Gelegenheit der Erfahrung entwickelt... werden*）、まさに同じ人間知性をとおして、身にまつわる経験的条件から解放されて、鮮明に示される（*dargestellt*）までは、その萌芽と原基の中に準備されている（*vorbereitet liegen*）[1]。

仮にカテゴリーが経験にもちいられるべく、精神のうちに「準備されて」いて、その萌芽／胚の中身がひろげられてゆくのを待っているようなものだとしたら、カテゴリーが生得的でなく、これと対象との一致が「予定調和」に属するものではないことをどうやって証明するのか。

じっさい、懐疑論の議論はただちに、二つの攻撃形態をとってカントの立場を板挟みにし、これを締めつけようとしているようにみえる。まず、超越論的次元においては、後成説が前成説と截然と区別されると確言するのは、見かけ以上に困難だと判明する。そしてさらに、カントが前成説の支持者でないことを証明しようとして、「純粋」と称する発生のもとで経験に過大な役回りをさせ、対象への参照が経験から派生するものだとする、別の懐疑論に傾いてしまうおそれもある。§27をめぐる読解は、このパラグラフの論理を擁護しようとするものも含め、この二つの傾向のあいだでたえず揺れ動いていて、カントのひらいた「道」は懐疑論的生成の螺旋に巻きこまれている。

難しさはまたしても、アプリオリな後成説という考え方を矛盾なく正当化し、主張するにはどうしたらいいか、というところにある。生物学的観点からの後成的作用は、とうぜんながら、必然的な順序にしたがって展開する。胚の発生にはいかなる飛躍も存在しない。この意味では、後成的な成長にはアプリオリな必然性があるという考えを主張できる。だが、後成的作用は質的な発生であって量的な発生ではないことから、けっきょくは、予期せぬものが本質的役割を果たす次元がなければ、この発生過程の展開は不可能になる。だからこそ、ここで援用されるアナロジー〔類比、類似、比喩〕が問題含みとなる。生物学的後成説は、純粋な発生という観念と相容れない。それなのになぜカントは、カテゴリー発生の最良のイメージとして後成説を選んだのだろうか。

「前成的作用なき形成」

アナロジーなどたんなる隠喩にすぎないとして、これを相対化し、その役目を小さくしても、問題は解決しない。§27の注釈者はだれもが例外なく、前成説への言及を修辞的技巧のたぐいとみなすことはできない、と主張している(2)。後成説は、その著作全体をつうじてずっとカントが念頭においていた発生・発達のモデルであり、これが例証の都合で援用されたのでないことはあきらかだ。後発の著作において変更ないし訂正がくわえられようとも、後成説が重要であることにはいささかの変化もない。問題は、カントの超越論的後成説への賛意よりも生物学的後成説への賛意のほうが理解しやすいということである。周知のとおり、『判断力批判』の§81では、生物学的な後成説理論が、ブルーメンバッハが「個体的前成説」の体系《システム》に対抗して華々しく打ちだした「産出による発生」の体系が擁護されることになる。

かかる後成説に関して、その証明をもたらし、これを適用する真正な原理を打ち立てた［…］人といえば、宮中顧問官ブルーメンバッハ氏以上の人はいない(3)。

---

(1) CRP, p. 154, A66/B91.〔第一批判、上、一二三頁〕

(2) この点は、われわれがのちに検討する、ギュンター・ツェーラーの以下の論で指摘されている。Günter Zöller, « Kant on the Generation of Metaphysical Knowledge », *op. cit.*, p. 71-90, p. 72. また以下も参照のこと。A. C. Genova, « Kant's Epigenesis of Pure Reason », *Kant-Studien*, 1974, vol. 65, no 3, p. 259-273. ジェノヴァによれば、超越論的観念論をめぐる誤読の大半は、カントが本質的なことを表現しているこの種の「短い記述」に注意を払っていないことに由来する。「後成説原理が、カントの三批判書の解釈とその相互関係を把握するための鍵になると信じるに足るじゅうぶんな理由がある」という。*op. cit.*, p. 259.

第三批判での後成説への支持は、目的論的判断力批判の全体をとおしておこなわれる自然目的としての生きものの分析と、完璧なまでに首尾一貫している。ところが〔第一批判で言及される〕後成説は、アプリオリの観念そのものに反しているようにみえるのだ！

問題の詳細をみてみよう。カテゴリーと経験の対象との一致の発生について、後成説のなかにそのアナロジーが見いだせるというのなら、生物学において有機体〔の形態〕を形成するとされるある傾向、その超越論的な等価物がある、とみとめねばならない。この「形成的傾向性」こそ、『判断力批判』§65の名高い議論の対象となるものである。

> 〔…〕有機的存在者は単なる機械ではない、機械は動かす力をもつだけだからである。有機的存在者は、それ自身のうちに形成する力を具えている、そしてこの力を、元来かかる力をもっていない物質に伝える（これを有機的に組織する）のである。要するにこの力は、自分自身を伝播しつつ形成する力であるから、単に動かす能力（機械的組織）によるだけでは、とうてい説明され得るものではない。(4)

『純粋理性批判』の第二版の発表時期に、カントはすでに後成説概念の仕上げの途上にあり、一七九〇年にその完成版を導入したのだとするなら、われわれは以下のように考えてよいはずだ。§27の呈示した問題は、フランソワ・デュシェズノが指摘する「超越論的形成傾向」(5)の存在にかかわっている、と。またしても、反論の声があがりそうだ。そうした傾向など、「知性の形成的自発性」の言い換えであり、認識の純粋要素ないし法則と経験の対象とのあいだに、アプリオリなものとアポステリオリなものとのあいだに一致をおのずと生じせしめると称される、あの自発性の別名にすぎないのではないか。しかしながら、こうした応答で問題は解消されるわけではなく、むしろ紛糾する。この自発性が形成的であるのなら、みずからが産出したものの代償としてこれ自身も変容をこうむるだろう。なんらかの予定や計画にしたがうのでもないかぎり、この変容がどうして回避できるのか。誕生後につづく効果を、つまりたんなる胚にすぎなかったものが予期せぬ最終形態になることを、自発性はどうやってまぬがれるのか。産出された形態に自律性などまったくないのだとでもしないかぎり、結果が起源に影響をおよぼす遡行的な活動を、すなわち胚自身に対して胚が変容する事態を、どうして考えずにいられよう。

言い方を換えるなら、生きものの形態形成作用のうちに記されている〈運〉の部分と、超越論的形成をつかさどるアプリオリな必然性とを、どうすれば一緒に考えられるのか。出発点の略図と事後《アポステリオリ》の逆の動きとを一緒に考えるには、どうすればよいのか。

胚の発生が予測不可能なのは必然的である

ジョルジュ・カンギレムは一九六二年に著されたその試論において、みごとな手さばきでこの不可能性に光をあてている。彼によれば、後成説とは「前成的作用なき形成[6]」である。これとは対照的に、「常識に反して、〔前成説は〕胚がいつかは生成するよう定められていることを、前提としている[7]」。だが、カ

（3） Emmanuel Kant, *Critique de la faculté de juger*, tr. fr. Alain Renaut, Paris, GF-Flammarion, 1995, p. 421. Désormais CFJ.〔第三批判、下、一二二頁〕
（4） *Ibid.*, p. 366.〔同書、三六頁〕
（5） François Duchesneau, « Épigenèse de la raison pure et analogies biologiques », *op. cit.*, p. 254.
（6） Georges Canguilhem, Georges Lapassade, Jacques Piquemal, Jacques Ulmann, *Du développement à l'évolution au XIXe siècle*, Paris, Puf, « Pratiques théoriques », 1962, p. 6.

ンギレムの発言の正しさを確かめ、この予定説を否定することができるには、後成説の支持者は、すべての発生的生成に作用している予測不可能な面を強調しなければならない。生まれ出ようとする個体が避けがたく不意打ち的であることを示す必要があるのだ。個体は、明日の前に生まれることはできないことを示さねばならない。胚の成長はある順序にしたがわねばならないが、誕生直前のどの生体も「その顔、大きさ、形態を獲得」した状態にあることもまた、真実である。この獲得には、偶然の次元が含まれている。「あらかじめ造られた［前成された］存在者に未来はない[8]」のに対し、後成的な発生には予測不可能なものがある。

ヴォルフの主著『発生論[9]』を参照しつつ、カンギレムは述べる。

完成させようとしている仮説がいかなるものであれ、予造体系〔＝前成説の体系〕に還元できない、〈形成（*formatio*）〉の類型的な過程がある。たとえば、胚葉が二分したり、当初開いていた器官が閉じたり、二つの胚葉が一本に結合したりする例がこれにあてはまる。

だが、まさしく「どうして裂け目や複製が生みだされるのか、われわれにはわからない[10]」。後成説は、偶発事や奇抜さ、ときには不調に終わる例をぬきにして思考しえない。「どのような発生であれ、発生のあらすじとして通用するものにはなりえない[11]」。後成的作用はつねに個体化し、個体化されているがゆえに、これを完全に予測することはできないのである。アラン・ボワイエも指摘しているように、「ある器官の形態が潜在的には生得的だとしても、その器官は、経験的な、エネルギー的な、あるいは情報にかんする要素を受けとり、自分本来の論理にしたがって発生・成長せざるをえない［…］[12]」。

となると、われわれの問題がまた浮上していることになる。アプリオリな後成的作用について語ることは、こうした予測不可能や不意打ちの側面を消去することにつながりはしないか。アプリオリな後成的作用は、あらかじめきまった形態がたんに展開していくのとは別の様態になりうるのか。言い換えるなら、それは現実に前成的な作用と異なっているのか。

ある意味で前成説の議論は、生物学の領域を離れてしまい、生きものの道理にそむく数学化として姿をあらわす。胚の発生は、諸形態の位相的な生成モデルのもとで構想されている。すなわち、同一の構造が変形を重ねて成立する形態形成というモデルである。前成された構造の発生で前提とされるのは、部分の成長・増大が完全な同型・定型の規則にしたがって生起する、ということである。それゆえ前成説は、有機的成長の様態を、幾何学的転換の範例《パラダイム》で代替していることになるのだ。

カテゴリーとその対象との関係に後成的作用のアプリオリな性格があると主張し、偶然的なものを端から排除しているのに、最終的にカントは、形態の発生における異種性を切り詰める行為に手を染めずにすんだといえるのか。カテゴリーと経験との関係の発生は、形成と脱形成とのたえざる弾性的な様態のもとで起こるものでなければならないのではないか。つまり、対象はどれも一時的には当初のカテゴ

（7） *Ibid.*, p. 15

（8） *Ibid.*, p. 44.

（9） Caspar Friedrich Wolff, *Theoria Generationis, op. cit.*

（10） Georges Canguilhem et al. *Du développement à l'évolution, op. cit.*, p. 8.

（11） *Ibid.*, p. 20.

（12） Alain Boyer, *Hors du temps. Un essai sur Kant*, Paris, Vrin, « Essais et controverses », 2001, p. 63.

リー形式を変容させ、引き伸ばし、いったんその対象と組をなしたなら、その構造にうまく適応させるようにならねばならないのではないか。

他方、この位相的で弾性をもった発生概念、そして前成説がもたらした発生概念と手を切り、形態の自由な発生を考えねばならないとなると、たちまちわれわれは、いま一つの懐疑論的テーゼに突きあたるのではないか。すなわち、事後的《アポステリオリ》なものの予測不可能で還元不可能な要素こそが後成説を成立させている、とする見方に突きあたるのではないか。

生得説と経験論という二重の罠を避けようとして、カントが以下の点を示そうとしているのが見てとれる。すなわち、知性の自発性はいかなる神的指令にも由来するものではないこと、そしてこの自発性は自由な産出の力なのであり、外部からの力としての経験が自発性の源泉にかかずらう余地をのこさない、そうした産出の力であることである。

問題は、形而上学的立場の生物学的翻訳が、状況をゆがめているようにみえる点である。超越論的演繹のうちには、ほんとうに後成説の場所があるのか。後成説に反駁し、これを前成説のうちに取りこんで、冒険の危険から超越論的なものをまもるべきなのか。あるいはこれとは逆に、あらゆる前成説から超越論的なものを隔離すべく、後成説の派生的性格を強調すべきなのか。二つのどちらの路線をとるにせよ、超越論的なものに根本的あいまいさがあることをみとめざるをえないようにみえる。

読解と矛盾

§27をめぐるどの解釈をみてもさまざまな矛盾がたえずあらわれており、これらは、カントの体系には不可能性が書きこまれていることを、事後的に告げているようにみえる。あたかも、超越論的なものの不安定さが、アナロジーが生んだ一連の解釈の行き詰まりにおいて露呈しているかのようなのだ。解釈の指針・計画・行程がいかなるものであれ、いずれの読解も、カントをなんとしても擁護せんとする立場も含め、懐疑論的な結論に行き着いている。けっきょくのところ、批判哲学は近代懐疑論の完成した表現であるといったヘーゲルは正しく、『純粋理性批判』にはヒュームにみられるのと同じ「懐疑論のスタイル[13]」があると結論することとなりそうにみえる。

じっさいここでは、懐疑論者とカントの支持者というふうに、截然と分かたれる陣営があるとみなすことはできない。これからみることになるが、後成説を疑問視する読解は、はじめからアプリオリなものや超越論的なものと後成説を引き離そうとする。神経生物学的な読解は、その最たる例であろう。だが、懐疑論的傾向は、カントに忠実であろうとする読みにも浸透している。じじつ、アプリオリな後成的作用を正当化しようとするカント解釈はたえず、超越論的なものと経験との関係の適切な位置づけができないという結果におちいっている。経験を排除しすぎて、カントのいう後成説はある種の前成説に吸収しうるのだという主張にいたるのが、その一つの帰結である。調和ないし一致は、萌芽ないし胚にすでに存在するのであり、これに変化はないとされねばならないというのだ。あるいはまた別の主張は、調和／一致の構成における経験の役割を過大評価しすぎて、どのようなかたちをとるにせよ、アプリオリなものには偶然性がはたらいている、とする。いずれにしても、行き着く先は懐疑論的な見解なのである。

(13) 以下を参照。Christian Godin, « La figure et le moment du scepticisme chez Hegel », *Les Études philosophiques*, Paris, Puf, 2004, vol. 3, no 70, p. 341-356, p. 342.

あらためて方法論を明確化する

調和／一致の構成は、数学的（位相的）モデルあるいは機械的モデルではなく、有機的モデルにしたがってこそ思考可能となる、とカントはいう。ところで、有機体が自己形成するのは、変化によってであり、中身が展開することによってではない、というのがほんとうなら、超越論的なものにも、なんらかの変化の可能性がそなわっているとみとめなければならない。形をつくる能力のみならず、形づくられる適性ももっている、ということである。アプリオリなものが生得的でないなら、ある意味で、それはこれから生まれ出るもの、否が応でも生殖／発生のプロセスに参入するものでなければならない。§27が惹起した根本的問いとは、超越論的なものの変化可能性についての問いなのである。

超越論的なものの変化可能性は、そのアプリオリな性格と矛盾することがあってはならない。ここに難しさがある。§27をめぐる諸々の読解が見定めているのはあきらかだが、解明されているとはいいがたいのがこの論点であり、これのために諸読解はカント放棄の判定をくだしかねないのだ。こうした事情はわれわれにも理解できる。カントの体系の改変に即座に手をつけたり、懐疑論の流れにこの体系がのまれるのを放置したりせずにどうやって超越論的なものに変化可能性があると主張するのか。しかしながら同時に、そんな可能性はないと、どうして言い切れるだろうか。後成説のアナロジーを真剣に受けとめず、調和／一致の起源を前成された予定調和の展開に切り詰めることなど、どうしてできよう。超越論的なものに創造の資力をもたせすぎたり、もたせなさすぎたりして、カントを引き裂いてしまう。そうした身ぶりではないかたちでカントを読むことはできないのだろうか。われわれが向かう先には袋小路が待っているのだが、これに向き合ってはじめて、後世の論者たちが突きつける主要な問いに、カントであればどう答えたのかがみえてくるはずである。

ここでひとまず、本書がこれから採用する考察の指針を示しておくことにしたい。§27を読み解こうとする多様なアプローチはいずれも、徴候的に、超越論的なものに不安定さ、あいまいさを看取しており、知らずして、だが不可避的に超越論的なものの放棄に向かうことになっているのだが、こうしたアプローチから出発して、「序論」で示した三つの注釈の方向（時間、脳としての理性、偶然性）に私は接近することにする。現在高まっているカントを問いなおす動きは、じつは二十世紀全体をつうじて、一連の解釈によって準備されてきていたということであり、そのことを示すのは重要である。さまざまなカント解釈には、論点を絞っているものも、野心あふれるものもあるのだが、けっきょくのところ、超越論的なものが失効したと結論づけることになっている。

私は、これらの解釈を〈批判〉および〈懐疑〉という二つの大きな軸にそって配置してみようと思う。すでに指摘したとおり、この二つの軸の境界がたえず、ぼやかされる傾向があるにしても、である。

批判の軸はさらに二分割される。一つはカントには前成説があると結論づける後成説をめぐる諸読解、もう一つは『カントと形而上学の終わり』でのジェラール・ルブランの読解や、超越論的なものの経験化の必要性を説く『啓蒙とは何か』についてのフーコーのみごとな分析が示している、よりひらかれた読解である。この批判という軸は、§27に密着した考察から出発するが、後成説のモティーフが徐々に自由および歴史の考察にまで拡大していくのを目撃することになるだろう。

(14) Gérard Lebrun, *Kant et la fin de la métaphysique*, Paris, Armand Colin, 1970, rééd. Le Livre de Poche, « Références », 1970.

(15) « What is Enlightenment? », in Paul Rabinow (ed.), The Foucault Reader, New York, Pantheon Books, 1984, p. 32-50. Repris dans Dits et écrits, Paris, Gallimard, « Quarto », tome II (1976-1988), 2001, p. 1381-1397.

二番目の懐疑という軸は、超越論的なものの生物学化の仮説を発展させようとする動きで、ヒュームの思想の流れを汲む。注目すべきものとしてジャック・ブーヴレスによる読解があり、それは『純粋理性批判』の§27を論じた「アプリオリの問題および思考法則の進化論的概念」(16)と題された論文に示されている。ブーヴレスの議論は、思考のカテゴリーの起源が脳にあるとする認知論的展望によってさらに拡大されることになるだろう。

この展望からもたらされる結論は、以下のような主張である。端的にいって、アプリオリなもの、超越論的なものなど存在しない。思考のカテゴリーの産出は、つねに何かから派生している。後成的作用があるなら、それが占める場は、真理についての進化的かつ適応的な概念構成のなか以外にありえない。

この仮説を、十八世紀の後成説と、現代のエピジェネティクスをめぐる議論をへだてる溝を横断するにいたるまで、徹底的に追ってみなければならないだろう。エピジェネティクスの議論は、生物の発生には外界の影響が無視できない役割を果たしていることを指摘する。エピジェネティクな発生の範例《パラダイム》にふさわしい例は、すでにみたように、脳における発生・発達である。この発生・発達をめぐる現代的記述に依拠しながら、私はカントのテーゼを限界にまで突き進めてみたいと思う。思考のカテゴリーと現実との一致が、つまるところ、ごく単純に生物学的適応の産物にあるとしたら、幾人かの神経生物学者らが「心的ダーウィニズム」と呼んで理論の端緒としている進化プロセスの産物にあるとしたら、どうだろうか。適応的偶然そして理性と脳との同一視という文脈においては、アプリオリなものにはいったい何が起こっているのか。

くりかえしになるが、奇しくもここでみえてくるのは、対立しあっていても、幾多のカント読解が結論としては同一の判定をくだしているさまである。すなわち、超越論的後成説の観念は支持しえない、という判定である。

カント哲学に内化・解消されない矛盾こそが懐疑論であることが判明するならば、メイヤスーの主張どおり、「ヒュームの問題」を徹底化させ、懐疑論をこえて偶然性の絶対性を主張する必要性こそがカントの遺産であると結論づけねばならなくなるのだろうか。

こういった問いを吟味した後で、われわれは冒頭にあげた三つの指向、存在論的方向（ハイデガー）、認知論的方向（シャンジュー）、実在論的方向（メイヤスー）の三つの指向に立ちかえることにする。

§27が内包する問いは、カント理論全体の意味を審問に付すものにほかならず、だからこそ、私は§27を出発点に据えたのである。後成説の形象は、たんなる修辞による粉飾にとどまるものではなく、超越論的なものの運命を現実に決定づけるものなのであり、種々の読解を読解するという私の作業の中核となるだろう。

（16） Jacques Bouveresse, « Le problème de l'a priori et la conception évolutionniste des lois de la pensée », in *Essais V. Descartes, Leibniz, Kant*, Marseille, Agone, « Banc d'essai », 2006, p. 113-138（référence électronique: http://agone.revues.org/index214.html）.

第三章　発生と後成的作用の差異

なぜ、§27の諸読解の行き詰まりを強調するのか。この問いに答えるには、後成説《エピジェネシス》概念の一般的意味をさらに詳しく調べる必要がある。

まず「エピ」が「上に／くわえて」を意味する接頭辞だということを想起しよう。「エピジェネシス」は、文字通り「発生《ジェネシス》の上に／くわえて」ということである。そういわれても、文字通りの意味ではよくわからない。「発生の上に／にくわえて」というのは、どういうことなのだろう。意味を鮮明にするため、「上に」を「後で」に置き換えるのが通例である。後成的作用《エピジェネシス》は、最初の発生や最初の発生源につづいて起き、そこを起点とするもう一つの発生だ、ということになるのではないか。たしかに胚は種子から形成されるのだし、種子の後から発生する。このように、後成的作用が登場するのは、通例、第二の発生、生殖の後で起こる発生としてである。したがって、逆説的ではあるが、「上に／くわえて」が示しているのは、論理的そして存在論的な優劣の順序としては発生の下に後成的作用が位置づけられる、ということになりそうである。

後成的作用と震央

この「上に／くわえて」について、もう少し詳しく検討してみよう。ここでは接頭辞「エピ *epi*」の地質学的意味が大いに参考になる。この意味が教えるのは、「上に／くわえて」が何か別のものの「もとに」生じた延長・伸展ではなく、地表〔＝表層〕の効果だという理解である。

地質学では、地震が発生する地中の場所である「震源 hypocentre」を、地表に向けて投射した点を「震央 epicentre」と呼ぶ。震源が地震の地中の発生源であるのに対し、震央は地表〔表層〕での出来事である。それは震源のちょうど真上の点にあたる。[1] 被害がもっとも著しい、震央の位置を突きとめる作業は「震源決定」と呼ばれる。

「地表〔＝表層〕」の意味は、後成説の意味論と無縁ではない。現代のエピジェネティクスが研究しているのは、ＤＮＡ分子が転写されるさいにその表層で作用している変換のメカニズムだからだ。このメカニズムの重要性については、のちにふれる。

ここではさしあたり、いずれの後成的作用も、震央に相当するような発生源から必然的にあらわれる、とだけ指摘しておく。哲学的な問いは、こうした後成的作用というものをどのように読むか、ということになる。後成的作用は自動的にその発生源に関連づけられ、それの〈前〉、それの「地下」から説明されるべきであり、この〈前〉や〈地下〉は後成的作用の基盤とみなされるべきだ、ということになるのだろうか。それゆえこの作用は二義的なものであり、そのラディカルさを減じて「附帯現象 épiphénomène」とみなすべきなのか。後成説を説明するとは、その地下を深く掘りおこすことなのか。問題は、こうした問いに然りと答えた場合、呈示される読解が発生《ジェネティック》をめぐる読解になってしまい、後成的《エピジェネティック》作用をめぐる読解にならないことである。

だがまさしく、後成的作用は発生ではないのである。後成的作用の論理を正当に評価するには、なんらかのかたちで表層にとどまることが必須なのだが、だからといってうわべだけ観察していればよいということにはならず、それが起こる場を調べる、地下と地面の接触地点を調べねばならない。震央の位置を特定し、その力の到達点にとどまることができなくてはいけない。とうぜん後から下の部分を探査し、その後の様態をさぐることもあるだろうが、発生したことがらがなんであれ、この原則は変わらない。地震の場合、ある意味で、震央は震源に先立つものだからである。

そうすべきとおりに震央の論理にしたがうなら、「純粋理性の後成説の体系」の場は地底にさがすべきではない、という結論になる。アプリオリなものと超越論的なものの循環構造が、この構造よりも古くて深淵な何かがあり、説明されるのを求めている、というふうにとらえるべきではないのだ。カントが定義している自発性は正確に、そして〔深淵の探査とは〕逆のかたちで、震央による基礎づけとはいった考えに目を向けさせる。ここでわれわれが主張したいのは、根ないし発生源による基礎づけとは逆の、接触点における基礎づけこそが、起源についてのカントの考え方に合致するということなのである。

つまり、超越論的なものの安定性をめぐる問いは、深さを測り、認識能力の生得的性格を規定しようとする問い、あるいは逆にその謎めいた技法を規定しようとする問いであってはならない、ということである。この安定性が発生源に引きもどされることはありえない。カントにおける超越論的なものは、表層の構造である。

（1）地震波は最短距離の経路をとおって地表に到達する。通過する岩盤が少なければそれだけ地震波の力は減衰しない。震央で地震波のエネルギーは最大となり、別の地点より震央の地点で甚大な被害が生じる。

おどろいたことに、これからみていくことになるカント読解はいずれも、発生的秩序にしたがっている。発生的秩序のみにしたがって、超越論的基礎づけは不安定で、わざとらしさ／人為性 facticité があるという結論が引きだされているのだ。だが私は、こうした発生論的な読みには必然的な不十分さがあることを、つまり発生は後成的作用を説明しないことを指摘して、カント的後成説の後成説的な読みに可能性があることを、順を追って示していこうと思う。地下に隠れているとされるもののために後成的作用を犠牲にすることのない、そうした読みの可能性があるのだ。

じじつ、この論点にかんして、カントの態度にあいまいさはない。理性とは地盤（*Boden*）であり、これは確実に強固にされるべきであり、掘りすすめられるべきでない。「超越論的弁証論」のなかで、彼は道徳に関連づけてこう述べている。

> ここであまり輝かしくはないが、かといって無駄にはならない仕事に取り組むことにしよう。それはすなわち、あの堂々たる道徳的建造物のための地盤を平らにし、建築に耐えられるものにすることである。その地盤の下には、むなしくも自信満々に財宝をあてにして掘りすすむ理性の、ありとあらゆるモグラ道が控えており、そのモグラ道は当の建造物を不安定にするのである。それゆえ、純粋理性の超越論的使用、および純粋理性の原理と理念をよく知ることは、純粋理性の影響とその価値を適切に測り、見積もることを可能にするための、われわれの義務である(2)。

宝の眠っていない地面など地面ではない、地底の深みの欠如こそ超越論的なものの原理に根が不在であることを露呈しているのだ、超越論的なものの原理など、人工的な手段でしか支えられないのだ、と難癖をつけねばならないのだろうか。ここにこそ議論の核心がある。表層が基礎づけの主役となるのはどうしてか、後成的作用には発生を上回る豊かさがあるとどの程度までいえるのか、こうしたことを理解することの難しさがある。

まず発生論的読解の行き詰まる論点を吟味し、超越論的なものの放棄という決断が、発生と後成的作用との混同に由来していることを示す必要がある。

発生論的読解にもそれなりの正当性はある。§27の呈示するのは起源の問題であり、カテゴリーそしてその対象との関係をめぐる起源の問題なのだが、これらの諸問題からただちに生じてくるのが発生論的な誘惑ではないか。超越論的演繹の動きそのものにみちびかれて、われわれは起源に執着してしまうのではないか。すなわちアプリオリなものそのものに、われわれの認識能力の生得的な構成であるとされる、さらなる起源の地点に注目してしまうのではないか。たしかに、アプリオリなものとアポステリオリなものとのあいだの後成的な産出関係が、根底で根づかせるものに引きもどされ、さらにはこれに還元されるのは避けられないようにみえる。だが、このようにカントを読むとき、われわれは、接触点を突きとめることよりも、層を形成することにすすんで意をもちいてしまう。だがまさに、位置を突きとめるべきは、この接触点なのだ。

震源決定と表層

だがこの接触点はどこに存在するのか。震央はどこにあるのか。どうやって超越論的演繹のなかに後

（2） CRP, p. 345, A319/B376.〔第一批判、下、一四頁〕

成説の位置を突きとめればよいというのか。

後成説が生起するのはまさに、カントが機縁と呼んで分節し連結する地点、知性〔悟性〕に「準備」されているカテゴリーの存在と、経験によるカテゴリーの展開とを分節する地点においてである。ここで想起していただきたいのが、〈概念の分析論〉の冒頭の一節である。演繹がどう展開するのか、こうした用語で予告されている。

それゆえわれわれは、純粋概念を人間の知性におけるその最初の萌芽〔胚〕（*Keime*）と原基〔素質〕（*Anlagen*）にいたるまで追究するであろう。純粋概念は、ついに経験を機縁に展開され、まさに同じ人間知性をとおして、身にまつわる経験的条件から解放されて、鮮明に示されるまでは、その萌芽と原基の中に準備されている。(3)

後成説が展開するのは、純粋概念と経験との遭遇地点、すなわち両者の関係が作動しはじめる地点である。これは、すべての難点が宿ることになる精妙な連結である。ここでわれわれは、カントが段階を二つに分けているのに気づく。経験をきっかけに純粋概念が発展する段階、そして経験からいったん「解放された」概念を呈示する可能性という段階の二つである。

一見して発生の探索が正しくみえるのは、この二つの段階が陰におかれていることを指摘しているからであるが、二つに共通する起源という謎については、カントは何も語っていない。知性のうちに「準備され」、カテゴリーの胚の状態をあらわすとされる、この「萌芽／胚」と「原基／素質」の身分規定については、何も語られていないのだ。経験を「機縁」にしてこの二つが発生・発展してゆくさまをとらえ、さらに両者の発現の純粋性をとらえるには、こうした種子の本性がなんなのか、それらが潜在的に発現できる状態にある土地、超越論的なものが根をおろす場は、前‐超越論的な場ではないか。これは、アプリオリなものに先立つ生得性をさし示すものではないか。これからみていくが、じっさい、胚と素質という主題のために後成的作用とその自発性がたえず脅かされ、この二つは隠れた前成説の逆説的表現だと烙印を押されてしまうように思える。この脅威は『純粋理性批判』のみならず、カントのほかの著作、すなわち種について書かれたテキストや第三批判の生物学的考察にものしかかり、後成説が出てくるたびに頭をもたげてくる。さらにこの脅威の影は、「絶対的自発性を具える能力としての自由の理念」[4]にまでおよぶ。そしてついには、一見多様で異なってみえる種々の発生論的解釈のいずれをも同一の悪循環におちいらせる。

じっさい、カテゴリーの自発性ないし実践理性の自発性の震央を正確に位置づけていないため、種々の解釈は、準備されている胚と素質の特性の重要性を強調しすぎるか、しなさすぎるかである。そうした解釈はまた、超越論的後成説の運動に、経験に活躍の場を過度に与えているか、過小に与えているか、ということになっているのである。超越論的後成説は、その発現がつねに派生的だということになってしまっており、厳密なしかたではけっして位置づけられていない。

カテゴリーの発生において経験に過大な役を演じさせないとするなら、この発生はあらかじめつくら

(3) *Ibid.*, p. 154, A66/B91.〔第一批判、上、一二三頁〕

(4) Emmanuel Kant, *Critique de la raison pratique*, Analytique, Première partie, in Pléiade II, *op. cit.*, p. 666, AK V, 48. Désormais CRPrat.〔カント『実践理性批判』波多野精一、宮本和吉、篠田英雄訳、岩波文庫、一九七九年、一〇八頁。以下、第二批判と表記〕

れ、用意されたプランにそって生じるという想定に行き着かざるをえない。この場合、後成説の自律性と論理はどうなるのか。逆説的ながら、カントの前成説というテーゼが幾人もの論者に支持され、経験的構成を毀損せずに後成説を救う唯一の手段だとされている。またこれとは反対に、根源的素質の役割を最小にとどめようとするなら、経験の幅が過度にひろがり、超越論的なものの純粋性はそこなわれることになる。こうした困難を前にすると、カント哲学は生得説にも、またこの哲学がいまだ隠しもっている経験論にも組み入れられない代物だ、と結論づけるしかなくなる。

第四章　カントの「最小の前成説」

§27の「純粋」読解

経験が活躍する場はきわめて小さい。カントが「批判」と名づけた軸にそって、この最初の見解がどこへ向かうのか、吟味しよう。アプリオリな後成的作用の観念を正当化し、懐疑論に由来するいっさいの矛盾や危険からこれを擁護しようとする諸解釈をまとめて、批判的軸と呼ぼう。

この立場を代表する仕事は、「形而上学的認識の発生についてのカントの見解」というギュンター・ツェーラーの研究で、一九八八年に書かれ、後年、彼の単行本『カント　分析、問題、批判（*Kant, Analysen-Problème-Kritik*）』に収録されている。この注目すべき研究で、ツェーラーは、カントの「最小の前成説」という結論にいたる。結論が月並みであるとはいえ、この論考はおどろきに満ちており、注意ぶかく検討する価値がある。

ツェーラーのねらいは、経験論のもたらすいっさいの危険から後成説を保護し、「純粋理性の後成説

(1) Günter Zöller, « Kant on the Generation of Metaphysical Knowledge », *op. cit.*

の体系」というカントの定式を正当化することにある。超越論的後成説では、後成的作用は「経験を機縁にして」発生するが、その構造にかんしては経験からは何も受けとらない。したがって、カントの導入するアナロジーを理解するにあたっては、発生的かつ産出的自発性と、この発生の非経験的な性格とを同時に維持することが肝要である。ツェーラーによれば、「カテゴリーの超越論的演繹を誤って経験化（*to falsely empiricize the transcendental deduction of the categories*）[2]」し、対象への参照作用において経験になんらかの役割をもたせるなら、それがごくわずかであっても、大きな危険を招きかねない。

問題は、後成説であるのをやめているときほど、純粋な後成説という理念が純粋になることはない、とされることだ。ツェーラーの発生論的読解は、この矛盾に避けがたくぶつかることになる。後成的な自由をうまく保存しようとして修正をくわえると、後成説を前成説に変貌させてしまうことになるのである。

そこでは、超越論的なものは可変性をまったく受けつけない安定した形式としてあらわれ、カテゴリーの不変性は再確認され、自発性のはたらきは、一連の分割および規模の縮小を受けて生得性に連れもどされることになる。

この見解でわれわれは、基礎づけの最良の保証を手に入れたことになるのだろうか。堅牢性や固定性は、安定性の担保になるのか。これで起源につきまとう人為的な性格をぬぐい去ることができるのか、あるいはこれをさらに深刻化させるのか。議論を吟味してみよう。

ツェーラーの読解は、中心的な三つの考えを拠りどころにしている。

一つ目は、「純粋理性の後成説の体系」という表現の属格「〜の」の中身を目的格とする考えである。この表現は「純粋理性による後成説」と読むべきである。つまり理性は、自身の形式を産出するが、自己形成するのではない。反対にこれを主格とすれば、理性がカテゴリーの発生をつうじて自己生成し、カテゴリーはある意味で理性の胚であり、体系の種子だ、ということが想定されることになる。というわけで、理性自身による理性の後成的作用もあるということになるだろう。そうなると理性には自己形成傾向があるという結論もみちびくことが可能になるが、ツェーラーの見解では、これは後成的作用の自発性に主導権をもたせすぎるものであり、受け入れがたい説である。後成的作用の自発性は、理性が生みだしたものに限られ、さらに種別的にみれば、知性の産物に限られねばならない。後成説は、理性や知性の構造にふれてはならないのである。

　二つ目の考えは、最初の考えと密接に結びついており、アプリオリとアポステリオリのあいだに、発生的産出関係を厳密に画定する必要がある、というものである。この課題をじゅうぶんに注意を払って成し遂げた§27の注釈はまだ存在していない、とツェーラーはいう。「《後成説》という語はおしなべて、アプリオリとアポステリオリのあいだにある、発生的産出の関係をさすものと理解されてきた[3]」のであり、この後成的作用によって正確に生みだされるのが何かはわからずじまいなのだ。それは、カテゴリー自身なのか、それともたんにカテゴリーの対象への参照なのか。ツェーラーの見解は後者に近い。カテゴリーが知性のうちに「完全に準備されて」いるとされていたことを想起しよう。胚と素質は、カテゴリーをもちいる準備ができている態勢にある。後成的作用は、諸能力の構造レベルのみならず、カテゴリーのレベルにも関与する。後成的作用にしたがうのは、カテゴリー自身でも、その論理的「本質」

（2）*Ibid.*, p. 87.
（3）*Ibid.*, p. 84.

でもなく、カテゴリーが対象と取りむすぶ関係である。胚と生得的素質という発生源に連れもどされ、後成的作用はその潜在力をふたたび減じられることになる。

三つ目の考えは、カントの前成説の範囲にかかわっている。ツェーラーによれば、どのテキストでも、どの著作でも、すみずみまで前成説は常在しているのだ。§27の力強い記述のみならず、第三批判の生物学的主題も含め、後成説の主題が登場するほかの箇所でも、このことは確かめられるという。ツェーラーは示そうとするのは、一七六四年からある種の後成説概念がカントの念頭にあり、これが前成説と両立可能であり、多少の「変更」がくわえられはするものの、全著作をつうじて根幹は同じ概念だった、ということである。第三批判でも「最小の」前成説が優勢なのである。つまり、カントの著作の後成説の主題は、超越論的後成説が超越論的には不可能であることを露呈するものだということになる。

「純粋理性の後成説の体系――目的格という仮説」

最初の中心的考えである目的格の問題にもどってみよう。あきらかに『純粋理性批判』と同時期に書かれた『レフレクシオーン』の四二七五は、「純粋理性の後成説の体系」の属格をめぐる二つの読解の可能性を示している。カントは書いている。

クレージウスは前成説の体系（systema praeformationis）にしたがって（主観的原理から出発して）純粋理性の実在的原理を説明する。ロックは、アリストテレスと同じく、自然流出（influxus physicus）にしたがってこれを説明する。プラトンとマルブランシュは、知的直観（intuitus intellectualis）にしたがってこれを説明する。そしてわれわれはといえば、理性の自然的法則の使用たる後成説にしたがって、

理性の原理を説明するのである。(4)

ここでもふたたびカントは、前成説に対して、また経験的発生（「自然流出」）ないし純粋な知性的直観に対して、後成説が優位であると主張する。だが、『レフレクシオーン』には二通りの受けとり方がある。「理性の自然的〔本性的〕法則」というのはカントの筆にしてはきわめてまれな表現であるが、これは、ツェーラーによれば、理性自身の本性あるいは知性の活動のいずれかをさす。知性の法則は、自然法則と同一とされていたことを想起しよう。一つ目の解釈のように、「理性使用の自然的法則」が「純粋理性」の同義語だとすれば、「純粋理性の後成説の体系」という表現は主格と読める。つまり、理性は自らを産出する〔おのずと生成する〕、と読める。(5) これに対し、「理性の自然的法則」を〔理性と区別された法則的能力としての〕知性を参照させるものとするなら、後成説は（カテゴリー、判断、原理といった）思考法則と対象との関係には介入しないことになる。したがって、これは目的格である。後成説は、この法則の産出（性）に、すなわちそれが産出するものにかかわる。いまや、発生をめぐる考察として、後成説

（4） Refl. 4275, AK XVII, 492, 引用者訳。« Crusisus erklärt die reale Grundsätze der Vernunft [vor] nach dem *systemate praeformationis* (aus subjectiven principiis), Locke nach dem *influxu physico* wie Aristoteles, Plato und Malebranche aus dem *intuitu intellectuali*, wir nach der epigenesis aus dem Gebrauch der natürlichen Gestezte der Vernunft. »

（5） 『レフレクシオーン』四八六五は、「理性法則の自然的使用」という記述のある四二七五と共鳴しあっている。AK XVII, 492. 四八六五でカントはこう述べている。「道徳および宗教の最重要の第一真理は、理性の本性的使用のもとに打ち立てられる［…］」。真理自体の後成説という観念がここに引き出されているように思える。引用者訳。

はどこから発しているのか、それが産出するものは正確にはなんなのかが問題である。こうしてわれわれは、ツェーラーの二番目の考え、アプリオリとアポステリオリとのあいだの発生的関係の正確な規定に到達することになる。

源泉の還元的分割

先に引用したとおり、カントは純粋概念が経験を「機縁に」して発生すると述べていた。これはまず、経験なくして概念は発生しないという意味である。概念は子供の精神のうちに完全に形づくられて実在している、それが使える状態になるのに感覚的な多様なものをいっさい必要としないのだといった仮説は、カントが断固却下したものである。経験は、純粋概念の形式が発生するのに欠くべからざるきっかけなのである。ツェーラーは、この点を再確認する。

経験はカテゴリーの起源にはなりえないが、経験の何かは超越論的演繹において本質的要素でありつづける。(6) というのも、カテゴリーがアプリオリに対象を参照するのは、可能的経験に対してのみだからである。

では、超越論的演繹を「誤って経験化する」ことなく「本質的要素」の射程を認識し、画定することが、どうしたら可能になるのか。後成説が展開する空間は、われわれが記憶しているとおり、これこそ難点であるのだが、この空間は（可能性の形式ないし条件であるかぎりでの）純粋概念による経験の産出と、経験によるこれら概念の「呈示」ないし「発生」との中間に位置している。この「発生」の正確な範囲をどう測定すればよいのか。

ツェーラーの答えでは、カントは「アプリオリな形式の産出においては経験的要素を〝機会原因〟の要素に限定している」(7) のであり、それをふみこえる活動はみとめてはならないとしている。さらに演繹の§13において展開されるロック批判は、こうした誘惑に対して警戒している。

これらの概念について——すべての認識についてそうであるように——それらの可能性の原理ではないまでも、それらが生みだされる機会原因（*Gelegenheitursachen*）を経験の中にさがしだすことができる。それは、感覚の印象がきっかけとなって、経験に関する全認識能力が開かれ、経験が成立するときである［…］。個々の知覚から一般概念に上昇すべく、われわれの認識能力の最初の努力をこのように跡づけることは、大いに有用であることはまぎれもない。その最初の道を切り開いてくれたことを、われわれはかの有名なロックのおかげとしなければならない。しかしながら、アプリオリな純粋概念の演繹はそのようなしかたでは成就しないのである。というのは、経験からまったく独立しているべき、アプリオリな純粋概念を今後使用することに関しては、これらの概念は経験に由来する（*Abstammung von Erfahrungen aufzeigen*）のとはまったく別の出生証明書（*Geburtsbrief*）を明示しなければならないからである。(8)

（6）《Kant on The Generation of Metaphysical Knowledge》, *op. cit.*, p. 87.
（7）*Id.*
（8）CRP, p. 170-171, A86/B119.〔第一批判、上、一四六－一四七頁〕

超越論的演繹と心理的に派生するものとのあいだには、このように共通項はなにもない。知覚からさかのぼって純粋概念に到達することは不可能である。感覚的知覚は、カテゴリーの内的知覚の形式、すなわち契機となるある種の論理的経験、超越論的要素の派生する出発点となりうるような刻印を、いっさい思考にのこさないからだ。ツェーラーはこの点をゆずらない。後成説はあきらかに、機会原因から帰結するものではありえないし、カテゴリーの「内容」の発見は、思考自体による知覚の次元に由来するものではない。こうした発想では、「人間知性の生理学」あるいはたんなる心理主義に行き着いてしまう。

『レフレクシオーン』四二七五は、この論点に対し、きわめて明解である。先ほどの引用を思い出していただきたいのだが、カントはまず後成説を前成説（クルージウス）と区別し、次にこれを経験の役割をみとめない独断的観念論（プラトン／マルブランシュ）と区別し、最後に概念や判断が「印象」にもとづくとする経験論（アリストテレス／ロック）と区別する。[9] 後成説は超越論的なものの発生があることをみとめるが、この発生は生得性に由来するのでも、純粋な知性的直観に由来するのでも、経験に由来するのでもない。

それゆえ、もう一度くりかえすが、ツェーラーにしたがえば、この難問の解決は一つしかないということになる。経験を開始させる存在という観念と後成説の純粋性という観念をどちらも保持しようとするなら、能うかぎり厳密に、後成説の真の発生源を抽出しなければならない。すなわち、後成説の作用域の線引きのためにその源泉を見つけだし、特定しなければならない。

「経験論的」読解をしりぞける

この産出の関係を解釈者がどのような手法で把握するにせよ、ツェーラーからみれば、彼らはみな、経験に過大な役割を付与していることになる。ウァブニック、ジェノヴァそしてフレーシャウアーの読解が、とりわけこのケースにあてはまる。しばらくのあいだ、彼らの見解を検討してみなければならない。

「物質的なものの形式」と「認識論的環境」

ツェーラーによれば、その論文「純粋理性の後成説」のなかでジュディ・ウァブニックは精神を生きた有機体になぞらえ、カテゴリーがそれ自身を形成過程にしたがわせることで対象との関係を形成すると主張して、§27のアナロジーを説明するという間違いをおかしている(10)。彼女の見解では、後成説は「生きた有機体が物質を吸収してそれを変換させる能力をそなえているとする理論(11)」である。たとえば「牛は草や水を摂取・消化して肉や血、骨や乳などへと変換する(12)」。動物は「自分が変換した物質で自分

（9） Réfl. 4275, *op. cit.*
（10） Judy Wubnig, « The Epigenesis of Pure Reason. A Note on the Critique of Pure Reason, B sec. 27, 165-167 », *Kant-Studien*, 1969, vol. 60, no 2, Walter de Gruyter, p. 147-152.
（11） *Ibid.*, p. 151.
（12） *Id.*

自身を形づくる」[13]。さらに彼女はこう言い添える。「後成説の偉大な理論家であるカスパー・ヴォルフとヨハン・ブルーメンバッハは、この意味で有機体には〝形成する〟という特性があるのだと主張した。ヴォルフはこれを〝本質力〟(*vis essentialis*)と呼び、ブルーメンバッハは〝形成衝動〟(*der Bildungstrieb*〔ドイツ語〕、あるいは *nisus formativus*〔ラテン語〕)と呼んだ[14]」。

カントにとって、精神と生きた有機体とは類比的である。精神には、物質的なもの(感性的直観)を形成し、これを対象的経験の所与へと変換する能力がそなわっているからだ。つまり、「カテゴリーとはこうした変換作用の原理であることになる[15]」。精神はこのように、形成主体であり、また形成されたものである、ということになるだろう。ツェーラーは、このようなウァブニックの理解は「現象構成主義」に相当すると述べている。すなわち、製造‐人工物‐の理論、超越論的哲学の枠組みには組み入れがたい「新経験論」に相当するというのだ。

「カントの純粋理性の後成説[16]」という論文でA・C・ジェノヴァが展開する解釈も超越論的なものを大幅に生物学化し、現代の「懐疑論的議論」を多くの点で強化するものにみえる。ヴァブニックとは対照的に、ジェノヴァの力点は、精神の「物質的素材」の産出よりもむしろ、「認識の産出」にある。彼の議論はネオダーウィニズム――この思潮の正統性についてはのちにふれる――の見解に依拠し[17]、成長過程での適応の重要性に焦点をあてる。ジェノヴァの指摘によれば、後成説理論が説明しようとするのは、有機体の複雑化した成体は、比較的単純な形態の胚がそれが適応した環境のなかで徐々に自己分化していった結果だということである[18]。強調されるのは調節 ajustement の観念であり、形態形成の活動が発生し展開するのは、その適応にふさわしい環境においてであるはずだという。適応の動態との類似性から、カテゴリーの一致についても、これがいったん生みだされたなら、カテゴリーは環境(「認識論的環境[19]」)に適応し、自身を経験をつうじて改変させながら調節していると考えるべきだという。

興味ぶかいのは、ここでジェノヴァが、有機体の非遺伝的な変化の総体的メカニズムという、現代のエピジェネティクスの意味を先取りしている点である。彼は書いている。「生物学的な後成説と超越論的観念論はそれぞれの状況に応じて機能するが、論理的には類似している。[…] 後成説による説明は、ある原理として機能するのである。すなわち、外的環境の諸要素と内在する遺伝的な潜在性とが相互に関与しあう、そうした力学を総合する原理である[20]」。この原理と類似して、「自己意識のカント的原理は、知性の活動と感性にあたえられる多様なものとが作用し合って客観性の漸次的な分化、自己産出物にいたる、そうした相互作用の原理なのである。〝後成的な〟産物は、認識の諸対象である。有機体の生物学的成長におけるのと類似して、われわれの心的能力も認識論的環境の影響を受けて成長する。つまり、われわれの思考過程は、感覚による刺激を受けて、漸次的に分化するのである[21]」。

ツェーラーはジェノヴァのアプローチを手きびしく批判していて、超越論的なものの環境的要因とい

---

(13) *Id.*
(14) *Id.*
(15) *Id.*
(16) A. C. Genova, « Kant's Epigenesis of Pure Reason », *op. cit.* 以下を参照。*ibid.*, p. 264. 引用者訳。
(17) 以下を参照。*ibid.*, p. 264. 引用者訳。
(18) *Id.* 同書以下を参照。とりわけ、p. 269-270
(19) *Ibid.*, p. 270.
(20) *Ibid.*, p. 269.
(21) *Ibid.*, p. 270-271.

う発想をみとめるなら、カントはネオダーウィニズムの先駆だということになってしまう、という。「認識の漸次的自己分化という観念は、超越論的後成説の根拠ある解釈として通用するとはいいがたい[22]」。こうした過度の「生物学化」はアプリオリな発生と産出にある純粋性を変質させかねない、というのである。

根源的獲得と派生的〔偶然的〕獲得

ツェーラーによれば、『カントの著作における超越論的演繹』でのフレーシャウアーの解釈は、最終的には納得させてくれるわけではないものの、かなり受容できる解釈である[23]。フレーシャウアーは、カントが「エーベルハルトへの回答」（一七九〇年）のなかでおこなった、「根源的獲得」と「派生的〔偶然的〕獲得」との区別を参照しつつ、アナロジーの意味の解明を呈示する。このカントの区別については、本書の序論ですでに言及した。

この区別は、自然法の領域から借りたものである。「法論」のなかでカントは、根源的獲得〔取得〕をほかのだれにも属さない財産を占有することと定義する。これに対し、偶然的獲得は、一度はだれかの所有物になったものをあらためて占有することである。カントが強調するのは、第一の獲得は、一つの財産の履歴を開始するという点である〔将来の占有〕。しかしながら、これは「歴史にしか根拠を求めることができない[24]」ものではない。それは純粋な「原理」から派生する[25]。その「契機」は、

（一）だれにも帰属していない対象の把捉〔…〕。（二）この対象の占有と、それへの干渉を他のどの人にも控えさせるという私の選択意志の行為との表示（*declaratio*）。（三）（理念において）一つの外的に

普遍的に立法する意志の行為としての専有（*appropriatio*）。この行為によって、だれもが私の選択意志に同意するよう拘束される[26]。

根源的獲得の概念により、ある審級の存在が思考可能となる。すなわち、けっして生得ではないもの、すなわちとある種の永続的所有という過程《プロセス》をとらないものと、そのほかの一連の獲得（「派生的／偶然的獲得」）の後で獲得されるものとを媒介する審級の存在である。この状況を認識の領域に移し替えると、後成的作用は、生得的獲得と再所有とのあいだにある根源的獲得として位置づけられることがわかる。

後成的産出はまさに一つの産出であり、ということは、ある所有化の行為、すなわち精神が生みだしたものさえ精神自身に所有化されることが想定されているわけであり、これは精神の自発性のもう一つの定義である。この所有化では、運動、拡張、時間が前提とされる。だがそれは、どこからか派生した所有化ではない。精神は最初のものであり、それ本来の産物の唯一の獲得者なのである。フレーシャウ

（22）« Kant on the Generation of Metaphysical Knowledge », *op. cit.*, p. 85.

（23）Herman Jan de Vleeschauwer, *La Déduction transcendantale dans l'œuvre de Kant*, Antwerpen/Paris/s'Gravenhage, De Sikkel/E. Leroux/N. Nijhoff, 3 vol., 1934-1937.

（24）Emmanuel Kant, *Métaphysique des moeurs*, Première partie: *Doctrine du droit*, tr. fr. Alexis Philonenko, Paris, Vrin, 1971, §10, « De la manière d'acquérir quelque chose d'extérieur », p. 133-135.〔『人倫の形而上学』「第二編　外的な何かを取得する仕方について」樽井正義、池尾恭一訳、『カント全集11』所収、岩波書店、二〇〇二年、八四頁〕

（25）*Ibid.*, p. 133.〔同書〕

（26）*Ibid.*, p. 134.〔同書、八五頁〕

アーは、このような後成的作用を「根源的発生 *generatio originaria*」[27]と同じものとみなす。この発生はその発生源に関連づけられている。カントにとって認識能力の生得的地盤というものが存在し、この地盤は受容性と自発性の二重構造に即した精神の構成にかかわっている。獲得は、それ自体としては認識不可能で理解不能なこの生得的地盤から起こる。認識の純粋形式（純粋直観、カテゴリー、原理）は、この地盤に含まれない――すなわち、別のかたちで生得説ないし前成説が存在していることになる。だが、純粋形式どうしは、それらが可能性の条件とかかわるのと同じようなかかわりかたをしている。したがって後成的作用の機能する空間は、生得的地盤とその純粋要素の構成とのあいだに位置づけられる。

さらにつづくフレーシャウアーの議論では、アプリオリな諸決定が産出されるさいに経験がいかなる産出力ももたないと考えるのは誤りだとされる。カテゴリーおよびこれと現象との一致の産出は、カテゴリーの基礎や土台を客観化することにとどまらない。そこには発生源の内容「以上の」何かが含まれている。経験は、後成的作用の展開を誘発し、この展開のなかで活動的部分を占める。後成説のアナロジーのおかげで、「根源的獲得が経験からの直接の刺激を受けて成立する点に注目する」[28]ことが可能になる。「それゆえこの用語は、経験論にも、生得説にも反対するカントの立場を示唆する」。

後成的作用を誘発させる役を経験が果たすとする考えは、発生源から後成的作用を遠ざけるようにみえるため、ツェーラーにはまさに受け入れがたい議論である。彼によれば、経験に真正の発生機能をあてがうこと（経験がカテゴリーを外に出るよう仕向けるかのように、経験がカテゴリーの誕生を喚起するかのように）は、「超越論的後成説と自然発生（偶然発生）という正当化しえぬ発想を同じとみなす」[29]ことになるのだ。

形而上学的認識について留意すべきこと

では、超越論的後成説におけるアプリオリとアポステリオリとのかかわりを、どう定義すればよいのか。これを過度に「経験化」させないには、どうすべきなのか。

すでに述べたように、ツェーラーは源泉を囲い込むこと、より正確には発生源を特定し、さらに純粋な発生的力を限定することの必要性を強調する。

§27のアナロジーを理解するには、超越論的哲学が「形而上学的認識についての認識論[30]」であることを思い起こす必要がある。カントにおける基礎づけの問いについてツェーラーは、この認識論の厳格な要請から理解することを提案している。形而上学的認識の特殊性は、「(一) アプリオリであって経験諸科学のようにアポステリオリの認識ではないこと。(二) 論理学のような分析的認識ではなく総合的認識であること。(三) 数学のような直観的認識とは逆に論証的認識であること[31]」である。

この定義と§27が呈示している問題はどんな関係なのか。論理学や数学とは異なり、それがアプリオリな論証的認識である以上、形而上学は、それが定義を開陳する当の対象との関係を、みずからのうち

(27) フレーシャウアーはこの用語をカントのものとするが、ツェーラーはこれを誤りとする。以下をみよ。« Kant on the Generation... », *op. cit.*, p.86, note 51.
(28) Herman Jan de Vleeschauwer, *La Déduction transcendantale dans l'oeuvre de Kant*, *op. cit.*, tome III, p.270.
Voir Zöller, *op. cit.*, p.86, note 50.
(29) Günter Zöller, « Kant On the Generation... », *op. cit.*, p.87.
(30) *Ibid.*, p.73.
(31) *Id.*

で自力で把握しなければならない。

「一七七〇年論文」〔「感性界と知性界の形式と原理」〕および『純粋理性批判』初版以来、時とともに発展してきたカント独自の見解とは、形而上学的認識の二つの主な特徴である認識のアプリオリな起源、そしてその対象へのアプリオリな参照の二者は緊密に結びついており、別々に分けて説明できるものではない、というものである。(32)

いずれにせよ、アプリオリな起源と参照という、二つの構成的な特徴は正当化されねばならない。というのも、論証的認識とは、概念のみによる認識であり、このことは、この認識がいかなる直観とも関係しないということを意味するのである。となると、アプリオリな形式が経験を参照しうることを、どう確証するのか。これこそが、超越論的演繹が確証すべきことがらである。この演繹は二部に分かれる。じっさい、カントは「形而上学的」演繹と「超越論的」固有の演繹とに分けている。源泉の分割もここにはじまる。後成的作用の発生源をうまく位置づけようとして、ツェーラーは、発生源があらわれるのが「二つの」演繹の一方が展開するほう、すなわち超越論的演繹のほうであることを示すことになるだろう。

形而上学的演繹と超越論的演繹

この二つが意味するものは何か。カントの説明はこうだ。「形而上学的演繹においてはカテゴリーのアプリオリな根源は、もととも、思考の一般的・論理的機能がカテゴリーと完全に符合することで証明された。一方、超越論的演繹においてはカテゴリーの可能性は直観一般（§20、21）の対象に関するアプリオリな認識として示された」[33]。ツェーラーは、この区別を次のように解釈する。形而上学的演繹は、第一の土台ないし発生源として了解される起源の問題にかかわっている。すなわち、生得的性格の問いにかかわり、それゆえ、われわれの認識能力の構造にそなわる、それ自体としては把握不可能な性格についての問いにかかわっている。これに対し、超越論的演繹は、対象へのカテゴリーのアプリオリな参照をどう立証するかにかかわっている。「われわれの認識的構成を知性で把握することができないために、アプリオリな起源の問いがただちに、そしてこれのみがもちあがるのであり、そのためにこの問いが形而上学的演繹の対象となってしまうほどである。対象への参照の問い〔カテゴリーの対象との一致〕は、超越論的演繹の中心主題であるが、演繹からこの問いが直接影響を受けることはない」[34]。ところでツェーラーは、後成的作用がかかわるのは、カテゴリーの対象への参照のみであり、カテゴリーそれ自体ではないとさえ主張している。カテゴリーの起源は、もとはといえば、形而上学的演繹のなかで論じられるべきものだからだ。

　可能な経験（原理的条件にもとづいて考えられた経験）へのカテゴリーのアプリオリな参照こそが、演繹のなかで証明され、「純粋理性の後成説」という表現で形象として描かれる。「純粋理性の後成説」は、形式と経験との一致のもとで、アプリオリな認識を知性が生むかぎりにおいて〔…〕存在す

（32）*Id.*
（33）CRP, §26, p. 214, B159.〔第一批判、上、二〇八頁〕
（34）Günter Zöller, « Kant On the Generation... », *op. cit.*, p. 90.

る。この認識の発生は非経験的で形而上学的であるが、可能的経験の発生なのであり、カントが感性に対する知性の「最初の適用」(B152)とみなしているもののもとであらわれる(35)。

後成的作用はただ〈一致 *Übereinstimmung*〉にのみかかわり、またしても、カテゴリーの「本質」にかかわるものとはされていない。

したがって、産出/生殖のアナロジーが影響をおよぼしうるのは、諸カテゴリーの起源(厳密にいうならカテゴリーは生みだされないものとなる)ではなく、対象への参照だけなのである。別の言い方をするなら、カテゴリーの後成説があるのではなく、カテゴリーと対象との関係をめぐる後成説だけがある、ということだ。形而上学的演繹は、カテゴリーの起源とカテゴリー・対象間の一致という二重の問題にまたがっていることをはっきりとさせておこう。形而上学的演繹は、両者のダイナミックな関係をあきらかにする。しかしながら、後成的作用は超越論的演繹においてのみ論じられるのであり、これがかかわっているのは、第二のもの[カテゴリーと対象との関係]だけである。まさにこの点から、超越論的なものの基礎は盤石であり、不安定でも、事実的でもないことが立証される、とみなされている。「相関」——この文脈では対象への参照のこと——は、きっちりとこの「相関」よりも古い地盤、正当性のある、形而上学的演繹にも確認できる地盤に根ざしているとされているのである。

前成された後成的作用

ツェーラーはさらに、この地盤、この生得的発生源に制限的条件の役を演じさせ、後成的作用にあまり主導権をもたせないようにしている。われわれの認識能力の構造、その基礎づけには不可知の性格があり、これがアプリオリな産出に制限をくわえる。後成的作用は自律しているとはいえ、自由ではない。勝手気ままにふるまえるわけではない。

このようなカテゴリーがどうしてわれわれにそなわっているのか、そしてどうしてこのようなものでしかないのかを、カントは説明できていない、とツェーラーはいう。というのも、§21でカントはこう述べているからだ。

> われわれの知性の特性は、カテゴリーを介してのみ、そしてまさにこのような仕方と十二個という数のカテゴリーによってのみ、統覚の統一をアプリオリに実現するということである。しかしこの特性に関して、われわれは、なぜそうなのかという根拠をこれ以上挙げることはできない。それは、われわれがなぜ、ほかでもないまさにこの判断する機能をもっているのか、あるいは時間と空間はなぜわれわれの可能的直観の唯一の形式なのかに対して、根拠を挙げることができないのとまったく同じことなのである。(36)

それゆえ、自然から与えられた起源なきものという意味での最初の土台がある。つまりわれわれの精神の構造がある。そして第二の土台、そこから対象への参照という、後成的な産出活動が生じてくる第二の土台がある。この産出がまさしく出発点であり、「理論的自己規定」の出発点である。だが、この産

(35) *Ibid.*, p. 88. 形而上学的演繹は〈概念の分析論〉だけでなく分析論全体をカバーしている。同書、八九頁をみよ。
(36) CRP, p. 206, B145〔第一批判、上、一九七－一九八頁〕

出は、最初の土台を掘り崩し、浸食するように定められてはいない。言い換えるなら、後成的作用は産出することができるが、創出することはできない、ということだ。

『純粋理性批判』の§24でカントは述べる。

われわれの内には、観念能力の受容性（感性）に基づくアプリオリな直観のある種の形式が根底にある。そのため、自発性としての知性は与えられた観念の多様なものをとおして、統覚の総合的統一に従って内的感覚を規定することができる。そうして、知性はアプリオリな感性的直観の多様なものに関する統覚の総合的統一を、次のような条件として考えることができる。すなわち、その条件にわれわれの（人間の）直観の対象のすべてが必然的に従わなければならないということである。そもそもそのことによって、単なる思考形式としてのカテゴリーは客観的実在性を獲得するのである。[37]

ツェーラーによれば、この一節は相反する二つの結論を招いてしまうものである。一方でカントは知性の自発性に力と自律性をみとめている。対象との関係の産出は、自己‐触発として理解しなければならない。それは、知性が自己規定をおこなう相互主観的なプロセスに由来するからだ。別の言い方をするなら、自発性はみずからを触発するのであり、感性における純粋な多様なものの産出に相当するのが自己‐触発である。知性はこうして「与えられた標章の多様なものをとおして、統覚の総合的統一に従って内的感覚を規定することができる」わけである。

他方、この一節は、この自発性への制限があることも指摘しており、自発性は「われわれの［…］根底」にある直観の形式から発して、すなわちわれわれの認識能力の生得的受容性から発して作用するとされる。自律性〔知性による対象への参照の産出〕と制限〔われわれの認識能力にそれ自体の自発性が含まれているからこそ、自己‐触発はその構造にかんしては制限されている〕があることになっている。根源的獲得および根源的所有があるが、獲得ないし所有にいたるプロセスは、その自由そのもののうちに拘束されている、というのだ。この事態を根源的前成と呼ばずして、どう呼べというのか。

こうみてくると、ツェーラーがどうして〔自発性の制限／拘束という〕第二の道をたどってカントの「最小の前成説」を語ることができたのかがみえてくる。与える以上のものをもった母体的土台から産出が起こる、というのである。

> 経験のカテゴリーが知性のうちにあらかじめつくられて〔前成されて〕いないとしても、アプリオリな認識の発生には原理的制限が存在している。すなわち、経験的事実に課される制限ではなく、アプリオリに課される制限がある。〔…〕したがって、カントの超越論的後成説の概念体系に最小の前成説があるということはあきらかだ。(38)

ここでもまた、われわれは矛盾めいた結論に行き着いてしまう。「純粋理性の後成説の体系」という表現は、属格の「〜の」を目的格として理解するとなると、ただ対象の参照への起源にのみ関係し、アプリオリなものの生得的基盤にあたる前成的作用から後成的作用が制限を受けていることになってしま

（37） CRP, p. 209, B150〔第一批判、上、二〇一頁〕
（38） Günter Zöller, « Kant On the Generation... », *op. cit.*, p. 89.

う。知性は、制限を受けたものとしてのカテゴリーと、諸対象とのあいだの一致を自発的に産出するものとなる。たしかに一致は成立するが、その事実性は絶対的に純粋であり、成立のプロセスが存在しない。

アプリオリな認識の認識論に導入される事実性が経験的な事実性ではない点に留意しておくことは大切である。［…］本来のカテゴリーは［…］たんにアプリオリに与えられるが、可能的経験への必然的かつ普遍的な参照作用は［…］アプリオリにつくられ（*made a priori*）、理論的自己規定をつうじて生みだされる。対象へのアプリオリな参照作用という発生過程のもつ固有性は、この観点から、〝純粋理性の後成説〟と形容できるのだ[39]。

ここでは、懐疑的議論のかなめである前成説が批判哲学的視点の拠りどころであるということになり、前成説が経験論の汚染から、すなわち、懐疑論の悪影響からアプリオリな後成説を救うということになっている。

（39） *Ibid.*, p. 90.

第五章　胚、種、種子

発生をめぐるツェーラーの考察ではさらに、後成説概念の源泉とカントの諸著作をつらぬくこの概念の変転が検討される。彼は、前章で言及したツェーラーの議論の推進力となる第三の考えを証示しようとする。すなわち、『判断力批判』で決定版となるまでに何度か変更がくわえられても、後成説の概念には最後まで前成説の刻印が保持されている、という考えである。

後成説探究の主要な四つの足跡

では、一七八一年〔『純粋理性批判』初版発行年〕にカントは、どんな後成説概念をもっていたのか。その正確な内容はどんなものなのか。§27の理解に不可欠のこうした問いをもとに、ツェーラーはカントの後成説がどうあらわれているかを示し、その著作全体に前成説が存在すると結論づける。ブルーメンバッハによる形成衝動（Bildungstrieb）理論に出会うまで、カントが拠りどころにしていたのはヴォルフ〔解剖学者・生理学者の Caspar Friedrich Wolff のこと。哲学者の Christian Wolff ではない〕の発生理論だったという。だが、『判断力批判』の執筆以前にカントがブルーメンバッハの『形成衝動と生殖の営み』

（一七八〇－一七八一）を読んでいたといえる確たる証拠はない。カントがブルーメンバッハを知ったのは、第一批判の初版発行から第二版発行のあいだの時期であり、そのことはヘルダーの『人類史の哲学考』(1)の書評から読みとれる、とする注釈者もいるにしても、たしかなことはいえない。けっきょく、§27で主張される後成説がどんな理解にもとづいているのか、これを正確に知ることは困難なのである。

さいわい、一七八七年〔『純粋理性批判』第二版の出版年〕以前のカントのテキストには、後成説が出てくるものがある。遺稿集と講義録がこのことを示していて、書かれた時期や順序は不確かではあるものの、貴重な指標を提供してくれる。『レフレクシオーン』四一〇四、四二七五、四四四六、四八五一、四八五九には、カテゴリーの起源にかんして、超越論的後成説という別の呼び名で「知性の後成説」の観念が論じられている。(2)生きものをめぐる問いについては、一七六二年のテキスト「神の存在の唯一可能な証明根拠」の記述により、モーペルテュイとビュフォンが生物学で成し遂げた「後成説的転回」をカントが知っていたと判定できる。(3)また、人間という種の変化可能性を論じた複数の著作にも、後成説の概念は登場していて、種の変化可能性という中心的問題に直面して、カントは一七七五年以来、発生についての諸理論に関心を向けるようになっている。後成説についての主な言及は、人種の差異にかんする著作である「さまざまな人種について」（一七七五年）、「人類史の憶測的起源」（一七八六年）、「哲学における目的論的原理の使用について」（一七八八年）のなかにあり、さらに第一批判以後にもみられる。だが、後成説の主題にかんする最重要のテキストは、これからみることになるとおり、ツェーラーがおおいに注目しているカントによるある書評、一七八四年出版のヘルダーの著書『人類史の哲学考』を論じた一七八五年の二部後成の論評である。(4)

大きくいえば、カントの後成説概念の使用は大きく四つの文脈に分けることができる。カテゴリーの起源、ヘルダーの「生命力」についての議論、ヒトという種およびその唯一の起源から生じる多様性の問題、そして『判断力批判』で展開される、生きものに作用するとされる「形成衝動」への言及の四つである。

ツェーラーによれば、いずれの文脈も同一の考えでつらぬかれ、この考えが第一批判以前、あるいは以降の後成説の複数の登場場面を結びつけている。彼のみるところ、この考えこそが前成説のカント的なテーゼを裏づける。すなわち、後成説の能力と拡大を制限する、胚と根源的素質の実在はつねに肯定されるということである。超越論的分析論におけるこの主題の重要性をわれわれは吟味したところだが、

（1）しかしながら、「哲学における目的論的原理の使用について」Pléiade II, *op. cit.*, p. 587.〔望月俊孝訳、『カント全集14』所収、岩波書店、二〇〇〇年〕でフォルスターに応答するとき、注でカントがブルーメンバッハに言及している点に注意する必要がある。この論文は一七八七年秋に書かれ、一七八八年に出版された。注には、カントが所有していたブルーメンバッハの一七七九年の著作『自然史のハンドブック』*Handbuch der Naturgeschichte* (*Manuel d'histoire naturelle*) への参照指示がある。

（2）AK, *op. cit.*, vol. XVII, p. 416 (*Refl.* 4104); p. 92 (*Refl.* 4275); p. 554 (*Refl.* 4446); vol. XVIII, p. 8 (*Refl.* 4851); p. 12 (*Refl.* 4859); vol. XXVIII, p. 684, p. 760.

（3）Emmanuel Kant, *L'Unique Fondement possible d'une démonstration de l'existence de Dieu*, 2e partie, 4e considération, in Pléiade I, *op. cit.*, p. 378-379, AKII, 113-115.

（4）Emmanuel Kant, *Compte rendu de Herder* « Idées en vue d'une philosophie de l'histoire de l'humanité », en deux parties, in *La Philosophie de l'histoire. Opuscules, op. cit.*, p. 93-126.〔「J・G・ヘルダー著『人類史の哲学考』についての論評」福田喜一郎訳『カント全集14』所収、岩波書店、二〇〇〇年、六七頁〕Johann Godfried Herder, *Ideen zur Philosophie der Geschichte der Menschheit*, in *Herders Sämmtliche Werke*, hg. V. B. Suphan, Berlin, Weidmann, vol. 13, 1887.

そこでは、知性におけるカテゴリーの「胚」の存在が肯定されているのである。

『判断力批判』の§81で、カントは、後成説を「種的前成説」の体系と同じものとし、読む者をとまどわせる。彼はこう書いている。この体系は「後成説 *Epigenesis* と呼ばれる。しかしまたこの後成説の体系は、種的前成説と名づけられることもある、産出者の産出能力と、従ってまた〔産出物の〕種別的形式とは、それぞれの種族に付与された内的‐合目的素質に応じて予め潜在的に *virtualiter* 前成されているからである」(5)。

のちにみるが、この「潜在的な前成作用」は前成説支持者の告白ではまったくないとし、カントの言明する後成説支持の立場と矛盾はないと主張する注釈者もいる。しかしながら、このくだりにはあいまいさが否定しがたくつきまとっている。ツェーラーもこの点を見落としていない。彼は、専門用語の区分をもちだし、「素質（*Anlagen*）は胚（*Keime*）に対立する」(6)と注意をうながす。「素質」は、機械的秩序にしたがって内容がひろげられていくたんなる展開である。これに対し「胚」は、新たな部分が発生するうえでの条件である。言い換えれば、素質は前成説の秩序のなかで意味をなし、胚は後成説の秩序のなかで意味をなす。だがカントは、二つの語を区別なく頻繁にもちいているようでもある(7)。すでにみたとおり、カントが産出物 *producta*（自己分化によって発生する生きもの）と抽出物 *educta*（最初の形態の展開）との区別があるといっても、本人がつねに厳密に区別しているのでない以上、けっきょくは両者の境界はぼやけてくる（くりかえしていうが、さきほど検討した超越論的分析論の一節がこれにあてはまる）。ツェーラーのみるところ、この事態は、自然史の序列では最初の発生源の優越性と本質的性格を確定するものである。その起源となる根幹を知りえず、起源の日付が特定できないものと考えるなら、「産出物」を「抽出物」と規定してもよいではないか。このような根幹により、すべての胚が、あらかじめそなわった〔前成された〕原基／素質であるとみなすことはできるのではないか。そしてあらためて、後成的作用を、その発現の時点では、起源としての地中の始原の闇にその力を負っている、派生した源泉ととらえるべきではないか。

アプリオリな認識の生得的土台、この発生源も人間という種の唯一の根幹だということになる。すなわち第三批判において「根源的組織化」の名で登場するもの、最初の形態、生に根拠を与えるものとしての、接近不可能な生の起源である。カントはこのように著作のさまざまな場で、同一の制限のさまざまなヴァージョンを展開させている。よって、この制限が明白な前成説を拒絶する態度とどう近接しているか、その理解に到達しなければならない。

ヘルダーを論じるカント——形成衝動にくわえられる制限

まず、議論のかなめとなるカントのテキスト、ヘルダーの『人類史の哲学考』に対する彼の書評に後成説が登場する箇所から、検討をはじめよう。(8) ツェーラーによれば、このテキストには、後成説へのカントの「留保の姿勢」が見てとれるという。おまけに、このテキストは、後成説と超越論的なものとの正確な関係をあきらかにしてくれている。

(5) CFJ, §81, p. 420.〔第三批判、下、一二〇頁〕
(6) Günter Zöller, « Kant On The Generation... », *op. cit.*, p. 77.
(7) この「胚」観念にブルーメンバッハのそれは対立するのだが、『判断力批判』でカントは見解のちがいにいっさいふれていない。
(8) *Op. cit.*

この書評でカントは、ヘルダーの著作に仰々しく敬意を表しているものの、この著作が展開する「生命力」の観念には断固反対すると述べている。「生命力」の観念は、ブルーメンバッハの「形成衝動」から直接想を得たものだ。じっさい、ヘルダーはおもにブルーメンバッハによる後成説擁護と前成説批判に依拠して、自身の〈形成 *Bildung*〉概念を展開している[9]。

カント自身は、この論評でブルーメンバッハに言及していない。しかしながら、カントの論旨は、『判断力批判』の§81で「形成衝動」の分析の最初のヴァージョンが呈示されているかのように読める。ちなみにこのヴァージョンは、『判断力批判』の別の箇所と同様、ヘルダーへの非難である。

だがそもそも、「形成衝動」とはなんなのか。ブルーメンバッハの説明はこうだ。

> すべての有機体には、それらの生のはじまりから終わりまで作用しつづける特殊な力がある。この力にしたがい、有機体は生殖をつうじて自身にふさわしい形態を身につけ、また栄養摂取をつうじてこの形態を維持する。形態が壊されることがあれば、再生能力により修復することもできる。私はこの力を、生命のその他の諸力と区別して〈形成衝動〉と呼ぶ。この抽象的な表現は、私が観念を付与しようとする諸現象の原因ではなく、諸現象の持続性と普遍性に裏づけられる結果を名指している。引力や重力といった用語を、われわれはほとんど同義として使うが、それは、その原因がいまだ深い闇に包まれている諸力があることを表現しようとするためである[10]。

「形成衝動」は有機体の本能であり、生きものにその大まかな形態をあたえるもの、これにより生きものが自己を保存・維持し、再生産し、修復することができる何かのことである。カントによれば、この形成衝動に同調させてヘルダーが呈示するのは、さらに大きな、大きすぎるとさえいえそうな、あらゆる内的素質、あらゆる胚種からも独立した力である。カントはこう述べる。「著者〔＝ヘルダー〕は動物の場合と同じように植物の場合でも、その萌芽〔胚〕ではなく有機的な力を頼りに議論している」[11]。自身の自発性以外に起源をもたないこの力は、全面的な形態的な自由によって特徴づけられる。こうした自由こそは、まさしく、自然界のさまざまな形態の構成において作用する後成的傾向を規定する。ここで思い出していただきたいのだが、カントの見解では、一七九〇年までは「種的前成説」と後成説は同一であり、ある意味で監視された自由であるとされていた。

ヘルダーは後成説を、旧来の意味と現代の意味とに二つに分けている。ここで注意すべきは、後成説という語が、ときおり、新たな部分が付けくわわるという身体の機械的成長をさすのにもちいられ、物事をややこしくしている点である。旧来のあやまりから新しい意味を区別すべく、ヘルダーは現代的後成説を「発生」と呼ぶのだが、これはブルーメンバッハが呈示したのと類同である。ちなみに、ヘルダ

(9) この主題については以下をみよ。Robert J. Richards, *The Romantic Concept of Life. Science and Philosophy in the Age of Goethe*, Chicago, University of Chicago Press, 2002, p. 225.

(10) Johann Friedrich Blumenbach, *Institutions physiologiques*, trad. et notes J.-Fr. Pugnet, Lyon, J. T. Reymannet et Cie, 1797, section 45: De la force de formation, §591, p. 299–300.

(11) Emmanuel Kant, Compte rendu de Herder..., *op. cit.*, p. 99. カントはここでヘルダーの次の箇所を引用している。「植物自身が有機的な意味で生命であるのと同じように、ポリプもまた有機的な意味で生命である。したがって、植物生長の有機的な力、筋肉刺激の有機的な力、感覚の有機的な力というような多くの有機的な力が存在している。[…] 動物の魂は、一有機体の中で作用するあらゆる力の総体で [...]」ある。*ibid.*, p. 99–100.〔「J・G・ヘルダー著『人類史の哲学考』についての論評」前掲書、四一頁〕

ーのみるところ、この「発生」はいかなる「胚」にも先行しない。彼の前成説拒否の姿勢は徹底している。

前成されている胚を実際に見た者はいない。〔旧来の意味で〕後成説を語るとき、外から四肢がくっついたかのように語るのはまちがっている。だがそこにあるのは〔現代的意味での後成説としての〕形成（genesis）であり、内的な諸力の結果である。すなわち、自然は内的な力に質料を準備し、この力は姿を外部から見ることができるようにと質料を自分自身に付加しながら形成するのである。(12)

ヘルダーは、機械的原因に数え入れえない「内的諸力」が有機的成長をもたらすとする独自の解釈を展開する。こうしてヘルダーはブルーメンバッハの解釈にしたがい、「胚」という観念を拒絶するが、それはすでにみたとおり、たんに解かれるのを待っている「巻物」がこの観念に想定されているからである。この際限なき「発生的力」（形成力ないし後成的作用）は、その自由さにおいて、入れ子構造説全般と対立し、また機会原因論（偶然的／自然発生）全般に対立する。

後成説理論の優位性についてはヘルダーの主張に同意しながらも、形成衝動の展開については、それを可能な生命形態のいくつかの所与に制限することが必要だ、とカントは判断する。カントは自身の見解にふれつつ書評でこう述べる。ヘルダー「と完全に同意見である」が、「次の点は留保しておく(13)」。有機形成してゆく原因は「その本性によって、被造物が発生形成されるときの一定の数と度合いの相違にのみ限定されている」。この発生形成がいったん成立すれば、形成力は「環境が変わって別の類型に従って形成を行う自由を失うだろう」。われわれは、前成されたこれらの類型はやはり「胚（Keime）もしくは根源的素質（Anlagen）」であると想定できる。だがこれらは「最初から組み込まれていたものとも、または単に折にふれてひろげられてゆく機械装置や幼芽ともみなされ」るべきではなく、「自らを形成する能力の、単なる制限であり、さらに説明不可能でもある制限とみなされる。しかし、われわれがこの能力を説明することも理解することもできないのは、この相違についてできないのと同じである。これが留保点である[14]」。

言い方を換えるなら、カントにとって、形成力は変幻自在なものではない。諸形態の形成の種類は、限られている。そして、この制限を特徴づける胚と根源的素質という用語は、反対陣営でもちいられる用語と同じだとはいえ、その意味と作用はまったく異なっている。前成説の支持者にとっては、胚と素質は前成〔予造〕されたものであり、胚の成長はたんに、そこに含まれているものが開けひろげられることにすぎない。カントの批判哲学にとっては、この二語は、有機体の成長にある自然的境界を、形成衝動がこえることのできない類型の境域を、形成衝動が「自身に課す」制限をさしているのである。

後成説と人類学的多様性

その論評の第一部でヘルダーの後成説の理論を長々と論じたのち、カントは第二部で「形成衝動」の概念にもどり、この概念から、外界の多様性に適応する生物学的能力を説明できるとする。ここにこそ、

（12） Johann Godfried Herder, *Ideen zur Philosophie der Geschichte der Menschheit, op. cit.*, p. 50, 引用者訳。
（13） Emmanuel Kant, *Compte rendu de Herder…, op. cit.*, p. 121.〔「J・G・ヘルダー著『人類史の哲学考』についての論評」前掲書、六〇頁〕
（14） *Ibid.*, p. 122.

カントが人種および「人間が風土によって異なる原因[15]」をめぐって論じる肝心の問いがある。

ヘルダーの見るところ、「形成衝動」は人類学的多様性すなわち人種的多様性の原理のもとにある。カントはこの点をみとめつつも、傾向・衝動の状況における固定性と可変性との関係をめぐる、ヘルダーによる考え方に異議を唱える。ヘルダーにあっては、「力」は気候や風土の変化に応じて無制限に変化することができ、さまざまな状況に適応できるとされる。カントは述べる。ヘルダーは「外的状況の相違に応じてこの状況に適合するよう内的に自分自身を変える生命原理を想定し、これを相違の原因としている[16]」。ゆえにヘルダーのいう形成衝動は、その創造力において無制限であるだけでなく、環境に適応することでそれ自体が自己変容することもできることになる。この点にこそ、カントは異を唱える。可変性にも制限がくわえられるべきなのだ！

さきほどの引用箇所にもどってみよう。われわれは、この「力」のうちに「単なる制限であり、さらに説明不可能でもある制限」を見てとるべきである。しかしわれわれは「この能力を説明することも理解することもできない」。くりかえしになるが、この制限づけこそが、「胚」そして「根源的素質」であり、怪物と化し、極端に退化するような変質を抑制するものである。いかなる環境であれ、種の類型、ヒトという種の類型は、つねに同一なのだ！「耐え難き物活論[17]」〔物質に生命が宿るとする説〕の徴候を示すものに対し、カントは激しく反撥する。ヘルダーが解釈する「形成衝動」は、自由奔放さのうちにあらわれ、「物質の自発性理論[18]」から招来されるものとされている。形成力はそれ自体としては自身の起源ではないという点に対して、カントの姿勢がゆらぐことはない。彼は断言する。

しかし、有機的な力の統一性〔…〕は、あらゆる有機的被造物の多様性に関して自己形成的であり、この有機的機関の多様性に即してそのなかで異なったしかたで作用しながら、いろいろな種や属の相違全体を構成しているもので、観察的自然学の領域の完全な外にあって純粋に思弁的な哲学に属する理念である。その際、この理念が思弁哲学のなかに受け入れられたとしても、すでに認められているさまざまな概念にたいへんな荒廃状態をもたらすことであろう[19]。

接近不可能な源泉、つまり問いとしての地位しかもちえない源泉という結論は、ジョン・ザミットゥがいうように「後成説は前成説を含んでいる」ようにさえみえる。つまり、「起源に不可知的な（超越的な）資質（*endowment*）がなければならず、カントによれば、この資質にくわえて、種の多様性のうちには一定の制約があるということである。これらの制約から出発してはじめて、それ以後の適応がありうる」[20]。

このようにわれわれはいつも振りだしにもどる。〈後成〔後発生〕〉の〈発生〉は、これに抵抗する根

(15) *Ibid.*, p. 121.
(16) *Id.*
(17) John Zammito, « Kant's Persistent Ambivalence Toward Epigenesis, 1764-90 », *in* Philippe Huneman (ed.), *Understanding Purpose. Collected Essays on Kant and Philosophy of Biology*, in *North American Kant Society Studies in Philosophy*, vol. VIII, Rochester, University of Rochester Press, 2007, p. 51-74, p. 58.
(18) *Ibid.*, p. 59.
(19) Emmanuel Kant, *Compte rendu de Herder…*, *op. cit.*, p. 110.〔「J・G・ヘルダー著『人類史の哲学考』についての論評」前掲書、五〇頁〕
(20) John Zammito, « Kant's Persistent Ambivalence... », art. cité, p. 60.

幹に立ちもどることになる。形成衝動――自発的に制限される自発性――は、その源泉において制限されているのである。

ヒトという種

人種を論じた複数の著作のなかでカントが検討しようとするのは、種と種のあいだに相違を生じさせる有機体の原型についてである。ここでわれわれが出会うのは、有機的存在の発生が「胚」と「素質」に由来し、両者は雄と雌の種子の合体をつうじて分化し、具体化するとする考え方である。したがって後成説は、この合体にはたらく有機化・組織化の力の自発的展開を特徴づけるものとなる。だが、このとおりだとすれば、この展開の内容は、生殖／発生の力（*Zeugungskraft*）に内在する素質としてすでに存在しているようにみえる。つまり、発生が環境に左右される行きあたりばったりの〔機会論的〕結末にならないよう、これを制限するものがあるようにみえる。種的類型に依拠した、胚と素質の機能的な先行配置に反することは不可能である。多様さや有機体の変様の偶然的な発展は、量と質の両面で制限される。

一七七六年から一七七七年にかけて執筆された「さまざまな人種」は、「雑種」、「変形変種[21]」、「変様変種[22]」へと分化していった数多くの種には共通の幹があるという考えを展開する。これらの変種はいずれも「胚」と「自然的素質[23]」の産物であるが、「変化」の再生産ははばまれている。

後に伝わってゆくべきものは、生殖能力の中にすでにあらかじめ備え付けられていなければならず、それは、生物が入ってゆくことができ、そこで永続的に自己保存すべきことになる環境に即して、折に触れた展開をなすようあらかじめ規定されていなければならない。というのは、その動物に関係ないもので、生物をしだいにその根元的で本質的な規定から遠ざけ、いつまでも続く真正の退化を生み出しうるものが、その生殖能力の中に付け加わる可能性は何もないはずだからである(24)。

一七八五年にカントは、ただ一つの根幹をめぐる議論を再度述べている。「むしろただ一つの第一の根幹があって、そこから芽生えてくるいくつかの萌芽〔胚〕のうちに、これらのクラスを分かつすべての相違の素質が必然的に存在していたのにちがいない。そしてこの第一根幹は、そのような素質をもつことによって、相異なる世界の地域へと、しだいに植民することができたのだと想定しよう(25)」。のちに発表される「哲学における目的論的原理の使用について」でも、目的にしたがう種の多様性という観念が読みとれるが、ここでも種のあいだの可変性の拡大は制限されている。

---

(21) Emmanuel Kant, *Des différentes races humaines*, in *La Philosophie de l'histoire. Opuscules*, *op. cit.*, p. 37-56, p. 38.〔「さまざまな人種について」福田喜一郎訳、『カント全集3』所収、岩波書店、二〇〇一年、三九八頁〕

(22) *Ibid.*, p. 39.〔同書、四〇四頁〕

(23) *Ibid.*, p. 44. この論点については以下の著書が参照できよう。Raphaël Lagier, *Les Races humaines selon Kant*, Paris, Puf, 2004.

(24) Emmanuel Kant, *Des différentes races humaines*, *op. cit.*, p. 46.〔イマヌエル・カント「さまざまな人種について」前掲書、四〇四頁〕

(25) Emmanuel Kant, *Définition du concept de race humaine*, in *La Philosophie de l'histoire. Opuscules*, *op. cit.*, p. 129-150, p. 140.〔「人種の概念の規定」望月俊孝訳、『カント全集14』所収、岩波書店、二〇〇〇年、八一頁〕

自然はこれに関しても、完全な自由のもとで形成しているのではなく、種族のさまざまな特徴の場合とまったく同様に、ただ自己展開しつつあるのであって、根源的な素質により、これにむけて前もって規定されているのだとみなされなければならない。じっさいこれにおいても、合目的性と、それにかなった精確さが見出されるのであって、このようなものは偶然の産物ではありえない(26)。

そして、

私自身としては、すべての有機的組織を有機的存在者から（生殖をつうじて）導出し［…］（この種の自然物の）後発の形態は、漸次的展開の法則に従って、もろもろの根源的素質から導出する（そのような後発形態は植物の移植のさいにしばしば見出される）。こうした根源的素質は、それら後発形態の根幹の有機的組織のうちに見出すことができた(27)。

根幹（発生源あるいは震源）のうちに根源的素質があり、これが可変性を制限する。そしてこの制限は、人類学の分野でそうであったように、認識の分野での純粋形式の産出に対する制限に等しいと考えることができる。どちらのケースでも、後成的作用は、前成的作用による制限と拘束を受ける。変種の野放図な発生拡大は、前成的作用により歯止めをかけられている。知性をめぐる後成説について、カントが経験に過大な超越論的役割をみとめていない点も、ヘルダーの生命力への批判から推測して以下のように解釈できる。超越論的なものを（カテゴリーの）形成力とし、それ自体が可撓《かとう》的で自己変容可能な審級とする見方をカントはとっていない。発生における環境や事後の出来事に応じて超越論的なものがさまざまに変化でき、その産出形態を変化させることができるとする見方を、カントはしりぞけるのである。

「知的」後成説

こうしてツェーラーは、カントの〈書評〉で展開される議論の本筋にそって、カテゴリーをめぐる後成説の問題に立ち返り、カントの立場の普遍性という結論にいたることができるわけである。

だが、カテゴリーの後成説の前歴は、いったいどんなものなのか。それはカントにおいて、まず「心理学的」後成説として、次いで「知的」後成説として素描されている。「『形而上学のレフレクシオーン』は、バウムガルテン編纂の『形而上学』の所有本の余白にカントが書き込んだ注釈やコメント、その他の出所の遺稿の集成であるが、このテキストのなかには、ちがいがきわだつ「後成説」の二つの応用例がある。すなわち、形而上学的諸問題を論じた部分とそのありうべき解決策を論じた部分である」。このようにツェーラーは記している。(28)

最初の「応用」は、合理的心理学――「人間の魂の起源 *origo animae humanae*」――をめぐるバウムガルテンの省察に対する、カントのいくつかの注釈にあらわれる。子どもの魂は両親の魂によって、そしてそこから発して生みだされるとする心理学的な物質原理を形容するのに、カントは、「心理学的後成説 *epigenesis psychologica*」という表現をもちいている。生物学において後成説が完全に分離され

(26) Emmanuel Kant, *Sur l'usage des principes téléologiques en philosophie*, *op. cit.*, p. 569-570.〔「哲学における目的論的原理の使用について」望月俊孝訳、『カント全集14』所収、岩波書店、二〇〇〇年、一二九頁〕

(27) *Ibid.*, p. 586.〔同書、一四九頁〕

(28) Günter Zöller, « Kant on the Generation... », *op. cit.*, p. 82.

た新たな生命体の産出をさすのと同様に、心理学的後成説でも、新しい魂が再生産から生まれるとされる。カントがこの議論に再度もどることはないが、ここにはすでに本質的なものが含まれている。すなわち、包括的なモデルと、発生もとからの子孫の独立性とを組み合わせるという考え方である。

二つ目の応用は、まさしく「超越論的」諸概念の起源にかかわっている。少なくとも四つの注釈には、もはや「心理学的後成説」としてではなく、「知的後成説」として後成説は呈示されている。後者は、その源泉が有限な知性にあり、神的ないし直観的知性に由来するものではない、ある種の認識の発現であるとされる。(29)『レフレクシオーン』の四二七五での後成説についてはすでに検討したけれども、そこでカントは、三つの立場すなわち前成説（クルージウス）、経験論（ロック／アリストテレス）、そして知的直観（マルブランシュ、プラトン）の立場の中間に、後成説を位置づけている。(30)『レフレクシオーン』四八五一ではカントはあらためて以下の問いを吟味する。「純粋概念は抽出物 *educta* か、それとも産出物 *producta* か。すなわちこれは、物理的（経験的）影響に発して産出されたのか。それともわれわれの感性の形式あるいは経験を契機にした知性の形式、これら形式が構成される意識から産出されたのか――この場合はアポステリオリではなくアプリオリな産出ということになる」(31)。同様に四八五九の注で彼は「超越論的概念の起源は、知的後成に *per epigenesin intellectualem* ［…］由来するのか」(32)と自問している。知的後成は、知的直観という審級とは正反対の論証的過程のことである。とうぜん、カントの答えは〈然り〉である。知性的後成はまさにアプリオリな産出、すなわち自発的な産出である。だがそれはその種子から切り離されえない。種子は奥深くに埋めこまれ、そのかすかな響きや顕れからしか感知されない。

たしかに認識というものは完全に産出されたものであり、発生的で力学的な総合に由来するものである。認識は先行秩序の複写物ではまったくないのであり、むしろ、〈それ自体〉の産出として、そして対象そのものの形式としてあらわれる。形而上学的認識はアプリオリな形式的特性を先取りすることにあり、この特性は経験の対象によりあらわになる。しかしながら、人種や生物種一般の変様が数的に限られているのと同様、カテゴリーの一覧表も、その萌芽の原型にかんしては制限されている。経験の対象とカテゴリーとの一致も、けっして変更をこうむることはない。このように、ある意味でカントが「後成的理性の批判」として後成説の用法を二重化させ、生物学および超越論の両面で形成力の増長を制限しようとしていたというのが、ツェーラーの含むところである。発生論的考察は、後成説を不変の発生源のもとに引きもどそうとするのである。

『判断力批判』

最後に、『判断力批判』においては事情はどうなっているのだろうか。§81に出てくる「種的前成説」という表現を理解するのに特段、問題はないようにみえる。その意味するところは、「産出者の産出能力と、従ってまた〔産出物の〕種別的形式とは、それぞれの種族に付与された内的‐合目的素質に応じて予め潜在的に前成されている[33]」ことである。〔『ヘルダー論評』と〕同一の原理がここにもはたらいてい

---

(29) 同書以下を参照。*ibid.*, p. 83-84.
(30) 前章をみよ。
(31) AK XIII, 8, 引用者訳。
(32) AK XIII, 12, 引用者訳。
(33) CFJ, p. 420.〔第三批判、下、一二〇頁〕

る。

前成されるのは種別的形式の全体図である。それゆえ、知性にかかわる後成的作用、人類学的な後成的作用、あるいは生物学的な後成的作用はいずれも、前もって存在する実体が発生・分化する作用をさしているようにみえる。§81でカントはこう述べる。

かかる後成説に関して、この証明ならびにこれを適用する真正な原理の基礎づけに貢献すると同時に、かたがたこの理論の僭越に過ぎる使用に制限を加えた人と言えば、宮中顧問官ブルーメンバッハ氏に如くはない。(34)

ツェーラーによれば、この一節の末尾はヘルダーへのあてこすりである。後成説理論の「僭越に過ぎる使用」とは、『人類史の哲学考』の著者のふるまいをさしている。すでにみたが、カントによれば、ヘルダーのような使用法は、理に反する物活論のしるしなのである。ちなみに、この論の主張は、この節の末尾でも却下されている。「〔…〕生命をもたない物の自然的存在から生命が発生して、物質が自己保存を旨とする合目的性という形式に自分自身をみずから適合せしめ得たというようなことを、ブルーメンバッハ氏が理性に反すると断定したのは当然である(35)」。

ブルーメンバッハは、ほかのあらゆる生の力から、またとりわけ、物体一般にそなわる物質的力からこの「形成衝動」を区別する。カントはすかさず注意をうながす。「〔ブルーメンバッハによれば〕天然のままの物質が機械的法則に従って初めから自身自身を形成した(36)」と主張するのは不条理である、と。

つまり「形成衝動」は一見、ヘルダーのいう無秩序的な生の力に逆説的なかたちで還元されそうにみえても、「たんなる機械的形成力」に還元することはできない、とカントは主張するのだ。ヘルダーの生の力は、万能で、理性なき力だとされている。狂った機械装置、暴走した自動機械とでもいうべきか。しかしながら、ここに避けがたい難問があるのだが、ヘルダーの解釈にあらがって次のように考えるべきだとカントはいう。機械的力はもともと形成衝動を制限し、そのメカニズム自体から守るものであり、度外れな突きあげが起きて形成衝動が劣化するのをふせぐものである、と。カントは書いている。

［ブルーメンバッハは］それと同時に根源的な有機的組織という、我々には究明し得ない原理を設定し、この原理のもとで自然の機械的組織に、不定ではあるがしかし明白な関与を許している、そして物質のかかる能力を（物質に普遍的に内在するところの単なる機械的形成力から区別して）、有機的物体においては（物質におけるよりも、いわばいっそう高い指導と指示とに従うところの）形成衝動と名づけているのである。(37)

このように、生きものは機械のはたらきを利用しつつ機械にならないようにしている。これが源泉における問題である。どのケースでも、ツェーラーが直面しているのは同一の問題なのである。生物学的秩序では、根源的な組織化が、われわれの認識能力の構成である生得的基盤と似た役割を果たしている。

（34） *Ibid.*, p. 421.〔同書、一一二頁〕
（35） *Ibid.*, p. 422.〔同書、一一二－一一三頁〕
（36） *Id.*〔同書〕
（37） Ibid., p. 422.〔同書、一一三頁〕

発生源に目を向ければ、なんらかの測りがたい機械的原理に出会う。この「メカニズム」とヘルダーの物活論とのちがいは、産出力を怪物的な放埒にまかせることをせず、これに制限をくわえることで、生の活動に役立たせるところである。ツェーラーはこの点をゆずらず、カントの念頭にあったのは、自己形成的な生命力に制限があることを能うかぎり強調することだ、としている[38]。身体の成長と認識の成長とのアナロジーは、制限づけられた産出性という同一の考えのもとにおかれている。

「最大の」前成説もありうるのか

ジョン・ザミットゥは、彼が引きだす結論において、さらに明解である。彼は、『純粋理性批判』の初版には「そのアナロジーに、まぎれもない前成説論者の語彙[39]」がもちいられているといい、どの著作でも後成説となるとカントは、端的にいって不明瞭になると指摘する。ツェーラーと同じテキストを参照しつつ、ザミットゥは、アプリオリな後成説という観念は矛盾しており最終的には支持できない、と述べる。文字通りにとるなら、純粋な後成説は、超越論的な構造物に資するどころかこれを倒壊させかねない。ザミットゥは書く。「後成説は、カントがもうける構成的なものと統整的なものとの境界、超越論的なものと経験的なものとの境界を根底から突き崩しかねないものをはらんでいる。カント自身も制御しそこねそうな自然の力である[40]」。

この見立てにしたがうなら、じつはカントは後成説理論に賛成していなかったことになる。§27の読解から出発し、ザミットゥはこう述べる。

あの名高いアナロジーを言明する前にも後にも、後成説をカントがすんなり受け入れることはなかったというのが、私の意見ということになる。私の考えでは、一七六〇年の最初の後成説への言及から一七八七年にいたるまで、刊行されたものであれ、未刊行のものであれ、いくつものテキストにカントの後成説への苛立ちがあらわれており、このことが§27に注釈をくわえるのをきわめて難しくしている。さらに指摘しておきたいのは、第一批判の第二版の発表から『判断力批判』発表にいたる一七九〇年までの時期のカントの態度、とりわけJ・F・ブルーメンバッハに対するカントの態度は、しばしば指摘される以上にあいまいだということである。カントとブルーメンバッハが、それぞれの見解の含意を余すところなく理解しあっていたかどうかは定かではなく、意見の一致を二人が過大に評価していた可能性もあるのだ(41)。

となると、§27のアナロジーに対する批判が正しいかどうかは、アナロジーに反して検討されねばならないということになってしまう。くりかえすが、懐疑論からカントを救うには、なんらかの懐疑論、たとえば前成説を受け入れさせねばならないということになるわけで、だからカントにとって後成説は

(38) Günter Zöller, *op. cit.*, p. 89. を参照。
(39) John Zammito, « Kant's Persistent Ambivalence... », op. cit., p. 57. さきに本書が言及した分析論の一節をザミットゥは参照している。「[…] われわれは、純粋概念を人間の知性におけるその最初の萌芽〔胚〕と原基〔素質〕(*Keime und Anlagen*) にいたるまで追究するであろう」「[純粋概念は] その萌芽と原基の中に準備されている (*vorbereitet liegen*)」。
(40) *Ibid.*, p. 65.
(41) *Ibid.*, p. 51.

たんなる言い回しにすぎなかったのだ、ということになる。つまり、後成説が批判哲学のなかに市民権を得るには、前成説の洗礼をふたたび受けねばならないというのだ。

だが、§27でカントが予定調和説を非難していたことを想起しないわけにはいかないだろう。予定調和説は、「カテゴリーはわれわれの認識の自ら考えられた第一のアプリオリな原理でもなければ、経験から汲みだされたものでもなく、われわれの現実存在と同時にわれわれに植えつけられた思考のための素質だ、というのである[42]」。予定調和説、すなわち「純粋理性の前成体系の一種」は、認識の純粋要素のもっている必然性の破壊に行き着くことにならないか。この「体系」にあらがって、とカントはもう一度書いている。「とすると、これは（…）当の考えられた中間の道に決定的に反することになるであろう。すなわち、このようなケースにあっては、カテゴリーは必然性を欠くことになるのだが、その必然性はカテゴリーという概念に本質的に属しているのである[43]」。じっさい、それが「単にわれわれに植えつけられた任意の主観的必然性」のみにもとづくものだとしたら、カテゴリーは、その形式がまさしくカテゴリーである自然の秩序ともども、まったく偶然的であるということになってしまうのだ。

ツェーラーとザミットゥのようにカントには前成説があるとする主張は、それが最小のものであろうと、それが無神論であろうと、いずれにしても超越論的必然性の偶然性を肯定することにならないか。自発性よりも古い過去があるとして、これを萌芽／胚から汲みだそうとするのは、逆説的とはいえ、この必然性を放棄することになってしまわないだろうか。

（42） CRP, B167, p. 219.〔第一批判、上、二一五頁〕
（43） *Id.*〔同前〕

第六章　「新懐疑論」的テーゼとその進化

ツェーラーが性急な読みできびしい評価をくだしている議論であるが、ここでは、ジェノヴァの議論に登場してもらおう。ジェノヴァによれば、カントを前成説のなかに閉じこめるのは、気づかれざる神学的偏見の餌食になることだという。彼は述べる。

超越論的議論の編成原理としての役割を後成説が担っていることを明確に理解しなければ、カントの認識論は前成説という選択肢を洗練させた議論だと解する見方に即座におちいるだろう。神学論的な前提に依拠し、ライプニッツのような哲学者［…］に連なるのが前成説の仮説なのだから、カントはこれを受け入れないと考えるのは通例になっている。にもかかわらず、多くの論者は、逆説的ながら、露骨に神学的な内容を取りのぞいた、前成説の論理構造と同型のモデルにそって、カントの認識論を解釈しようとするのである。(1)

（1）　A. C. Genova, « Kant's Epigenesis of Pure Reason », *op. cit.*, p. 263.

カントを前成説の主張者とみなすのは、当人がはっきりと否定する言明を、その人自身のものとすることである。つまり、思考のカテゴリーは神によってわれわれに「植えつけ」られるというのが、カントの見解だとすることである。ジェノヴァによれば、これはあきらかに§27の意味をとらえそこねた、誤った解釈である。

だがこれまでのところ、「後成説」と「超越論的なもの」の両立がいっそう正当化不可能にみえてきているだけに、その論文のネオダーウィニズム的カント読解で、ジェノヴァがこの二語の和解に成功できているといえるだろうか。進化と適応の力学を前成説の不変性に代替させれば、問題へのより説得的なアプローチが可能になるのか。

懐疑的なのはだれか——§27と反転した視点の介入

この議論を論じるのはむずかしい。ジェノヴァの主張がどうであれ、ネオダーウィニズムは超越論的観念論と相容れない。ネオダーウィニズムというのは、これから取りあげる断固として反カント的な読解があきらかにするもの、超越論的なものは端的に生得説を隠すものだとする考えを中心にして構成される見方である。カテゴリーと経験の対象とのあいだの一致が後成説の産物であるなら——ということはこれはれっきとした誕生だということになる——カントの主張とは裏腹に、超越論的なものに関係するいっさいのものから、後成説は切り離されねばならないことになる。両者の一致は、アプリオリな構造といっさい関係がなく、適応と進化によって形成されるものである。カントはこうした〔ネオダーウィニズムの〕主張を懐疑論的テーゼであるとみなしたことだろう。だが、もっとも懐疑的なのはだれか。思考の形式と対象との一致を、なんらかのかたちで支配する偶然性があるのなら、このことを明言して、超越論的なものの不安定で人工的な性質をごまかそうとするのはやめるべきではないか。カント自身のために、もっとも忠実な読解が源泉の純粋さを救おうとして、懐疑論を取り入れる（前成説を援用する）よう仕向けられるさまを、われわれはみたばかりなのだ。それゆえこう問うべきである。超越論的なものをめぐる真に懐疑論的な――反超越論的な――視点とはどんなものか。

この問いこそ、合理性の構成に適応を導入する観点を分析することで、いま私が検討しようとするものである。新たな発生が――というのもここでも発生論的読解が問われているのだから――前述した陥穽を回避できるか見定めることが課題である。

ブーヴレスの分析――カントの生得説

ジャック・ブーヴレスは『純粋理性批判』の§27を分析して、後成説の観念は超越論的秩序とまったく折り合えない、と力説する。(2) 後成説はむしろ、アプリオリなものが生得的な認識機構であることを露呈させ、この秩序を内部から掘り崩すというのだ。

カントは懐疑論的である。ヘーゲルはつねにそう指摘していたし、英語圏の哲学者たちも、また別の理由からカントを懐疑論的だという。批判哲学には予造作用の要素が存在している。この要素が最初の発生源たる震源に、すなわちアプリオリなものの起源にかかわっているかどうか、あるいはこの要素がアプリオリなものと一致しているかどうかは、さして重要ではない。アプリオリと超越論的なものの循

(2) Jacques Bouveresse, « Le problème de l'a priori et la conception évolutionniste des lois de la pensée », in *Essais V-Descartes, Leibniz, Kant, op. cit.*

環論法は、その基礎づけも証明も不可能な論理上の信仰対象にすぎない。カントが予定調和説を否定しているといっても、否定の根拠は別の予定調和の上におかれてしまっているのだ。すなわち、この論理を信じることと現実とのあいだの予定調和が前提とされている。先に述べたような、カントの前成説のための根拠さがしのくわだても、たとえカントを擁護せんとするものであっても、いずれも同一の結論に行き着く。カントにおいて、必然性はつねに恣意的なものに由来している、という結論である。アプリオリなものがある、これを信じよ、というわけである。ブーヴレスは次のように書いている。

超越論的なものをめぐる議論の目的は［…］、〝われわれの最重要の信を擁護するための理由だけでなく、ふさわしい理由〟を提供することである。それはたとえば、経験の外にある諸現象、これらの間に因果的な秩序が実在するのを信じることである［…］。こうした信の代価が観念論なのだが、これは多くの哲学者や科学者には過大で受け入れがたく映る。経験の対象の本性について超越論的議論は何ごとかをアプリオリにあきらかにする。ただし、このアプリオリな［…］認識は、何よりも精神による貢献であって、対象そのものがもたらす貢献ではない。カントによる解決法は、こうした見解を受け入れよとわれわれに迫っているようにみえるからだ。[3]

こうした「信」は、それが拠りどころにする胚だの素質だのをもちだすのだが、想定されただけのものが客観的必然として通用するわけではない。

§27でカントが登場させる「懐疑論者」と呼ばれる者にもどろう。この「前成説論者」はおそらく、鏡に映ったカント自身の像でしかない。このパラグラフの議論と対立するような「真の」懐疑論者を考えてみればいい。ブーヴレスはこの懐疑論者の像をみごとに描いてみせる。真の懐疑論は前成説となんの関係もない。懐疑論にあたるもの、つまりまさしく問題となっているものはむしろ、後成説論者の真理概念である。§27で批判哲学と懐疑論との位置は、このように反転する。カントは主張できない立場（後成説）を擁護し、じっさいに主張している立場（前成説）を否認しているのである。

　後成説は、非‐超越論的な、懐疑論的合理性に属している。後成説は、この合理性のイメージであり過程である。それだから、§27で後成説をもちだすとき、カントは自分自身を破壊しかねない武器に手を出していたことになるだろう。

予定調和から漸進的調和へ

　どういうことか。ブーヴレスの指摘によれば、カントのいう「前成説」的なヒュームの見方はある基礎を準備するものだった。すなわち十九世紀末期に発展を遂げ、のちにエピジェネティクスが飛躍的に進展させることになる、思考の生物学的進化の理論の基礎である。ヒュームによるいわゆる「予定調和説」のテーゼは、前成説に寄与するどころか、のちにカテゴリーと経験の対象とのあいだの「漸進的調和化」、両者の一致の継続的で後成的な発生というテーゼを予告している。ブーヴレスが「新懐疑論的」と呼ぶこのテーゼは、ヒュームから進化論へとわれわれをみちびく。自身のアプローチをブーヴレスはこう説明している。「[…] カントの議論を検討したのち、（カント的基準では）古典的とされる〝懐疑論的

（3）*Ibid.*, p. 2. ブーヴレスはここで以下の著書から引用している。Ross Anderson, « Transcendantal Arguments and Idealism », in Godfrey Vesey (dir.), *Idealism Past and Present*, Cambridge, Cambridge University Press, 1982, p. 211.

解決〟、進化の理論に依拠した解決を検討するつもりである。この進化の理論は［…］、ダーウィンの賛同者で不可知の物自体という見方に反対する理論家たちから、ある時期に強く支持された理論である」[4]。では、この「解決」は、われわれの問題にとってどんな重要性をもつのか。

源泉の別ヴァージョン、後成としての発生の別ヴァージョン

ブーヴレスは、§27の内容紹介から論をはじめ、カントの区別する三本の道への注意をうながす。最初の問題を整理しなおすのだ。

われわれが観察している一致なるものは、どうしたら実現可能になるのか。認識の自発性があり、また諸現象に対抗する自発性と呼べそうなものがあるが、この二つの自発性の一致はどうしたら可能になるのか。一見したところ、両者が並ばねばならない理由はなさそうにみえる。この問いへのカントの答えは、両者の一致は可能になると同時に必然的だというものである。可能な経験の対象である以上、現象は知性から自身の形式的可能性を引きだし、その構成の都合上、知性の規則にしたがわざるをえないからだ、というのである[5]。

この一致は必然として、すなわちアプリオリなものとしてのみ、思考されうる。カントにとっては、超越論的観念論以外の視点はすべて、懐疑論的視点なのだ。ここに偶然発生説、前成説ないし生得説、後成説の三つのアナロジーが登場する。最後の後成説によれば「知性のカテゴリーには、経験の可能性の諸原理が含まれている」。カテゴリーは、諸原理を生みだしつつ、含んでいる。懐疑論をしりぞける唯

一の方法は、「知性なしには、およそ自然は存在せず、したがって規則による多様なものの総合的統一は存在しない」[6]とみとめることである。

「知性自身が自然の法則の源」[7]なのだ。だが知性がたんなる主観的性質を現実へと投影するという結論になってしまってはいけないので、カントはここに後成説の議論をもちだす。アプリオリなものは、われわれのうちに恣意的に植えつけられた精神の素質ではない。自然の統一が必然なのは、対象へのカテゴリーの一致が自発的に〔おのずと〕生じ、一致自体のほかに何ものにも依存していないからだ。

問題は「多くの哲学者と科学者」が、カントの議論は混乱を招くとして、けっして受け入れないことである、とブーヴレスはいう。知性の自発性であれ、そうでない自発性であれ、科学者にとっては、アプリオリといえば、たんに生得的ということである。カントが「自然の必然性」あるいは「カテゴリーと対象の一致の必然性」と呼ぶものは、どんな言い方がされるにせよ、精神の生得的本性を現象的現実に置き換えた結果であり、そうしたものでしかありえない。カントの証明は後成説以外の何かである。調和／一致の起源を考えようとするなら、くりかえすが、なぜ、カテゴリーと対象との謎めいたアプリオリな総合（これこそが予定調和である！）などというものではなく、漸進的な調和形成をみとめないのか。ブーヴレスは主張する。

（4） Jacques Bouveresse, « Le problème de l'a priori et la conception évolutionniste des lois de la pensée », in *Essais V-Descartes, Leibniz, Kant, op. cit.*, p. 2.
（5） *Ibid.*, p. 1.
（6） CRP, A126.〔第一批判、上、一八〇頁〕
（7） CRP, A127.〔同書、一八一頁〕

精神のはたらきを統御する法則と自然の諸法則のはたらきを統御する法則、この二種の法則のあいだに、はじめから一挙に成立する調和ではなく、生物学的進化のメカニズムにより可能となり説明される、段階的な調和の形成を、われわれは思い描く〔…〕ことができる。そしてこの段階的な調和は、最終的に、〔思考のカテゴリーと対象のあいだに〕われわれが観察しうる調和／一致につながる。〔…〕そしてある意味で、われわれが認識しようとする自然法則の影響のもとで、最終的に、その法則に適応した構成をもつ存在がつくられる、ということもできるだろう。(8)

そうなると、認識主体〔主観〕は進化の産出者ではなく、進化の産物となる。

これはたとえばパースの発想である。パースにとって、アプリオリなものは、精神と対象との調和の起源へ遡ることの不可能性のしるしである。カントが「知性の自発性」と名づけるものは、調和の源泉への接近、あるいは源泉へのまなざしをもつことを禁止する、逆説的な表現なのである。この一致はまさに自然的傾向に由来し、進化から帰結すると、カントに反して言明しなければならない。論文「哲学原理」のなかでパースは以下のように述べる。

遡及的な推論が真理に到達するという望みは、確実に、人間精神に浮かぶ諸観念と、自然法則において作用している諸観念との一致をめざす自然的傾向がありうる点にのみある。(9)

さらに先では彼はこう述べる。

幾多の物理学者たちの推論法、近代科学の推進力となり以来現在まで健全性を保っている推論法を吟味すると、決定的とは言い切れないにせよ、彼らが直感的判断にたよっている比重の大きさにおどろかされる。たとえば、ガリレオはその論証の危機的場面で「自然の光 *il lume naturale*」にたよっている。ケプラー、ギルバート、ハーヴィも、そしてとうぜんコペルニクスも、実質的にはかなりの部分を内的な力に、それだけで真理に到達するには不十分だが、彼らの精神を真理へ向かわせる諸影響のうちに本質的要素をもたらす内的な力にたよっていたのである。[10]

このように、調和しあう「本能」と「自然的傾向」が——アプリオリなもの以上に確実に——コペル

（8） Jacques Bouveresse, « Le problème de l'a priori... », *op. cit.*, p. 4.

（9） « It is certain that the only hope of retroductive reasoning ever reaching the truth is that there may be some natural tendency toward an agreement between the ideas which suggest themselves to the human mind and those which are concerned in the laws of nature. » Charles Sanders Peirce, « Principles of Philosophy », in *Collected Papers of Charles Sanders Peirce*, Charles Hawthorne et Paul Weiss (eds), Cambridge (Mass.), The Belknap Press of Harvard University Press, 1965, vol. I, section 12, « Il Lume Naturale », §81, p. 33.

（10） « In examining the reasonings of those physicists who gave to modern science the initial propulsion which has insured its healthful life ever since, we are struck with the great, though not absolutely decisive, weight they allowed to instinctive judgments. Galileo appeals to *il lume naturale* at the most critical stages of his reasoning. Kepler, Gilbert, and Harvey - not to speak of Copernicus - substantially rely upon an inward power, not sufficient to reach the truth by itself, but yet supplying an essential factor to the influences carrying their minds to the truth. » « Principles of Philosophy », *op. cit.* 引用者訳。

ニクス的転回の下書きを記すということになる！

カテゴリーと経験の対象との総合は、ありそうもない自発性とやらに由来するどころか、むしろ「ダーウィン理論が解明してくれる長期にわたる進化の成果[11]」のあらわれだとされる。つまり、われわれの精神が徐々に諸対象に適応するのを可能にしてくれるのが進化だということになる。認識や思考の「純粋な」と称される形式は、じつのところ、生物学的適応なのだ。ある特定の時期に精神が吸収できるものだけが真とされることになるからだ。継続して発展するこの調和作用は、「おそらくはつねに実現の途上」にある[12]。またしてもここにみられるのは、「新懐疑論」の議論が批判哲学から後成説を奪おうとしている光景である。

「生得説」に抗して――ヘルムホルツとボルツマン

カントにあらがってブーヴレスは記す。「認識において生得的である、あるいはアプリオリであるといった印象を与えうるものすべてをダーウィン的に解釈できるなら、その可能性はやがて体系的に活用される［ことになるだろう[13]］」。パースからボルツマンへ、ヘルムホルツからムージルへといたる思想の伝統が発展させたのは適応をめぐる議論であり、この伝統こそが脳についての後成説の現代的テーゼを準備している。すなわち、伝統的理解としての後成説から、〔現代の〕エピジェネティクスへの移り行きを準備している。

とりわけ興味ぶかいのは、ヘルムホルツやボルツマンといった物理学者が、ダーウィン的視点を擁護し、物理的法則としてだけでなく、精神の法則としても適応の能力をみとめている点である。ヘルムホルツは、進化的調和説の偉大なる擁護者である。

予定調和説を信ずる者、あるいはさらに悪しきケースとしての自然と精神との同一性を信じる者、こうした者たちを批判するとき、ヘルムホルツは何よりもまず、〔調和の〕産出について、その起源がまったく謎のままであるのに生得的メカニズムとして説明しようとする傾向を標的にしている(14)。

ヘルムホルツの主張は、対象に対するわれわれの知覚形式は生得的ではなく、獲得的（派生的獲得 acquisitio derivativa である！）であり、対象と知覚主体とのあいだの、学習をつうじて産出される相互作用に由来する、というものである。「自然科学の目的と進歩（*Über das Ziel und die Fortschritte der Naturwissenschaft*〔*Sur le but et les progrès des sciences de la nature*〕）」と題された一八六九年の講演で、彼はダーウィン理論が「有機的合目的性（*organische Zweckmässigkeit*）」を新しく解釈する重要な材料を与えてくれたと賞賛し、進化には目的や起源が、つまり目的因が不在であると主張している。こうして、適応――とりわけ対象への精神の適応――は、意味を欠いた厳密な機械の作用に由来するものとされる(15)。

ボルツマンはまた、精神の法則は〔遺伝により〕受け継がれた思考としての慣習にすぎないとみなす。よって、これをアプリオリなものとするのは、まちがいだということになる。

（11） Jacques Bouveresse, « Le problème de l'a priori... », in *Essais V-Descartes, Leibniz, Kant, op. cit.*, p. 4.
（12） *Ibid.*, p. 5.
（13） *Ibid.*, p. 4.
（14） *Id.*
（15） *Id.*

われわれの生得的な思考法則［…］は、単純生物には存在しなかった。法則は単純生物の経験の積み重ねのなかでゆっくりと発展し、より高度な有機体となった生物へと伝えられた。それゆえ、この法則にはわれわれの祖先が獲得した総合判断が含まれていることになるが、われわれの目にはこの判断は生得的、つまりアプリオリなものと映る。すなわち、この法則は拘束する力をもっているが、無謬ではないということになる(16)。

われわれの総合判断は、徐々に獲得されたものを受け継いでおり、はじめからアプリオリであるわけではなく、アプリオリになった判断なのである。となると、アプリオリなものが産出されるのは、経験によってであるということになる。思考の法則は、対象それ自体の形式と同じく、進化のプロセスに由来するが、そこでもたらされるのは安定性であり、無条件の真理ではない。われわれがアプリオリな認識をもっているとはいっても、このアプリオリは、カントの議論でのアプリオリとはまったく異なっている。

われわれがアプリオリな表象をもっていることは確実だ。ダーウィン理論によれば、わたし自身が拠って立つ基盤も、まったくあきらかなのである。ある種の概念はわれわれの祖先が獲得したものだし、祖先の認識は少しずつ子供たちに伝えられ、われわれに到達したものである(17)。

結論は明白だ。アプリオリなものは生成の結果である。祖先にとって制圧と学習の対象であったものが、時とともに後代に伝えられるばかりか、環境の新たな要求に応じて変化しうる形式になる。

そうなると、数学的真理および論理学的真理も不変ではなくなる。ブーヴレスは述べる。「けっきょく、論理学に関係するものでさえ、祖先から受け継いだ法則とかけ離れた原理原則を、われわれが遠い子孫に伝えることもありうる。そして子孫たちは、受け継いだ法則がじっさいには徐々に獲得された変化の賜物であっても、それらを生得の法則とみなすだろう[18]」。種々のメカニズム、思考の習慣、行動にかんする概念ないし適性といったものはことごとく、種に固有の学習に由来する獲得物であり、決定的なものではなく、そこから永久不変の確定性が生じるなど、ありえないのである。アプリオリなものが獲得物で、あらゆる超越論的アプローチに対して抵抗するものであるなら、アプリオリな必然性なるものはない[19]。

さかのぼってみると、後成説へのカントの依拠は、それによりみちびき出そうとする当のものを破壊する手段と化しているのではないか。両立しえない二つの立場が円でくくられ、締めつけられているような光景にみえるのだ。アプリオリな後成説の可能性を擁護しようとすれば、皮肉にも前成説を正当化することになる。あるいは、真理や、カテゴリーの対象についての後成説的な考えを擁護しようとすれば、アプリオリなものとその必然性が取り払われてしまう。それゆえ、ジェノヴァのような折衷的立場は、行き詰まっているようにみえるのである。後成説の純粋性と、超越論的なものが発生の過程で「環

(16) Ludwig Boltzmann, *Principien der Naturfilosofi. Lectures on Natural Philosophy 1903–1917*, Ilse M. Fasol-Boltzmann (dir.), Berlin/Heidelberg, Springer, 1900, p. 160. ジャック・ブーヴレスによる引用。« Le problème de l'a priori... », *op. cit.*, p. 10.

(17) Jacques Bouveresse, « Le problème de l'a priori... », *op. cit.*, p. 10.

(18) *Ibid.*, p. 11.

境」に適応するとされる特性は、どうすれば同時に維持できるのか。ジェノヴァは、カテゴリーの産出やカテゴリーと対象との関係をめぐるカント的視点と、「新後成説」[20]と呼ぶダーウィン的理論との調停をはかろうとしたのだった。彼によれば、「外的な環境的要素と内的な遺伝的可変性が織りなす精妙な相互関係にたどりつき、新後成説的総合を成し遂げた」のはダーウィンである。そうなると、カントの概念体系における認識諸能力は、生物学的有機体として自己発生するものとなり、この諸能力には上記のような総合の超越論的な予兆が見てとれる、ということになるだろう。

だが、カント主義者であれ、反カント主義者であれ、このような妥協案で正道にもどることなど、できない相談だとわかる。予定説と進化とを取りもつ解決はありえないようにみえる。すなわち、§27の議論を毀損する要素と自発性の観念、言い換えれば純粋な源泉とのあいだには、いかなる解決もないようにみえる。じっさい、ボルツマンによれば、認識形式が「アプリオリに与えられているとしたら、源泉の検証は必要なくなるし、そうした状況では認識形式の源泉についての議論は不可能となる。だが、そうした主張は、これっぽっちも実践の役に立たない。認識形式がわれわれにアプリオリに与えられているのなら、その形式が正しいかどうか、どう知ればいいのか、ということになってしまうからだ」。自然法則のうち、「どれが正しいアプリオリな判断なのか、どれがわれわれが精神のなかにある除去すべき偏見なのか」[21]、こうしたことをどうやって知ればよいのか。

懐疑論的議論は、事後《アポステリオリ》の応答の思いがけない効果を駆使し、カントの見解を無力化しようとする。アプリオリなものと生得性とが同じとされるとき、「純粋理性による後成説の体系」には何がのこりうるのか。われわれは次のように理解する。前成説の立場として通用するのは、アプリオリなものの擁護である。認識の「純粋」要素は、偶然的な植えつけになる。アプリオリなものは、後成説の否認として者である。

姿をあらわす。したがって、認識作用に進化的性格をみとめない者は、だれもが必然的に生得説の支持

議論から消える超越論的観念論――フレーゲ対ダーウィン

奇妙なことに、ブーヴレスの設定する議論から、超越論的観念論は消えることになる。ブーヴレスは論文の終盤でカントにもどるのだろう、そして批判するためであれ「新カント主義」的議論を取りあげて、これが認識論的な新ダーウィニズムとどう矛盾するか、解説してくれるだろう。こんなふうに読者が期待するのはもっともなはずだ。だがブーヴレスが到達するラディカルな結論は以下のようなものである。新懐疑論のテーゼへの有力な対抗陣営は、もはやカント的陣営ではない。新懐疑論への対抗者と

(19) ムージルはその手帖の一冊に、ボルツマンとかなり近い見解を書きつけている。「自然の法則は因果律的に自然の事象を支配する。それはたんに、自然法則が自然の事象を例外なく因果律的なものの形式において理解できるものにすることを意味しうるにすぎない。自然の法則は事象を惹起するのではなく、事象からの抽象である。因果的理解はたんに、われわれはある変化に対して原因を前提とすることを強いられている、というにすぎない。この強制は系統論的には経験に由来しうる。個体発生論的には一つのカテゴリーである」。Robert Musil, *Tagebücher*, Adolf Frisé (éd.), Reinbek bei Hamburg, Rowohlt, 1976, vol. 1, p. 119. (Robert Musil, *Journaux*, tr. fr. Philippe Jacottet, Seuil, Paris, 1981, tome 1, p. 160.)〔ローベルト・ムージル『ムージル日記』圓子修平訳、法政大学出版局、二〇〇一年、一六九－一七〇頁〕ブーヴレスによる引用。« Le problème de l'a priori... », *op. cit.*, p. 10.

(20) A. C. Genova, « Kant's Epigenesis of Pure Reason », *op. cit.*, p. 267.

(21) Ludwig Boltzmann, *Principien der Naturfilosofi*, *op. cit.*, p. 222. Jacques Bouveresse, « Le problème de l'a priori... », *op. cit.*, p. 11.

して召喚されるべきなのは、カントではなくフレーゲである。フレーゲの立場は、カントのそれとぜんぜんちがう。超越論的後成説の凋落は決定的である。後成説は新懐疑論のテーゼによって除去され、反論のなかで言及されることすらなくなる。カントは自己弁護できぬまま、討議から排除されてしまう。

懐疑論へのフレーゲの応答は、カテゴリーの対象への参照という純粋産出を再度肯定するものではない。端的にいって、産出など、フレーゲにとってはもはや問題でないのである。ここまでくると、懐疑論的テーゼに対抗する議論の型は一つ、絶対的真理の独断論しかないようにみえてくる。

どういうことか。フレーゲは、心の進化という観念に対して痛烈な批判を展開する。ブーヴレスが記すところによれば、「進化論がひろく受け入れられ、この理論で旧来からの認識論的諸問題を解決しようとする動きが出てきていた時代にあって、論理学を含むあらゆる分野に進化論的観念を導入しようとするこの傾向――これはフレーゲには大きな弊害を生むものと映った――に対して、フレーゲは警戒し、反撥したのである[22]」。というのも、フレーゲの言明によれば、「われわれが自然法則、心理的法則、数学法則、論理法則について語る意味での」法則は「厳密にいって、まったく変化可能ではない[23]」からだ。「[思考の法則の]条件が、われわれの脳の燐含有量や、人間の内部で変化するその他の要素にかかわっているとすることが不条理だと、われわれはたやすく気づく[24]」。

われわれの認識能力に照らさなくても法則は真であり、その内在的有効性が対象との一致を保証する。われわれの認識能力には、変化が記録され、歴史があるとさえいえるが、だからといって法則の客観的真理がこれに影響されるわけではない。法則の真理は、いかなる場合も普遍的であり、「時間と空間への参照から完全に独立している[25]」。思考が「現在は三千年前とはちがうように生起している[26]」ことがみとめられようが、思考の変化が諸法則の妥当性に影響をおよぼすことはない。

自然法則の妥当性は諸条件が実現するか否かに左右されるが、そうした条件が法則の文言として完全であることも、完全でないこともあるし、また条件が示されてもある種の無規定は残りつづけることもある。その結果、法則の普遍的有効性を言明しつづける目的で、文言をより正確にしたり、限定が付けられたりする必要がある時代に気づかれるということは、つねにありうるのである[27]。

しかしながら、この自然法則はいっさい相対化されず、経験からの独立を保持しつづける。となると、精神の来歴を構成するありうべき諸変化には、何をあてがえばよいのか。「真とみなす(Furwahrhalten)」こと――真理に対する認識主体の関係――と「真(Wahr)」それ自体とを混同してはならない、とフレーゲはいう。真が進化するなどというのは、この混同をおかすことにほかならない。ダーウィン的進化の結果、すべての人間が2+2=5であると主張するようになっても、「2+2=4」は依然として真である。あらゆる真理は永遠であり、それを［誰かが］考えるかどうかということや、それを考える者の心理的構成要素には左右されない[28]。

(22) Jacques Bouveresse, « Le problème de l'a priori... », *op. cit.*, p.5.
(23) *Ibid.*, p.6.
(24) *Id.*
(25) *Id.*
(26) *Id.*
(27) *Id.*

よって以下のように理解できる。フレーゲにとっては、超越論的観念論はまさしく心理主義であり、糾弾されるべきものである。この観念論は、〈真〉それ自体と〈真とみなすこと〉とを混同し、客観的真理と主観的真理とを混同しているからである。そして、この観念論の立場はけっきょくのところ——またしても——懐疑論の陣営に入ることになるだろう。真理の起源を求めて認識主体をもちだすなら、行き着く先はきまって心理主義や相対主義である。

超越論的アプローチには認識主体への構成的参照が含まれるが、この主体はかならずしも経験的ないし心理的「人間」主体に合致するわけではない、といった反論はもちろん可能だろう。だがいずれにせよ、経験的主体と超越論的主体というカント的区別でフレーゲが納得することはない。

真理を経験的主体の行為に依存させること、そしてこの行為を超越論的主体を構成する活動に関与させること、この二つに線引きをおこなうなど、フレーゲにはまずありえないことだろう[29]。

くりかえすが、主観性へのあらゆる参照は、どんな概念であれ、フレーゲにとっては「真とみなす」ことにとどまっており、この理由から、起源の役割を担うことはできない。超越論的哲学者は「自分の皮膚から離脱しようとする」運命にある、すなわち、思考する自分をみて、真理と真理についての主観的認識とを混同する運命にあるというのである[30]。

この論争にカントによる発言の場面はまったくない。ブーヴレスは、フレーゲの立場が批判哲学と合致するものではないことをくりかえし強調する。「時折カント的な語彙と概念をもちいるとはいえ、フレーゲは独断的実在論者だとみなされ［…］るべきである[31]」。

カント的解決はおそらくわれわれに以下の点をみとめるよう、迫る。経験における対象の本性について超越論的議論が何かをアプリオリにあきらかにするのはただ、われわれがアプリオリに獲得する認識が精神による貢献であって、対象そのものによる貢献ではないかぎりにおいてである、と。[32]

カントはこう述べている。

(28) ブーヴレスによる引用。« Le problème de l'a priori... », op. cit., p. 8.〔引用箇所の邦訳は以下。「論理学についての17のキー・センテンス」藤村龍雄訳、『フレーゲ著作集4　哲学論集』勁草書房、一九九九年、一四頁〕

(29) *Ibid.*, p. 13. この論点については、超越論的観念論をめぐっておこなわれたフレーゲとフッサールの論争を思い起こさないわけにはいかない。ブーヴレスは以下の点に注意をうながす。フッサールにとって超越論的内在性の探究によってのみ、〈真なるもの〉の起源を位置づけることが可能になる。じっさい、フッサールは『形式論理学と超越論的論理学』のなかでこう述べている。「認識を作動させる内在性、そして超越論的内在性の深部に下降するという原理的な明確化の作業によってはじめて、真の存在として、真の自然として、真の精神世界として、科学が理論においてとり出そうとするこの存在の真の意味も理解されるだろう」。Jacques Bouveresse, « Le problème de l'a priori... », *op. cit.*, p. 13. この問題についての詳しい研究として、ジャック・デリダの以下の著作を参照していただきたい。Jacques Derrida « La polémique avec Frege », *Le Problème de la genèse dans la philosophie de Husserl*, Paris, Puf, « Épiméthée », 1990, p. 65 sq.〔ジャック・デリダ「フレーゲとの論争」『フッサール哲学における発生の問題』合田正人、荒金直人訳、みすず書房、二〇〇七年、六八頁以下〕。

(30) Jacques Bouveresse, « Le problème de l'a priori... », *op. cit.*, p. 13.

(31) *Ibid.*, p. 14. この立場を擁護しつつ、ブーヴレスはハンス・D・スルガの解釈に反論する。スルガの解釈については以下を参照。Hans D. Sluga, *Gottlob Frege*, Londres, Routledge and Keagan Paul, 1980. Il s'en explique p. 14-15.

(32) Jacques Bouveresse, « Le problème de l'a priori... », *op. cit.*, p. 2.

法則は現象の中にはなく、現象が内属する、知性をもつかぎりでの主体に関係してのみ存在するからである。同じく、現象はそれ自体としてではなく、感覚をもつかぎりでの同一の存在者に関係してのみ存在するからである。(33)

カントにとって、法則に絶対的妥当性があると想定するのは、法則が「現象の中に」あるとみなすことであり、同時にカテゴリーと経験の対象の一致、その起源をめぐる問題を回避することである。こうした見解に対して、フレーゲなら理性の後成説など心理の発生にほかならないと述べるだろう。超越論的観念論など、「真とみなす」ことのたんなる冒険にすぎないのである。こうしたフレーゲの見解に接するとき、あきらかにわれわれは、たんなる独断論にもどっている。懐疑論と独断論との紛争はやまないばかりか、超越論的なものも、§27のアナロジーものみこんでしまうものとなる。

けっきょくのところ、フレーゲは何を批判したことになるのか。「真とみなす」の脆弱な力に逆らうことで、カントがきちんと予告できなかったことがあるというのだろうか。理性を一つの器官と同一視することに、彼はあらがっていたのではないか。じつのところ、新懐疑論的テーゼは何を主張するのか。カテゴリーと対象との一致が生物学的適応の結果であるなら、アプリオリなものと超越論的なものとが消滅し、理性と現実的なものとが漸進的に調和していくことになるなら、理性を生物学的に与えられたものと考えることは可能ではないか。超越論的構造が存在しないというなら、理性とは端的に脳のことではないのか。したがって、後成的作用の発生は、脳の発生・発達そのものと一体化しているのではないか。

(33) CRP, B164, p. 217.〔第一批判、上、二二二頁〕

第七章　後成説からエピジェネティクスへ

前章最後で述べたような結論は、現代の心的進化論ないし心的ダーウィニズムが脳をめぐる後成説的な概念を利用し、懐疑論的テーゼの最新ヴァージョンとして姿をあらわしているだけに、いっそう強力になっている。

心的ダーウィニズムあるいは神経的ダーウィニズムは、厳密にいうなら、シナプスの選択〔淘汰〕的安定化で実現する脳の後成説と呼ばれる理論に依拠している。この理論においても、またしても認知カテゴリーと経験の対象とがどう一致するのか、一致の形成過程が問題とされている点が目に付く。しかしながら、後成説はここではアナロジーの地位を失い、生理的現実としてあらわれている。生物学的に規定される自然力学の基礎にしたがって後成的に展開しているのは、認知の諸構造と心的諸対象の構成とがシステムとして配置される様子である。

では、神経的ダーウィニズムは、どういった点から新懐疑論的議論の徹底化であるといえるのか。そして神経的ダーウィニズムはたえず後成説を超越論的な繋留から切り離し、遠ざけようとするが、それはどの程度までなのか。この思潮はどういった手段で一致をめぐる発生源と震央の関係を打ち立てているのか。そしてわれわれは、神経的ダーウィニズムとカント的見解との距離をどう見積もるべきだろうか。

エピジェネティクスの定義

まず、現代版の後成説《エピジエネシス》の理解が「エピジェネティクス」の意味に依拠し、これと密接につながっていることをはっきりさせておきたい。「エピジェネティクス」という語は、一九四〇年に英国の生物学者コンラッド・ウォディントンがつくった造語としてはじめて登場した。これは「後成的な《エピジエネティック》」という形容詞を実詞化したもので、遺伝子と、遺伝子からつくられる個体性との関係を研究する分子生物学の一分野をさす。言い方を換えるなら、遺伝子型とその表現型との関係を研究する一分野である。この語をつくったいきさつについて、ウォディントンは一九六八年に回想している。

以前私は〝エピジェネティクス〟という語を取り入れた。これはアリストテレスがもちいた〝後成説《エピジエネシス》〟の派生語で、ほぼ死語になっていたが、遺伝子とその生産物との相互作用、表現型を生む因果的な相互作用を研究する生物学の分野を名指すのにぴったりの名だと思われた(1)。

「エピジェネティックな」という形容詞は、ここに述べられたような相互作用に関係するものすべて、そして遺伝コード〔暗号〕の表現および転写のメカニズムに関係するものすべてをさしている。

そのメカニズムの要点は、表現型を構築する過程で、ある遺伝子のはたらきを活性化させたり、抑止したりするのを決定するところにある。たとえば細胞の分化を考えてみよう。一九三五年、ノーベル賞受賞の記念講演でトマス・モーガンは、すでにこう問いかけていた。「個体の特徴が遺伝子によってきまるのなら、有機体の全細胞が同一でないのはなぜなのでしょう(2)」。たとえば、ニューロンと肝細胞は出自が同じであるように、一つの有機体の細胞はことごとく同一の遺伝形質をもっているのだが、細胞それぞれにはちがいがある。このことをどう説明するのか。特定の細胞が発生・分化するか否かは、遺伝子発現の活性化と抑制をとおした遺伝子の選択的使用に影響されるのである。エピジェネティクスのメカニズムは、生命体の自己分化を構造化している。

　このように、「伝統的」後成説の意味内容の本質的部分は、現代の「エピジェネティクス」にもみてとれる。問題となっているのはつねに、個体発生ないし個体発生をどう定義するかであり、この発生は自律的で自己形成的な成長、形成力をもつ成長であり、「エピジェネティックな履歴」とも呼ばれる。

　ここで「*epi*」という接頭辞の意味がかなり明確になる。エピジェネティクスが研究しているのは、ある遺伝子を活性化させたり、させなかったりして、機能を変化させるメカニズムである。この変化ではDNA配列自体の変更はないため、エピジェネティクスは細胞の「表層で」(*epi-*)作用するといわれている。

　では、その「表層」では、どんな種類の変化が起きているのか。目下のところ、エピジェネティクスには、主たる担い手としてRNA〔リボ核酸〕、ヌクレオソーム、DNA〔デオキシリボ核酸〕のメチル化

(1)　Conrad Hal Waddington, *The Basic Ideas Of Biology*, in *Towards a Theoretical Biology*, Edinburgh, Edinburgh University Press, 1968-1972, 4 vol., vol. 1, Prolegomena, p. 1-32, p. 9-10. 引用者訳。

(2)　« The Relation of Genetics to Physiology and Medicine », Nobel lecture, 1935, ウェブサイトより入手可能。引用者訳。

の三つがあることがわかっている。周知のように、RNAは、細胞の外にあるタンパク質とDNAとを結ぶ情報伝達者であり、メッセンジャーの機能を担う。RNA干渉［RNA-i］の発見以来、RNAの役割がとりわけ主導的である。ヌクレオソームは、細胞核に収納されるDNA結合の基本単位であり、DNAの二本の鎖へのアクセスをコントロールすることにより、DNAの転写、調節、修復といった核のプロセスの調節作用に直接関与する。DNAは四つのヒストン（タンパク質）で構成され、真核生物では、クロマチン（染色体物質）の基本単位である。[3] このヒストンの変化とその度合いは、クロマチンのオープン／クローズの決定に関与する。エピジェネティックな第三のメカニズムは、DNAメチル化である。DNAは、チミン、アデニン、グアニン、シトニンの四つの構成単位からなる。DNAメチル化は、これら構成単位を変化させることであり、これも遺伝子の活性化、不活性化において中心的な役割を担っている。[4]

「遺伝子万能」の見方と縁を切る

再度確認しておくと、エピジェネティックな要因で生じる変化は、DNAの塩基配列には影響をおよぼさない。エピジェネティクスの活動域はひろいが、遺伝コードにはタッチしないのだ。おどろかされるのは、遺伝子とエピジェネティクスが取り結ぶ複雑な関係が現代生物学の基礎にかかわる問題の一つであるばかりでなく、この関係が過去に前成説と後成説のあいだでくりひろげられた論争の新ヴァージョンでもあるという点だ。[5] 二十世紀後半の遺伝子研究は、「プログラム」という概念に支配されていたといえる。この傾向は、「前成説の再来」の兆しと形容されることも少なくなかった。[6] ところが現在、プログラムの概念こそが不信のまなざしでみられている。遺伝をめぐる数々の論争の場で、エピジェネテイックな要因の重要性に注目が集まるようになったからである。『遺伝子プログラム概念の批判』のなかでシャンジューは、超越論的なものと同様、プログラム概念も放棄することさえ提唱している[7]。

こうした「生物の論理」の新たな動向は、その多くがヒトゲノム解析の結果を受けて生じてきた。二〇〇一年二月十五日、『ネイチャー』誌は、ヒトのゲノムの総数は約三万個であるとする研究結果を発表した[8]。この結果は衝撃的だった。ヒトの遺伝子数は三万ほどで、キイロショウジョウバエより一万三千ばかり多いだけだったのである[9]。さらに、遺伝子として割りあてられるのはゲノムの五パーセントに

（3）遺伝子発現の調節方法の一つは、クロマチン〔染色質とも呼ばれる、核内部のタンパク質、ＲＮＡなどとの複合体〕の状態をつうじた方法である。クロマチンは染色体が凝縮せず「解放」状態となり転写活性が活発化し、遺伝子表現がおこなわれるか（ユークロマチン）、染色体が凝縮し、「閉鎖」状態となり遺伝子表現が抑止されるか（ヘテロクロマチン）、いずれかである。クロマチンの状態は、ＤＮＡに結びついたヒストンというタンパク質の転写後の変化に影響される。

（4）この変化は、水素原子にメチル・グループ（$-CH_3$）が追加されることで生じる。四種の塩基がメチル化されるが、メチル化の過程にもっとも関与するのはシトシンである。

（5）そしてこの関係をめぐる数多くの論争が引き起こされている。

（6）Pascal Ludwig et Thomas Pradeu (dir.), *L'Individu, perspectives contemporaines*, Paris, Vrin, « Bibliothèque d'histoire de la philosophie », 2008, p. 120. 以下も参照。Henri Atlan, *La Fin du « tout génétique »? Vers de nouveaux paradigmes en biologie*, Paris, INRA Éditions, 1999：以下の箇所も参照。「[…] ここにみられるのは、すべては遺伝子に含まれていると主張する、新たな体裁をとった極端な前成説の再来である」p. 58.

（7）Jean-Pierre Changeux, *Du vrai, du beau, du bien. Une nouvelle approche neuronale*, *op. cit.*, p. 372.

（8）*Nature, International Weekly Journal of Science*, février 2001, 電子版。

（9）〔フランス語では〕別名 mouche du vinaigre〔「酢ハエ」〕。

すぎないことも判明した。それらは群や集団としてまとまっており、「ジャンク〔ガラクタ〕」遺伝子あるいは「反復配列の」遺伝子からなる、「砂漠」と呼ばれる広大な遺伝子領域から隔離されている。この広大な領域は、「コード化されていない」ＤＮＡである。この「非コード」領域のＤＮＡは、解析の結果、ゲノム全体の四分の一から三分の一を占めることがわかった。染色体内部にはＤＮＡの長い鎖があるが、現時点の研究では、これが遺伝子に相当しないようにみえる、そしてその機能が特定できない、ということである。[10] ゲノム解読からは、当初期待されていた発見はもたらされなかったのである。

ゲノム解読が示したのは、遺伝子決定論の万能性ではなく、むしろこの論の脆弱性である。『《遺伝子がすべて》のおわり』という雄弁な題名の著書のなかで、アンリ・アトランは、「遺伝子的なパラダイム」の見直しの動きを報告する。「《遺伝子がすべて》の見方が大きくゆらぎはじめている[11]」。また彼は近年、こう述べている。

きわめて複雑な諸観察の結果を単純な法則ないしメカニズムに還元して説明しようとするのが古典的な理想だったわけだが、遺伝子コードが発見され、その普遍性が確かめられたおかげで、生物学においてこの理想は、過去四十年からし五十年のあいだに達成されたかにみえた。遺伝子コードの発見はまさしく驚天動地の発見であり、すべての生物学的過程に内在する不動の法則になるはずだった。そうしたわけで、遺伝子還元論の成功が目前に迫り、ヒトの全ゲノム解読の計画が実現すれば、成功への期待が実証されるかと思われていた。だが、ゲノム計画でじっさいにあきらかになったのは、分子レベルでも細胞レベルでも、すべてがＤＮＡ配列に書きこまれているわけではない、ということだったのである。[12]

新たなモデルが確立され、「DNA構造の情報に還元できない情報を媒介する分子に、改めて関心が向けられるようになった」。さらに先ではこう述べられている。

生体の発生と機能の全体性ないし本質が遺伝子のプログラムによって決定されるとする考えは、発生的《ジェネティック》なものと後成的《エピジェネティック》なものとの相互作用、相互の影響にもとづく、いっそう複雑なモデルによって徐々に置き換えられていった。発生が中心的な役割を担っていることが否定されるわけではないが、後成的なものの重要な役割がしだいに発見されるようになってきたのである(13)。

われわれは「ポスト遺伝子(14)」とでもいうべき生物学の時代にいるということになる。フランソワ・ジャコブはこの時代の到来を予見していた。

遺伝子のプログラムが固定的にすべてを決定しているわけではない。多くの場合、遺伝子のプログラ

---

(10) 以下をみよ。« Le génome humain cache de "vastes déserts" », *Le Monde*, 13 février 2001, 電子版。
(11) Henri Atlan, La Fin du « tout génétique »?, *op. cit.*, p.16.
(12) Henri Atlan, « Programme de recherche inter-centres Biologie et société », 2009. ウェブサイトで入手可。
(13) Henri Atlan, *La Fin du « tout génétique »?*, *op. cit.*, p.16. 以下もみよ。電子版 « Épigénétique: l'hérédité au-delà des gènes », *La Recherche*, avril 2012, no463, p.38-54.
(14) 〝ポスト遺伝子的〟生物学では、分子生物学の分野を拡大して、相互に作用する諸要素のシステム（DNA、タンパク質、超分子構造、微小分子）を研究する領域横断的なアプローチが採用されることになる。

ムのすることといえば、環境の影響に一定の制限をも受け、この影響に反応する能力をあたえたりする程度である。すなわち、生体にもともとあるのではない情報を追加的に獲得する能力をあたえる程度である。環境が個体のうちに誘発する再生や種々の変化といった現象は、プログラムの表現にある種の柔軟性があることを示している[15]。

この「柔軟性」こそ、現代のエピジェネティクスの研究対象となっているものなのである。

環境の重要性

エピジェネティックな変化は、ある世代の細胞から次の世代の細胞への遺伝が可能であるという特性がある。この遺伝性は、遺伝子による遺伝とはちがい、可逆的である〔復元・逆転が可能である〕。しかしながらこの遺伝性は、進化の過程をいっそう複雑にする。この点を説明してみよう。エピジェネティックな変化は、二つのタイプの原因で成り立っている。内在的かつ構造的な原因がまず一つ、そして環境による原因がもう一つである。一つ目は、前述した物質的・化学的な機構〔RNA、ヌクレオソーム、メチル化〕のことをいっている。二つ目のいわんとするのは、エピジェネティクスは進化において環境の諸条件に対処する手段を遺伝的物質に提供してもいるということである。たとえば、植物は神経系をもたないが、季節の変化を細胞レベルで記憶する能力をもっている[16]。動物の場合は、環境の条件への反応はさらに大きくなる。近親交配〔純系〕マウスをもちいた最近の実験によれば、食餌制限の差によって次世代の子にはっきりとその影響が出たという。マウスの子の体毛は、茶、黄、灰色の斑のいずれかとなったが、毛の色が食餌制限の質と量で変化したのである。妊娠した雌マウスに規定の餌にくわえて追加分の餌も与えたところ、生まれた子の大部分が茶色の毛であった[17]。規定どおりの餌を与えた親から生まれた子マウスでは、毛の色は黄色か斑であった。つまり、環境に相関した諸変化を次世代に伝達できる記憶がある、ということになる。現在、遺伝学者の多くは、生活形態のちがいによって遺伝子の挙動も変わる可能性があると考えるようになっている[18]。

ここで本書の主要問題にもどらせていただきたい。私は冒頭で、前成説と後成説とのあいだでたたかわされた論争は、現在場所を換えて、遺伝子決定論とエピジェネティクスのあいだで継続されていると述べた。発生生物学の根本問題は、胚および成体に必要な全情報が遺伝子に内包されているのか、ということである。現在、多くの科学者たちに支持されるようになってきたのは、プログラムの単純展開という見解（一九七〇年代から九〇年代までの生物学のテーゼ）ではなく「有機体とそれをとりまく環境で構成されるシステムが展開している[19]」という見解である。

二つの陣営（遺伝子決定論／エピジェネティクス）の論争は、カントの時代におこなわれていた激しい

(15) François Jacob, *La Logique du vivant. Une histoire de l'hérédité*, Paris, Gallimard, « Tel », 1970, p. 18.
(16) たとえば、クレソン〔アブラナ科の植物。肉料理の付け合わせなどにもちいる〕のいくつかの種の研究によると、冬季の寒気にさらしたクレソンにはクロマチン構造の変化がみられ、その発芽の遺伝子は休眠状態となるという。日照時間が延び、温暖化した春が生殖に適しており、この季節にこの遺伝子は活性化している。環境も、次世代に影響する変化を引き起こしうるのである。
(17) 葉酸〔ビタミンM〕やビタミンB_{12}といったメチル基を豊富に含む餌を追加で与えている。
(18) 以下を参照。Dr Mae-Wan Ho, *Living With the Fluid Genome*, Londres/Penang, Institute of Science in Society/Third World Network, 2003. 同じ著者による « Epigenetic Inheritance. "What Genes Remember"? », *Prospect Magazine*, mai 2008, no 146, p. 312-328.

論争を思い起こさせる。[20] だが現代のエピジェネティクスは、アプリオリな後成的作用という観念と少なからず齟齬をきたすだろうから、カント的テーゼに加勢するとは思われない。エピジェネティックな要因の重要な部分は環境・外部に由来しているし、これからみていくが脳の後成的な現象についても、学習、環境、習慣、一言でいえば経験にその重要部分が由来している。米国の生物学者メリー＝ジェーン・ウェスト＝エーバーハルトが提案する表現型の可鍛《かたん》性〔破壊されることなく変形できる性質〕の定義は、この点について説得力をもつ。彼女によれば重要なのは、「形態、状態、動き、あるいは活動頻度などを変化させて環境からの情報に対処する、有機体の能力である」[21]。エピジェネティックな「形成衝動」において、アポステリオリなものが本質的役割を担っているということになる。

「神経ダーウィニズム」と脳の後成説

脳の後成説の例は、これらの結論の決定的確証になるようにみえる。『ニューロン人間』でジャン＝ピエール・シャンジューは、はじめて一般大衆向けにその理論を解説する。この理論の概要は、一九七六年に論文「ニューロン・ネットワークの種別化に向かうメカニズムとしてのシナプス発生の選択的安定化」および「シナプスの選択的安定化によるニューロン・ネットワークの後成説的理論」――この論文はフィリップ・クレージュとアントワーヌ・ダンサンとの共同研究から生まれた[22]――に示されている。後者の理論は「ニューロン活動によるシナプスの選択的安定化」という名称でも発表された。

心的ないし神経ダーウィニズムについて語ることは、一見、矛盾があるように思えるかもしれない。ダーウィンにおいては、後成説は個体発生の理論であるから二次的であり、種の進化という概念よりも下位におかれることになっているからだ。だが現代のエピジェネティクスは、個体発生をあらためて進化の中心に据え、「エヴォデヴォ（Evo-Devo = Evolution-developpement）」、「進化発生学」という理論的空間をひらいている。生物哲学者トマ・プラドゥは述べている。

近い将来〈エヴォデヴォ〉が生物学のなかでもっとも活発な領域の一つになり、生物哲学のもっとも魅力的な主題になるということが、暗黙の合意になっている。(23)

---

(19) Thomas Pradeu, « Philosophie de la biologie », in Anouk Barberousse, Denis Bonnay, Mikael Cozyk (dir.), *Précis de philosophie des sciences*, Paris, Vuibert, 2011, p. 378-403. PDF en ligne, p. 15.

(20) 「ＤＮＡだけが個体間の遺伝的差異をもたらすとする考えは根強く、いまも人々の心に消しがたくのこっている。非遺伝的な伝達のシステムをつうじて伝えられる情報の重要性は［…］認められたとはいいがたい」。このようにエヴァ・ジャブロンカとマリオン・ラムは以下の本質的な著書で述べている。Eva Jablonka et Marion J. Lamb, *Evolution in Four Dimensions. Genetic, Epigenetic, Behavioral, and Symbolic Variation in the History of Life*, Cambridge, MIT Press, 2005, p. 109. 引用者訳。

(21) Mary-Jane West-Eberhard, *Developmental Plasticity and Evolution*, New York, Oxford University Press, 2003, p. 34.

(22) Jean-Pierre Changeux, « Selective Stabilization of Developping Synapses As a Mechanism for the Specification of Neural Networks », *Proceedings of the National Academy of Sciences USA*, 1973, no 70, p. 2974-2978, et *L'Homme neuronal*, Paris, Fayard, 1983.〔ジャン＝ピエール・シャンジュー『ニューロン人間』新谷昌宏訳、みすず書房、一九八九年〕

(23) Thomas Pradeu, « Philosophie de la biologie », *op. cit.*, p. 17.

遺伝子型から表現型への移り行きに発生・分化は影響をおよぼさないとする遺伝学の主張は、いまや批判に耐えるものではなくなっている。こうした理由から、今後は発生学、発生生物学、進化生物学をそれぞれ切り離すことはできないことになる。新たな進化論理解が巻き起こしている活発な議論の詳細にはここでは立ち入らないが、自然淘汰とは別の有機体の適応要因があり、この要因が進化の過程で最重要の役割の担い手であることがわかってきていることだけは指摘しておきたい。エピジェネティクスの成果から、進化の力学の豊かさがわかってきたのである。(24)

シナプスのメカニズム

シナプスの後成的作用の話題にもどろう。脳においてはたらくニューロン一千億個のうち、そのほとんどが胎児の生命発生が進む過程で形成され、これらを支える無数のシナプス結合も、このとき形成される。子宮にいる時期あるいは生後一年前後の生体経験に影響を受けて、いわゆる「関連性のない」あるいは過剰なシナプス結合の多くが、除去され、のこりの部分は強固になる。これこそまさに、後成的作用による選択的安定化のはたらきである。この過程は、発生の「臨界」といわれる時期〔臨界期。発生が起こるか起こらないかが決まる時期〕にだけ展開するのではない。その生命がつづくかぎり、脳は環境が課すシナプス変化を受けることになるのである。

脳の発達は誕生後、長い時間をかけて継続し、その発達の大部分が環境や文化から与えられるものに左右される。したがって、シナプスの安定化作用による後成説の理論は、シャンジューが幾度も主張するように、生得説の反対なのである。ここから後成説の拡大された規定が生じる。つまり後成説は、「あらかじめつくられていないもの」すべてにかかわっている。シャンジューはまた、こうも指摘している。

「進化のパラドックス」は、「脳の複雑さと遺伝子の複雑さとのあいだの非連続性」をさし示しており、「脳の複雑さは、遺伝子の複雑さよりもはるかに重要である」[25]。脳構造は成長するにつれて複雑化するのに対し、生体レベルでは細胞核に含まれているDNA情報はあきらかに不変である。進化の非連続性ないし一直線でない進化過程がここにはあり、それゆえ生得説や何らかの前成説の新ヴァージョンをもってくることはできない。脳には固有の生と発生があり、これらは遺伝的所与に完全に従属しているわけではない。神経生物学者たちの見解は、「脳は遺伝子の反映以上のものである」[26]とする点で一致している。

(24) Voir à nouveau sur ce point Eva Jablonka et Marion J. Lamb, *Evolution in Four Dimensions*, *op. cit.*

(25) *Ibid.*, p. 371. シャンジューはつづけてこう述べている。「遺伝子が機能に相当すると考えることは、もはや可能ではない」*ibid.*, p. 372.

(26) Jeffrey M. Schwarz, Saron Begley, *The Mind and the Brain, Neuroplasticity and the Power of Mental Force*, New York, Harper Collins, 2002, p. 365. 著者たちは述べている。「遺伝子がコンピュータのシリコン・チップの設計図のように脳のニューロンの結合を決めるというのはもっともらしく聞こえるが、数学的には不可能だ。新ミレニアムの初めに完成に近づいたヒトゲノム・プロジェクトによって、人間には約三万五千個の遺伝子があることがわかった。このうち半分が脳に関与し、神経伝達物質を合成したり受容体をつくったりしているらしい。だが、先にいったとおり、脳には億単位のニューロンがあって兆単位の結合ができている。ひとつの遺伝子がひとつの結合を担当するとすれば、黄色ナメクジの脳程度にもならないうちに遺伝子が足りなくなる。遺伝子の欠陥といってもいい。シナプスが多すぎ、遺伝子が少なすぎるのだ。わたしたちのDNAは、人間の脳の配線図をつくるほど豊富ではない」p. 111-112.〔ジェフリー・M・シュウォーツ、シャロン・ベグレイ『心が脳を変える』吉田利子訳、サンマーク出版、二〇〇四年、一一八頁〕。

選択〔淘汰〕のレベル

では脳の後成《エピジェネティック》的なメカニズムは、どのように機能しているのだろうか。神経系の発生・発展において、神経網は自身が形成したシナプスを安定化させる、あるいは逆に一定のシナプスを除去するといった活動をおこなっている。脳の二部位間で可能な神経経路すべてのうち、のちのちの発生の誘発に向けてもっとも有力な経路が選択され、強化される。

認知の構造は複数のレベルで形成される。もっとも具体的で基本的なのは知覚のレベルであり、もっとも抽象度の高いのは象徴形式のレベルである。これら複数のレベルの配置が、神経系の構築物という階層構造を形成している。中枢的、基本的連絡路である脊髄にはじまり、脳幹、種々の神経節そして大脳前皮質まで、「理性の神経建築物」[27]が構成される。その最上階には神経的な「集団」ないし「集合体」があって、認知的操作のコード化を担っている（「集合体コード化」）。

脳構造の各レベルでは「物質」要素がダーウィン的な変異の手法でたがいに結合し、次のレベルの諸「形態」を生みだしている。次にこの諸形態のなかから、機能上の有効性を基準にいくつかが選ばれ、安定化がおこなわれることになる。よって「機能は「物質 - 形態」への移行に対しては遡及的に作用する」[28]。さまざまな心的表象は、選択 - 安定化の二重操作にもとづいてつくられる。

数学の例

シナプスの選択と安定化による脳の後成的作用の理論は、心的対象の構成そして認知装置と心的対象との一致の構成にかかわるアプリオリに与えられているものについては、いっさい言及しない。選別を旨とする認知モデルは、生物学的に規定された漸進的一致という考えを打ちだし、カテゴリーの対象への超越論的一致・調和という考えをしりぞける。数学的真理性も、こうした生物学的適応の産物とされる。数学者アラン・コンヌとの対談集『考える物質』でシャンジューはこう述べている。数学的対象はたしかに「形態〔形式〕として脳のなかでコード化されて[29]」いるものの、この形態は物質的な実在をもっていて、「物質的状態に一致[30]」する。だがこの「状態」は、進化的過程にしたがうものである。数学の実在、その現実、その真理ですら、「ア・ポステリオリに進化から生ずる[31]」。

この見解はあきらかに、ブーヴレスが分析した古い進化論的テーゼの延長線上にある。シャンジューは、フレーゲやフッサールの見解に反対し、認知的心理主義を擁護するだろう。つまり、数学の対象の実在性や論理学的理念性は、心的様態および心的過程の実在性であり、両者は脳のうちに物質的に実在するという見方を、彼は擁護するだろう。「心的表象、記憶対象は、それらが貯蔵しているシナプスの重要な可塑性にもかかわらず、ゲシュタルト理論の意味での、形態としての脳のなかでコード化されています[32]」。数学的公理化もまた脳の過程と規定され、諸形態〔形式〕の物質性を基礎にしてのみ可能になる。

数学的な諸表象は、偶然的な進化過程にしたがって選択される。この過程では、数学的対象は「〔…〕

（27） Jean-Pierre Changeux, Alain Connes, *Matière à pensée*, Paris, Odile Jacob, 2000, p. 142.〔ジャン＝ピエール・シャンジュー、アラン・コンヌ『考える物質』浜名優美訳、産業図書、一九九一年、一四一頁〕

（28） *Ibid.*, p. 147.〔同書、一四七頁〕

（29） *Ibid.*, p. 171.〔同書、一七六頁〕

（30） *Ibid.*, p. 30.〔同書、一九頁〕

（31） *Ibid.*, p. 59.〔同書、五一頁〕超越論的なものの生物学化は、まさに「心的ダーウィニズム」にいたることになる。cf. p. 116.

（32） *Ibid.*, p. 171-172.〔同書、一七六頁〕

文化的対象として、また数学者の脳の中で生じ、ある人の脳から他の人間の脳に、たとえば生物学者の脳にまで拡がっていく、特殊なタイプの心的対象の公の表現として[33]」構成されている。シャンジューにしたがうなら、上記のことがらの帰結として、数学的存在論なるものはありえない、ということになる。すなわち、数学的真理は選択〔淘汰〕行為によってのみ必然となる偶然的な過程からもたらされる結果なのである。こういうわけで、「「なぜ？」という疑問を抱く科学は、神ではなく、進化論を支持する生物学者」である。「数学の存在に対する「なぜ？」という疑問は、わたしたちの認識器官と数学的対象それ自身の進化[34]」なのである。

その胚の発生・分化が選別による安定化の力学にしたがっている脳というものは、進化から生まれた生物学的機械《マシン》と定義しうる。心的対象と「形式」との一致となると「純粋な」数学的対象ないし経験の対象一般が問題になるのだが、この一致も、この力学よりも前には構成されえないことになる。シャンジューのみるところでは、いかなるかたちであれ、脳構造には「超越論的なもの」に相当しうるものはない。合理性の構造は、脳の後成的作用の力学と完全に重なるものとされるのである。

エーデルマンと認識システムの理論

〔前節のシャンジューの見解に比べて〕それほど還元的でなく、神経ダーウィニズムのより「柔軟な」ヴァージョンがあるのだと反論することはできよう。米国の神経生物学者ジェラルド・エーデルマンは、シナプスの選択と安定化による脳の後成的理論と、認識のアプリオリな構造の存在の両方を擁護している。彼の提案する認識論でも前提とされているのは、認知的全過程の後成的な構成である。すなわち、生物学レベルと初期細胞レベルから、意識の発現にいたるまでの全過程が、後成的に構成されるという見方であり、これは「神経細胞群選択説」（ＴＳＧＮ）と呼ばれる。しかしながら、この理論では「価値‐カテゴリー」[35]の存在がみとめられている。この理論を陰で支える後成説的視点は、カントの後成説と両立可能なのだろうか。

エーデルマンの著書『意識の生物学』〔邦訳『脳から心へ　心の進化の生物学』〕が説明するシナプス選択は、「トポバイオロジカル」〔エーデルマンの造語で、細胞間の表層の分子の相互作用に注目した発生メカニズムの研究をさす〕のレベルと「認識のシステム」のレベルにおいてはたらく二重の過程である。

第一の選択〔淘汰〕は、構造的に可能なさまざまな変異体を含んだ細胞群の内部ではたらく。選ばれる諸構造は、〔多数の神経細胞の〕選別により形成される。神経細胞は、「束《ファシクル》」と呼ばれる一連の突起をつくって伸ばし、その標的となる細胞を刺激する。突起から発せられる信号が標的に同調しなければ、これは収縮するか消滅する。同調がうまくいけば、神経地図の基礎ができる。ここにあるのはまさに「後成的シナリオ」である。エーデルマンはこう説明する。

発生過程の脳における神経細胞のシートが隣接していく〔位置ないしトポス（topos）ができる〕この後成的シナリオをイメージしてみよう。隣どうしは［…］連絡して互いに信号をやりとりする。たくさ

(33) *Ibid.*, p. 58.〔同書、五〇頁〕
(34) *Ibid.*, p. 63.〔同書、五六頁〕
(35) たとえば以下の著書をみよ。Gerald M. Edelman, *Biologie de la conscience*, tr. fr. Ana Gerschenfeld, Paris, Odile Jacob, 1992, p. 184.〔ジェラルド・M・エーデルマン『脳から心へ　心の進化の生物学』金子隆芳訳、新曜社、一九九五年、一五六頁〕

んの突起はファシクルと称する小さな束になって突き出し、それが隣のシートに達すると、その標的細胞を刺激する。そうすると相手は拡散物質（信号）を出し、入ってきた突起に相関信号があれば枝を出して接着する。

そして結合〔接続〕ができる。それ以外のものは収縮し、発信する側の細胞は死ぬ。

成長と淘汰〔選択〕がはたらいて、ついに一つの機能をもった神経地図構造ができる。作られる細胞、死ぬ細胞、でき上がる細胞、その数は膨大である。全体状況はダイナミックであり、信号、遺伝子、タンパク質、細胞運動、分裂、死、あらゆることがあらゆるレベルで作用する。(36)

選択の第二のレベルは「再認のシステム」であり、「退化の特性」といわれる特性を用いている。ここでの淘汰は、選択的除去によってできた神経地図上で起こる。諸システムは「退化」によって除去されるか、外因性の誘発作用への「反応」に相関して強化される。適応的応答が継続可能でないと、そのシステムは退化する。エーデルマンは視覚の例をあげているが、全体としてみれば、脳も個々のシステム全部を包含する再認のシステムであるとみなされる。(37)

この第二のレベルで主として神経地図に含まれるシナプス集合体を強化するか、弱体化するかをきめるのは、個体の行動である。神経グループの第二レパートリーの形成では、行動の役割も大きい。一般的に、経験は、シナプスの網と回路を変形・変化させる、シナプス選択の本質的要因である。

だが、エーデルマンは重要なポイントを強調している。脳にあっては、すべてが経験《アポステリオリ》より後に起こるわけではない。たとえば、再認のシステムは、経験に先立って《アプリオリ》それそのものとして形成されるのであり、それが再認する諸形態よりもあとに、あるいはその形態にしたがって形成されるものではない。再認の統一性はたしかに事後的に選択されたものであるが、それが発生するもとの装置は自己形成される。それゆえエーデルマンは、アプリオリなカテゴリーの存在が神経生理学的な特性と両立可能であるとみなす。「脳のうちでは概念的な「自己カテゴリー化」がおこなわれている」[38]と彼は述べる。次に、このカテゴリーのシステム（「価値カテゴリー」）は、外界からくる誘発作用と信号に反応する。現象としての経験は、概念と対象との相互作用の結果なのである。経験は「進行中の一組の知覚カテゴリー化の概念記憶による相関から発生する」[39]。したがって、それに先立つ構造に依存している。

しかし、ただちにあきらかになるが、エーデルマンがアプリオリと呼ぶものや、再認の構造体そのものが再認されるべき形態ないし対象に先立っている事態は、かならずしもカントのいうアプリオリなものに合致していない。シャンジューとちがってエーデルマンは――二人のあいだにはかなり見解の相違がある――再認の構造（「自己カテゴリー化」）にある種の機能上の自律性をみとめている。そこではさまざまな調節作用が相互に依存しているので、完全に自発的だとはいえない。

知性におけるカテゴリーの初期状態をめぐる議論にもどろう。カテゴリーは経験を「機縁〔きっかけ〕」にして自己発生する。だが、カテゴリーがその後反応して淘汰選択や変容をこうむるとはみとめが

(36) *Ibid.*, p. 100. 同書〔七六頁〕。
(37) たとえば免疫システムの例をみよ。
(38) Gerald M. Edelman, *op. cit.*, p. 185.〔エーデルマン『脳から心へ』、前掲書、一四二頁〕
(39) *Id.*〔同書、一四三頁〕。

たい（少なくともツェーラーはみとめない）。一見したところ、カントの著作には、カテゴリーによる対象への調節過程や、対象の側からのカテゴリーへの反応のシステムなどへの言及は存在しないようにみえる。神経ダーウィニズムあるいは心的ダーウィニズムは、それらがどのように変形されようと批判哲学の見解には異を唱えるのだし、前にも述べたとおり、後成説の特性をこの哲学から剝ぎとろうとする。超越論的なものの生物学化は、超越論的なものを破壊し尽くそうとするのが必然のようにみえる。生物学によれば、適応の力学の外ではカテゴリーと対象との一致は考えられないし、この一致それ自体が変化可能性にさらされたものだからだ。エーデルマンの結論はこうだ。

物質系から起こり、なおかつ目標や目的に向かうことのできる心は、歴史的過程と進化に関連した価値条件の産物である。われわれの知識や自由にこれはどのような制限となるであろうか(40)。

メチル化から解釈へ

だが、カントをこの論争からやすやすと追放できるのだろうか。これまで二章分をついやして新手の進化論と心的ダーウィニズムをみてきたが、最後に遺伝的なもの／発生的なもの《ジェネティック》と後成的なもの《エピジェネティック》との関係に立ちもどろう。おどろいたことに、後成的なもののはたらきは、科学者たちのあいだで、隠喩的に語られることが少なくない。即興のたまもの、実践的ないし芸術的な制作、一言でいえば創造的な自発性として、それがあたかも遺伝的決定に逆らうものであり、解釈的自由に属することがらであるかのように後成的な作用は語られている。

つまり、エピジェネティクスに固有の営みを描こうとして、じっさいにもちいられているのは、解釈のイメージなのだ。マックス・プランク研究所の免疫生物部門責任者のトマス・ジェヌワインは、そうした語で後成的なものを描いている。

おそらく遺伝的なものとエピジェネティクスとのちがいは、一冊の本を書くことと読むことのちがいにたとえることができる。ひとたび本が書かれれば、そのテキストそのもの〔遺伝子ないし情報が貯蔵されるＤＮＡ〕は本を手にする読者のだれにとっても同じものである。だが同じ本だといっても、物語の解釈は読者によって多少ともちがっているはずで、章が進むにつれていだく感動や思い入れもさまざまであろう。これによく似て、エピジェネティクスは、ある固定された原型〔遺伝子的なコードないし書物〕に問いたずねるという条件にしたがいながらも、この原型についてのさまざまな解釈をゆるすのである。[41]

また、エヴァ・ジャブロンカとマリオン・ラムのように、遺伝的なものとエピジェネティックなものを、音楽や楽器演奏の印象という比喩で描く科学者もいる。[42] ある文章表現を解釈する、音楽作品を演奏するといった解釈行為のイメージは、そのたびごとにスタイル〔文体、様式、かたち〕や個人の人格形成のありようを、読書や演奏の尽きせぬ可能性を受け手に喚起する。イメージをもちいることは、生物学のなかに解釈という次元のはじまりを示しているようにみえる。ある意味で、表現型が成立する出来事

（40） *Ibid.*, p. 247.〔同書、一九七頁〕。
（41） Thomas Jenuwein, *Epigenetics*, 2006, édition électronique, www.epigenome.eu, www.epigenome-noe.net, p. 3. エピジェネティクスの定義とその重要性を伝える、明解で完成度の高い報告書である。

がプログラムのエピジェネティックなヴァージョンであるかのように、両者のあいだに批判的探検を呼び出す空間がひらかれるかのようにみえるのだ。エピジェネティックな要因が物理的メカニズムのみならず、環境や社会の影響も包みこんでいるのなら、表現型による個体性の構成のうちにはたらく特異な作用をみとめないわけにはいかない。杓子定規の決定論をこえて、そして生物学と物語〔歴史〕の中間地点に全生物の後成的作用と発生をおく、特異性の形成がはたらいていると、どうしてみなさずにいられよう。科学者たち自身がメタファーで語る言葉に耳をかたむけながら、狭い専門領域としてのエピジェネティクスをこえて哲学にもどり、認識のみでなく、思考に向けても、後成的なものの重要性を主張する必要がわれわれにはあるのではないか。

そしてもし、こうした見立てが、超越論的なものの潜在力を検討しなおし、結果としてふたたびこれを肯定することにわれわれをみちびくとしたら、どうか。論理的な不変性および素質（たとえばツェーラーの場合はこれが問題だった）ではなく、まさに生物学の中心にひらかれる解釈的自由として、意味の力として、超越論的なものの力を肯定することになるとしたら、どうだろうか。

こうした問いは、〈批判〉的読解の軸に、超越論的なものを合理性の歴史的‐批判的次元として理解する第二の軸にわれわれを連れもどすのである。この理解に必然的に付いてくる影として対象性がともなっている。これは「新懐疑論的」次元と同じとみなされうるものではなく、あきらかにこれに抵抗している次元である。

（42）「[…] 遺伝子系をとおした情報伝達は、楽譜をとおした音楽の伝達と類比的《アナログ》である。これに対し、遺伝子的でないシステムでの情報伝達は、録音物と放送による音楽、すなわち個人による楽譜の演奏表現の伝達に類比的である。われわれの関心は、二つの伝達手段がどう影響しあうのかという点にある。生物学者たちは、譜面に変化がもたらされるかのように、遺伝子内で生じた変化が次世代に影響を与えると考えている。エピジェネティックな要素こそ、次世代に、そして遺伝的変異の選択に影響を与えうる、といった別の可能性にはほとんど注意は向けられない」。Eva Jablonka et Marion J. Lamb, *Evolution in Four Dimensions. Genetic, Epigenetic, Behavioral, and Symbolic Variation in the History of Life*, *op. cit.*, p. 245. 引用者による仏訳。

第八章　暗号《コード》から書物へ

ここでわれわれは本来の主題に立ちもどる。「純粋理性の後成説の体系」というときにカントが焦点を合わせていたものが、究極的にはカテゴリー・対象間の関係が生みだされる客観的な過程よりもむしろ、この過程を自分自身に説明しようとする主体のありようだったとしたら、どうか。後成説が、自己触発を受け、解釈をおこなう主観性〔主体性〕の発現地点を正確にさし示すものだとしたら、その発生／遺伝的プログラム――アプリオリなものの生得的な背景――の測りがたい源泉から主体が出現する地点を示しているとしたら、どうだろう。そしてもし、〈考える主体〉の超越論的な〈表現型〉の構築とでもいうべき何かが、カントにおいて作用しているのをわれわれが目にすることになるとしたら、どうだろうか。

歴史という問題

最初の読解〔＝ツェーラーの読解〕の路線のいま一つの側面からは、何がもたらされるのか。まず私は、超越論的後成説における経験の占める割合を最小にとどめようとするカント読解を分析した。今回も同じ読解の路線をあつかうけれども、ちがった角度で、すなわち解釈の問いから出発して主観性のある種の形成作用をさぐってみたい。そしてアプリオリなもののうちに歴史的な生成を導入してみたい。

というのは、ツェーラー論文にも「最小の前成説」とは別の道がひそかにひらかれているからである。超越論的演繹においては後成説のアナロジーもまた解釈学的次元をもっている、と彼はいう。どういうことか。超越論的演繹には二重の使命がある。まずこの演繹は、カテゴリーの対象への参照を説明し、これを正当化しなければならない。その場合、一致が一致それ自体に由来すること、そしてなんらかの命令や認識の対象のもつ内在的な特性に由来するものでないことを証明してみせなければならない。だがそれだけでなく、自身の思考の自発性、ある意味、自分できめたわけでもない自発性にかんして、認識主体がどんな立場を取り、どんな反応を示すのか、こうしたことも説明しなければならない。

こうした理由から、超越論的演繹論には「形象的な自己解釈[1]」という次元が必然的に含まれている。これについてはまず、超越論的哲学が生物学的アナロジーをたよりに自身を自身に対して説明する、そのしかたが俎上にあがる。演繹でカントが攻撃者に対して自己弁護していたことを忘れてはならない。しかしこの自己解釈も、とうぜんのことながら、よりひろくとらえれば、ほかならぬ主体の行為である。主体が知性を生む力を取りこみ、わがものとするのは、まさに主体になることをつうじてだからだ。カテゴリーと対象との一致の起源をめぐる問題は、こうして、必然的に別の問題へと二重化することになる。すなわち、そこで主体がおのれの自発性を受けとる、自己触発の構造という問題になる。

このように後成説は、カテゴリーと対象との一致のアプリオリな産出の様子を、アナロジー〔類比、比喩〕をとおして描くことに寄与するだけでなく、主体がこの産出を思い描くことも可能にするものである。

ここで発言する番となるカントの読解者たちの目には、この構造こそ、批判哲学の立場と懐疑論の立場とを根本的に分かつものにかかわっている、と映るだろう。懐疑論、とりわけその現代版は、合理性が構築されるさいの自己解釈の面については一言たりとも語らない。主体による自身の自己規定能力の説明と受け入れは、自発性をわがものとするための方策であり、後成的作用をとおした形成過程にあたるものでもあるが、この一連の心的ないし神経的操作の全体を、進化論がみとめたことはない。

先ほどみたように、テキスト解釈や音楽の演奏についてのメタファーがエピジェネティクスの有力な形象であるにしても、この形象にありながらも厳密に生物的な領域におさまりがつかず、思考する個人を自身に対して批判をおこなうような関係に追いやるものはいったいなんなのか、これを突きとめようとするさらなる研究があるわけではない。それゆえ、シナプスの安定化による脳の後成説をかかげる者たちが、次のように問うことはまずない。この構造について、主体はどういったたぐいの表象をもちうるのか。自分の脳について主体がもちうるのは、どういったたぐいの「意識」なのか。脳についての意識があるとして、主体がこの意識の持ち主となるのが、どうして可能になるのか[2]。脳の後成説の論者たちにとっては、こうしたたぐいの問いなど、感覚ないし実在の相関物のない自我をたんに洗練させたものにすぎず、脳（ブレイン）と心（マインド）の古びた区別に逆戻りするだけの議論なのである。

こうした問いをみとめようとしない態度もまた、表面上は対立しあってみえる種々の独断論の立場の帰結なのである。先に取りあげたフレーゲがそうであり、彼らは、自発性による主体の触発という観念

（1） Günter Zöller, « Kant on the Generation... », *op. cit.*, p. 72.

（2） 以下の拙論をみよ。Catherine Malabou, « Pour une critique de la raison neurobiologique », *La Quinzaine littéraire*, janvier 2009, no 984, p. 4-6.

なすだろう。

を「真であるとみなす」態度のたんなる一様態、すなわち真実性の内在的有効性にそぐわない様態とみなすだろう。

だが、カントの批判哲学的立場の〈後〉と特異性があるとするなら、独断論者たちも、真実性を構成するには、思考や認識のアプリオリな形式を主体が自分のものとすることが是非とも必要だという見方を受け継いでいるのではないか。

超越論的観念論を心理主義や単純な主体理論とみなしたり、この観念論を真実性という絶対的客観性に対立させたりするふるまいは、主体の自己所有化作用の提示する巨大な問いを無視することである。真理の進化に対する懐疑的議論についても、同じことがいえる。すなわち、認識主体の対象への漸進的適応という考え、そして調和に向けた生物学的調節といった考えを疑問視する態度である。一致・調和にかかわる主体の次元——心的な、神経的な、あるいは精神的な次元——には、どのような認識論上の身分規定が可能なのか。これについては、いかなる言及もなされていない。だが超越論的なものは、おそらくは正確に以下のような問いの形式にほかならないのだ。主体はどのようにして自身の行為の原理になるのか。それはどのようにして根源的に獲得される自発的一致、すなわちカテゴリーと経験の対象との一致の原理になるのか。したがって、その必然性を救うとされる創設者としての超越論的なものの意義は、主体がそれによって自身のありようをみとめる、そうした主体の行為の正当性と有効性に由来することになるだろう。

いまや以下のように問われてもよいだろう。上記のことから、後成説の意味はどう変わるのか。新たな理解の地平では、後成説の生物学的意味合いはどうなるのか。後成説に隠されているとされる、あの「最小の前成説」は、自発性の解釈学にどう対処するのか。

後成説と目的論

ここに列挙した問いに答えようとするなら、はじめに強調すべきは、「最小の前成説」という表現が、カントの三批判書いずれにも適合せず、ふさわしくないということである。さきほどみたように、第三批判では後成説が「種的前成説」と同じものとされていたが、その枠組みに照らしても、この表現は不適切なのである。フランソワ・デュシェズノの指摘によれば、カントは、一七七〇年十二月中旬より「後成説の含意と両立しうる種的前成説[3]」の理論を展開している。カントが「有機的発達を、オスの精子とメスの卵子とが有機的に結合するなかで実現する胚（*Keime*）や素質（*Anlagen*）に関連づけている[4]」のは事実である。また、「あたかも自然が、生ける有機体の原型のなかに多種多様な発生機構を埋めこみ、有機体が生命の外にある諸条件に適応できるよう、あらかじめ案配しておき、個体がこの機構をつうじて繁殖するのをうながされているかのように[5]」、あらゆる事象が生起しているのも事実である。別の言い方をするなら、ある種の先行配置に呼応する制限された多様性があるかのようなのだ。カント自身がこのことをみとめていたのだった。「自己発生すると想定されるものは、生殖の力（*Zeugungskraft*）に内在する素質として、環境に応じたその時々の発生に先立つ規定として、前もって存在していなければならない[6]」。

（3）胚は、かなり明示的に諸部位の発生・発達の原因となるのに対し、原基／素質は諸部位間の関係に作用するとされる。
（4）François Duchesneau, « Épigenèse de la raison pure et analogies biologiques », *op. cit.*, p. 244.
（5）*Ibid.*, p. 245.
（6）*Ibid.*, cité p. 246.

したがって、有機的組織の多様性に制限をくわえる後成的な力という先行配置があることをみとめねばならない。だが先行配置は先行規定ではなく、「〔有機的〕組織化に向けた計画[7]」を意味する。「種的前成説」には伝統的前成説〔予造説〕の意味はなく、これは多様性を統合できる構造的図式の別名、言い換えればシステムの別名である。

胚および原基／素質を機械的因果性に還元できないことを、ツェーラーは意識していたが、有機体の構造的統一性にもとづく目的論というカント的概念の固有性について、彼の言及はない。『判断力批判』の§65のあの記述を想起しなければならない。「〔有機体の〕すべての部分がそれぞれその形式ならびに結合に関して相互的関係にあり、こうしてそれぞれの部分そのものの原因性から一つの全体を産出するということである[8]」。この統一性——諸部分の総合的結合——こそ、そこでわれわれが全体性を考えることのできる唯一の様態である。

くりかえすが、この先行配置は構造、すなわち自己‐組織化である。たしかに先行配置の原型は、われわれには知られぬままにとどまっている。またカントは、「われわれには探求できないある根源的な有機的組織の原理[9]」を強調している。だがブルーメンバッハのいう形成衝動 *Bildungstrieb* は、構造的統一性の大まかな輪郭と、自己組織化の漸進的発達との融和を可能にするものである。こうして必然的に「統合された有機的構造の成立、保存、再生産において、自分固有のモデルを現実化する形成的な力(*sich bildende Kraft*)という概念に頼らざるをえなくなる[10]」。

したがって、自己組織化の能力をもつ個体とはこれこれの類型であると限定をもうけたからといって、形成という傾向性に対する本質的な制限にはならず、逆にこの限定づけは、この傾向性の可能性の条件を示すものである。「種的前成説」の構造から排除されるのは、自己組織化しない生きものという観念である。有機的統一体以外の生命の統一体の類型は、考えられないのである。「あらかじめ配置されている」のは、有機体の循環性を形成する諸部分が相互に作用しあう関係である。胚と原基／素質は、自己の組織化に不可欠の前提条件であって、前成された生きものの略図ではない。

ヴォルフの本質力 *vis essentialis* からブルーメンバッハの形成衝動へといたる思考の線をたどると、次のようにいうことができる。後成説理論で問題になっているのは、「実現に向けた機能的・構造的有機的組織化を予示できる力、すなわち、ある種の内在的プランを具体化し、有機的発生を誘発する外的および内的環境に適応することにより、このプランを現実化する力[11]」という考えである。ここでは、プランと後成のあいだに懸隔はない。この両者の総合こそが有機的組織化なのである。

例の問題がふたたびもちあがる。それならば、超越論的に可能な形成衝動については、アナロジーをつうじて何をいいうるのか。認識能力の構成にあるとされる根源的な発生源から知性の自発性までは隔たりがあるが、これは根源的組織化の測りがたい原理と生きものもつ組織化の自発性のあいだにカントがもうけたのと同一の隔たりなのか。別の言いかたをするなら、カテゴリーにさかのぼって、これを有機化・組織化された存在とみなすことができるのか。あるいは、経験の対象とのカテゴリーとの一致を、この自己 - 組織化の本質的形式と考えることができるのか。

(7) *Ibid*., p. 247.
(8) CFJ, §65, p. 365.〔第三批判、下、三四頁〕
(9) CFJ, §81, p. 422.〔第三批判、下、一二三頁〕
(10) François Duchesneau, « Épigenèse de la raison pure et analogies biologiques », *op. cit*., p. 248.
(11) *Ibid*., p. 237. ブルーメンバッハへのヴォルフとハラーの影響については以下の箇所を参照。*Ibid*., p. 236–237.

こう考えることは可能なのである。アナロジーの要諦はまさに、「純粋理性の後成説の体系」のなかの〈体系《システム》〉の理念というところにあるからだ。「超越論的自我の規定的自発性」から出発して「［カテゴリーは］一貫性のあるまとまりを産出する、すなわち、感性の条件一般にしたがって把握された現象の〝有機的組織化〟を産出し、このようにして自然の事物の客観的表象を打ち立てる」[12]。組織化をおこなうこの産出は、同時に産出主体の形成にも一致する。このように、超越論的後成説と自己組織化との関連づけは、対象への参照の生起の展望をひらくだけではない。先に言及した主体化の次元を特徴づけることも可能にし、形成衝動（*sich bildende Kraft*）としての自己形成と固有の自発性の受容行為をつうじた主体の後成的作用との比較論を素描することを可能にするのである。

われわれはいまや、主観性の冒険としての、すなわち、現代のエピジェネティクスが、当事者がそう考えなくとも予見している冒険としての超越論的後成説の理解に近づいている。

「生命と歴史は説明の領域ではなく解釈の領域である」[13]

冒険。この言葉は、エピジェネティクスの革命が起こるはるか以前にその著書『カントと形而上学の終わり』のなかで、「純粋理性の後成説の体系」という表現を解釈するさいにジェラール・ルブランがもちいたものである。彼の読解は、カテゴリーの後成、生物学的後成、実践的後成の三つを、同一の運動に収束させようとする。

起源に関心が向けられてはいるものの、ここでは発生への配慮が読解の方向性を変えている。もし後成的作用の発するみなもとを探査することができないならば、根というものの接近不可能な性格に試みのたびにぶつかるのであれば、この接近不可能性自体が根であり、起源の空白が起源そのものであると考え、発生源から出発するのと同様、この空白から出発すべきだと考えねばならないだろう。ルブランは書いている。「われわれの理性が見通すことのできない〔…〕この幹は、われわれが措定する限界であり、自然的なはじまりではない[14]」。言い換えるなら、われわれが為したのでないものも、一つの決定の出発点なのである。限界を「措定する」のはわれわれ自身である。だがこの「われわれ」は、自身を開始し、自身を構成し、自身をつくる必要がある。よって、発生源への接近不可能性は、ある事実性を解放する。純粋なつくり物ないし純粋な事実としての人工性からはかけはなれた、生成の運動と一体化した事実性を解放する。「カント的後成説の〝演繹〟のおかげで、かつてない概念、生成という概念の道がひらかれる[15]」。

この生成は、認識主体の後成、すなわち実践的主体の自律性と生の創造性との一致点である。それゆえ、「ブルーメンバッハとカントとの出会いは、生物学的概念の歴史をふみこえるものである[16]」。そしてさまざまな還元論者たちの主張とは逆に、後成説は、認識の、自由の、そして生の成長・増大の交わりに位置づけられる概念である。この交わりは、歴史の発生をしるしづける。「起源の接近不可能な性格」は、そのもとでのちに「クールノー〔一八〇一－一八七七。フランスの哲学者、数学者、経済学者。数理経済学の創始者の一人〕が歴史を誕生させることになる[17]」、「理論的中断」としてあらわれる。

（12）*Ibid.*, p. 251.
（13）Gérard Lebrun, *Kant et la fin de la métaphysique*, *op. cit.*, p. 716.
（14）*Ibid.*, p. 708.
（15）*Ibid.*, p. 704.
（16）*Id.*

しばらくのあいだ生物学にもどろう。なるほど、たしかにカントにあっては、事実として生物の形態は、その展開に制限をくわえる根源的潜在力に依存している。また同時に「〝可塑的能力〟〔あるいは形成衝動／傾向〕は、いかなるものも可能にするほど豊かではない。〔…〕生物の諸構造に制限がないとしたら、その種別性はないであろう」[18]。しかしながら、またしてもくりかえしになるが、ここには前成説からの借用は、それが最小の前成説であれ、いっさいない。ルブランはこう付けくわえる。「たしかに、どんなものからでも、どんなふうにでも、生命が何かをつくりだせるわけではない。生命が種固有のモデルを遵守するからといって（C・F・ヴォルフ以降の発生学がこの論点の証明に着手した）、それが形態の創造たりえないということにはならない」[19]。生命の地図は「まさに生命の可塑性の例」[20]であり、これにより偶然発生のカオスから、そして予定説の硬直した計画から、形成的力は保護される。後成説は、説明不能の生命発生（偶然発生の魔術）に抗して、またすべての前成説に抗して、その論理を押しだすのである。根源的有機組織化の接近不可能性は、生と思考を、その源泉に眠っている謎へと結びつける徴候ではなく、そうした謎から解放するものなのである。

われわれが歴史〔来歴〕を重視するのは、起源への遡行が無限となり、歴史において交錯しあうさまざまな法則（ないし略図）を規定することが不可能であるとみとめるからである。胚の行く末は、種の行く末と同様にどこにも記されていない。〝種的前成説〟（いまや有機的創造が逸脱することのできなくなったモデル）においては、胚の生成は冒険なのである[21]。

つまり、根源的組織化の原理の認識不可能性（自己組織化の源泉＝X）と、自己組織そのものとのあいだに隔たりがあり、この隔たりから後成説とこれに固有の時間性が生じる、ということである。「前成説に対抗して、カントは時間の役割を回復させる」が、それは後成説を「秩序を発生させる〔…〕即興」と規定することによってなのである。時間的な秩序は「方向づけられるが、予測されない」のだ。この指摘は、まさに現代エピジェネティクスの定義を予告するものではないか。[22]

「哲学における目的論的原理の使用について」のなかで、カント自身がこうみとめている。「歴史」という言葉が「ギリシャ語のヒストリア *historia*（物語、記述）と同じ意味の表現として、すでに長く頻繁に用いられている」けれども、それは「歴史という意味とは別の意味」で、「ものの起源に関する自然研究を名指す」意味でではない。だが、こうした生成を描写するにあたり、自分はあえてこの言葉をもちいるだろう、と。[23] このようにカントは、「歴史」と「自然史」との混同を回避しようとしている。だが、この告白から読みとれるのは、「生命の力（Lebenskraft）の痕跡のもとでの」分析において、そして後成説の分析において、〈歴史〔来歴〕〉が否定的なかたちではあれ、呼びだされていること、最小であれなんであれ、あらゆる前成説に反対していることなのである。[24]

(17) *Ibid.*, p. 708.
(18) *Ibid.*, p. 713.
(19) *Ibid.*, p. 705.
(20) *Ibid.*, p. 707.
(21) *Ibid.*, p. 708.
(22) *Ibid.*, p. 707.
(23) Emmanuel Kant, *Sur l'usage des principes téléologiques en philosophie*, *op. cit.*, p. 566.〔「哲学における目的論的原理の使用について」『カント全集14』所収、前掲書、一二四頁〕

超越論的哲学全体に後成説の問題をひろげるなら、アプリオリな総合への生成の導入が可能になる、とルブランは言明する。じっさい、三批判書を構造化しているのは同一の問題である。〔生成という〕第二の源泉があるということは、源泉をそれ自体としてとらえることができないということであり、それが産出したものにおいてとらえることになる。つまり、源泉から具現化し、分化／差異化をつうじて発生していくものにおいてしか、源泉はとらえられないのである。§27を説明するには知性に自発性があるとすればよく、事後の効果を顧慮する必要はないとする態度、知性の主体は自己解釈をつうじて純粋に産出されるとする態度は、超越論的なものの本質的次元の一つをなす超越論的後成説の主題を切り捨てることにつながる。すなわち、主体の自己形成としての起源の自己所有化という主題の切り捨てになる。

第二批判においてカントは、客観性の源泉と主体の出現とが重なっており、このことが実践的自発性の固有性を構成していると指摘する。『実践理性批判』でもまた、実践的因果性の対象への参照が生じる地点、すなわち後成的作用があきらかにされるとき、生得説および前成説はきっぱりとしりぞけられている。思考においても、自由においても、同じアプリオリな発生的結びつきがはたらいているのである。『実践理性批判』の超越論的演繹論でカントは、「予定調和」をめぐるヒュームの議論を再度取りあげる。〔ヒュームによる〕前成説的なテーゼは、実践的領野でも、いかなる客観的必然性であれ、そうした因果性を取りのぞこうとするだろう。

もし私がヒュームに倣って実践的使用における因果性の概念に、物自体〔超感性的なもの〕に関してのみならず感官の対象に関しても、この概念の客観的実在性をいっさい認めないとしたら、この概念はその意義をすべて失い、理論的に不可能な概念として、まったく使用に堪えないと申し渡されたであろう。[25]

よって、理論と実践の両面で因果性の妥当性を打ち立てるには、第一批判§27ですでになされたとおり、因果性の起源が生得的素質ではないことを証明しなくてはならない。実践理性の弁証論――二つの著作の橋渡しとなる箇所――でカントはこう述べている。この箇所にもどってみよう。

これまで述べてきたいくつかの注意によって、純粋思弁的理性批判の読者は、カテゴリーの演繹という厄介な仕事が、神学と道徳学とにとっていかに必要であり、またいかに有益であるかということを十分に納得させられたことと思う。実際この演繹によってのみ、次の〔…〕誤謬を防止できるのである。すなわち〔…〕もし我々がカテゴリーの経験的起源を純粋知性のなかに置くならば、我々はプラトンと共に、カテゴリーを生得の概念とみなすことになり、かかる概念にもとづいて、超感性的なものに関するさまざまな理論を数限りなく打ち立てるという僭越を敢えて〔する〕という誤謬である。[26]

このように、思弁的理性と実践的理性とのあいだには「等価の関係」があり、この関係がカテゴリーの客観的妥当性の後成的源泉なのである。[27]

(24) Gérard Lebrun, *op. cit.*, p. 708.
(25) CPRat, p. 675–676, AK, V56.〔第二批判、一二三頁〕
(26) *Ibid.*, p. 780, AK V141.〔同書、二八〇頁〕

こうして後成説は、前成そして生得性とのつながりをことごとく喪失することになる。超越論的なものには現実的な形態創造力があることに気づかねばならない。どんなカテゴリーでもつくりだせるという意味ではなく、自己の創造のさいに主体にこの制限が課せられるという意味で、創造性があるというのだ。

「無秩序と〔神の〕熟慮のあいだには、第三の部分がある[28]」とルブランは書く。偶然発生という混沌《カオス》がある一方、前成説のいう神の指令があり、この二者のあいだにまさにこうした創造のために、別の、もう一つ場所がある。

ではどのような場所なのか。ここではルブランもまた、書物のメタファーを用いている。

『弁神論』でライプニッツは、無人の地にたどりついた旅人も書物と時計をみつけていたら分別を失うことはなかっただろうと書いている。〝書物がおのずと書かれる〟そんな国に足を踏み入れたのだと旅人は考え、こう判断する。〝事物を支配するのは神の摂理だという精神の確実さがある〟。カント的合目的性は、後成説と同じく、錯乱か信心かという二者択一をしりぞける。カントにあっては、生命とはおそらく、そこで書物がおのずと書かれることはないが、何かに命じられるままに書かれることもない、そうした国なのだ[29]。

書物がおのずと書かれることはないが、それが原テキストのたんなる模写ではない、そうした場としてある国。これはありうべき書き言葉がただ一つあり、あらかじめ方向が定められてはいても、プログラム化されているわけではない、そうした国である。この書き言葉は、構造的略図から出発して自己発展してゆくのであるが、あらかじめ行き先がきまっているわけではない。つまり解釈なのである。

知性の自発性が物質的にそれ自身に接近することはできず、まさにこの意味で、この自発性を先行決定される、あるいは先行付与されるものとみなすことは不可能である。またこの意味で、説明ないし理解といったものは、解釈に席をゆずることになる。生物学および認識論の線から離れた、カテゴリーの後成的作用の問題という次元にルブランはしだいに移り、意味という問題、あるいはあらかじめつくられた意味の不在としての意味の問題をひらくことになる。アプリオリなものには意味というものがないゆえに、理性の後成的作用が存在する。この不在から出発して、合理性はおのずと誕生する――その形式をつくりだす――のである。

この点にかんして、ルブランはニーチェの『力への意志』の§666を引用する。「「すべてのものはいかなる意味ももたない」、――この気も滅入る一句は、「すべての意味は意図のうちにあり、だから、意図が全然ないとすれば、意味もまた全然ない」ということにほかならない(30)」。生の形成力と超越論的形成力とを同一視する利点は、つまるところ、起源というものがもともと無意味な性格をもっていることをあらわにできる点にある。カテゴリーの自発性は生の根幹以上のものではなく、意図に応答することがない。くりかえしになるが、批判〔哲学〕は、認識の問題から解釈の問題へ、ひいては解釈の問題

(27) *Id.*
(28) Gérard Lebrun, *op. cit.*, p. 706.
(29) *Id.*
(30) *Ibid.*, p. 717.〔引用箇所は以下より。ニーチェ『権力への意志』下、原佑訳、ちくま学芸文庫、一九九三年、一八七頁〕

から歴史記述の問題へと横滑りしてゆくことになる。

意味が与えられていないからこそ、歴史というものがある。歴史は、批判〔哲学〕のサブテキスト〔隠れた意味〕としてあらわれる。このことをみごとに示してみせたのはフーコーである。解釈の開始と歴史のはじまりとの同一視が、カント読解におけるある時代ないしある時点に署名を入れる。この読解によれば、意味は――後成的作用をとおして――おのれを構築し、生みだす。そして意味は白紙から出発して、当のものになる。

したがって後成的作用は、起源の不在から生まれた起源である。すなわち、起源の意味の不在から、その沈黙から発する自発性から生まれた起源なのである。そして、もしこの起源が歴史の生誕の場であるなら、以下のようにいうことが可能となろう。カテゴリーと諸対象との一致は、歴史的な出会いである、と。

これまでの分析からみえてきたのは、カントには前成説があるのではないかと問題視したからといって、それで超越論的なものの力がそがれるわけでも、進化や適応といった生物学的図式にこれが吸収され、消去されるわけではないということである。生きものや形成衝動を視野に入れて超越論的なものを考えたからといって、超越論的なものが進化の力学のなかに解消されるということには、かならずしもならない。書物というメタファーから別のメタファーへ、あるいはジェヌワインがもちいる読むことのイメージから、ここで援用した書くことのイメージへとたどるなら、意味という問いで議論の駆け引きに変化が生じるのはあきらかである。意味という問いは心的ダーウィニズムの論者たちにはまったく存在していない。さらに大きくみれば、遺伝的なもの／発生的なものと後成的なものの関係について、意味という観点から問いを提出した生物学者は一人としていない。だが、〈意味〉こそが、超越論的なものの生物学化への抵抗をふたたび肯定することを可能にしてくれるものではないか。

第九章　還元しがたきフーコー

啓蒙とは何か

超越論的哲学と歴史とが遭遇するならば、われわれは批判哲学的な読解の転換点にふれ、ある場所を見いだすことになる。その場所はフーコーがめざそうとする場であり、その短さにもかかわらず信じがたいまでの豊かさをもつテキスト、「啓蒙とは何か」のなかで彼が超越論的なものの構造を変容に向けてあえてひらき、アプリオリなものの位置転換をくわだてる場である。ネオダーウィニズムや心的進化論、あるいは脳の後成説の射程と完全に異質の射程から、フーコーはカントの連続性をふまえ、反カント的態度をおくびにも出さず、超越論的構造の経験的な可変性を肯定しようとする。では、カテゴリーと対象との関係にかんして、フーコーの議論からいったいどんな帰結がもたらされることになるのだろうか。フーコーの議論で、「純粋理性の後成説の体系」という定式の理解がどのように刷新されることになるのだろうか。

このテキストに複数のヴァージョンがあり、発表期間が二十数年にわたっているという事実は、変化というものに対して超越論的なものがもっている関係が、フーコーにとってきわめて重要な問いであったことを物語る。彼は全著作をつうじて、この問いを検討しつづけることになるだろう。最初のヴァージョンは一九六五年の日付が付いた「〈批判〉とは何か」[1]と題された論文である。そして別の二つのヴァージョンは、一九八四年に「啓蒙とは何か」[2]という最終的な題が付されて発表されたものである。

フーコーのテキストはカントによる同名のテキスト、一七八四年『ベルリン月報』誌に掲載された「啓蒙とは何か *Was ist Aufklärung?*（*Qu'est-ce que les Lumières?*）」[3]のあからさまな反復である。一七八四年十二月、このベルリンの月刊誌は「啓蒙とは何か？」という問いへの回答を公募し最優秀作を掲載するとした。その受賞者がカントだったのである。二百年ののち、フーコーはふたたびこの問題を検討し、こんな問いを発する。

『ベルリン月刊』誌が今日でもまだ存在し、読者に対し「現代哲学とは何か」という問いを発したと想像してみよう。おそらくひとはその問いに対して、おうむ返しに、次のように答えることも出来るだろう。すなわち、現代哲学とは、二世紀前に、かくも不用意に投げかけられた問い「啓蒙とは何か（*Was ist Aufklärung?*）」、に答えようと試みる哲学である、と。[4]

フーコーは問いをくりかえし列挙して議論を反復しながらも、同時に議論の位置自体を変えようとする。カントのテキストの中核をなす考えは、いまだ力と適切さを失っていない。しかしながら、肝心なのは、この考えを徹底化させ、超越論的なものの歴史性を肯定することである。では、この読みをどう正当化するのか。フーコーによれば、カントはこのテキストで、哲学においてはじめて〈現在〉という観念のもっている決定的な本性をあきらかにした。「啓蒙とは何か」という問いを「こんにち、思考とはどういうものなのか」という問いとしてカントはとらえる。この問いは、ある観念が時宜にかなっていることに注意を向けさせるだけでなく、哲学の可能性を条件として現在という時を構成してもいるのだ。なぜなら、思考はつねにある特定の時期にあらわれるものであり、その現代性《モデルニテ》自体がその対象を構成する作用をもっているからである。ここからフーコーは、超越論的なものに文脈性があるという結論を引きだす。超越論的なものは、いまここで出現しているという事実性に結びついているだけではなく、思考がこの事実性に授ける形式にも結びついている、というのである。この視角からみるなら、カテゴリーの後成説は、状況を反映したこの形成作用の別名だといえる。

フーコーの解釈は、〈批判〉と歴史との密接な関係を解明しようとしたものとして、おそらく比類な

（1） Michel Foucault, « Qu'est-ce que la critique? Critique et *Aufklärung* », *Bulletin de la société française de philosophie*, avril-juin 1990, vol. 84, no 2, 仏哲学協会 *La Société française de philosophie* での一九七八年五月二七日の講演。

（2） « What is Enlightenment? », *in* Paul Rabinow (ed.), *The Foucault Reader*, New York, Pantheon Books, 1984, p. 32-50. *Dits et écrits, II, op. cit.*, p. 1381-1397. に再録〔「啓蒙とは何か」石田英敬訳、『ミシェル・フーコー思考集成X』筑摩書房、二〇〇二年、三―二五頁〕。本章では基本的にこのヴァージョンを参照対象とする。また以下も参照する。« Qu'est-ce que les Lumières? », *Magazine littéraire*, mai 1984, no 207, p. 35-39〔コレージュ・ド・フランスでの一九八三年一月五日付け講義の抄録〕. *Dits et écrits, II, op. cit.*, p. 1498-1507. に再録〔「カントについての講義」小林康夫訳、『ミシェル・フーコー思考集成X』筑摩書房、二〇〇二年、一七二―一八四頁〕。

（3） Emmanuel Kant, *Réponse à la question: Qu'est-ce que les Lumières?*, in Pléiade II, *op. cit.*, p. 209-217.〔イマヌエル・カント『啓蒙とは何か』篠田英雄訳、岩波文庫、一九五〇年〕

（4） Michel Foucault, « Qu'est-ce que les Lumières? », *op. cit.*, p. 1382.〔フーコー「啓蒙とは何か」、前掲書、四頁〕

き深みと大胆さをもっている。そこに後成説の主題が明示されていなくとも、フーコーの解釈はこれを解明し、説明するものにじゅうぶんなっているように思われる。

一七八四年のテキストでカント自身がカテゴリーと対象との一致の問いを自然的な主体の変化の問いに結びつける可能性を肯定していた、とフーコーは指摘する。すなわち、「あるがままの」主体が〈真理の主体〉へと変容する事態である。(5) 対象への主体のかかわりが可能になるのは、この変容にもとづいてのことである。主体の変容——これを主体の後成と名づけることができよう——は、フーコーによればカント哲学の別名である、この「私たち自身の批判的存在論」の基礎にある。こうして、合理性としての超越論的なものは、主体構成をめぐる規則、主体と対象との関係をめぐる規則と一致し、ある意味では、対象自体の構成をめぐる規則とも一致する。

カントのみるところ、理性批判は特定の時期、すなわち合理性の時期、まさに〈啓蒙〈*Aufklärung*〉〉の刻印された時代の影響を受けざるをえない。この文脈では、「歴史的」という語はそのほかカントのテキストでもちうる規定とは異なる意味合いをもつ。この語は、合理性のはじまりという、移行や変わり目をめぐる問い、ある決定的時期をめぐる問いへと送りかえすのである。ところで、真理の主体が主体になる「歴史的」変化とは、時間軸にそった過程であると同時に、生物学的な発生でもある。じっさい、こうした変化は、未成年状態の外への脱出として特徴づけられる。後成説の主題は、未成年の子供から成人した大人への移行、分化をとおした発生、第二の誕生への序曲という、生物学的にして時間的という二つの意味に読みとれるわけである。「カントは、冒頭からすぐに、〈啓蒙〉の特徴である、その〈脱出〉とは、私たちを〈未成年〉の状態から脱却させる過程であると記す」(6)。フーコーはこうも述べている。「〈批判〉とは、いうならば、啓蒙において成人となった〈理性〉の航海日誌のようなものだ。逆にいえば、〈啓蒙〉とは〈批判〉の年齢〔＝時代〕なのだ」[7]。こうした理性と年齢の絡み合いこそが、合理的なものと生理学的なものとの結節点に後成的作用を設定し、歴史に成長過程というニュアンスもたせ、これを出来事のたんなる羅列以上のものとする。

主体の練りあげと真理への接近――調和／一致への序曲

真理に接近するには主体が変容しなくてはならないとする考え方は、フーコーにあって中心的であり、一九八〇年から八五年までのテキストや講義に頻繁に登場する。この主題は「主体の解釈学」の講義で集中的に取りあげられており、ここで描かれるのは、主体が真に自律し、「真理を受け入れることができる」[8]ようになる過程という、まさに後成説の特性である。ところで、主体の生成はカントのテキストの中心にも存在している。フーコーはこう記す。「論文の最初の段落から、カントは、人間自身が自分の未成年状態に責任がある、ということに注意をうながす。だからこそ、自分が自分自身に対して実行する変化によってしか、人間は、未成年状態から脱出できない、と考えなければならないのだ」[9]。

（5）これは以下の講義での中心的主題でもある。とりわけ p. 17. 以下をみよ。*Le cours au Collège de France de 1981-1982, L'Herméneutique du sujet*, Paris, Gallimard/Seuil, 2001〔『ミシェル・フーコー講義集成11　主体の解釈学　コレージュ・ド・フランス講義1981-1982年度』廣瀬浩司、原和之訳、筑摩書房、二〇〇四年、二一頁以下〕

（6）Michel Foucault, « Qu'est-ce que les Lumières? », *op. cit.*, p. 1383.〔フーコー「啓蒙とは何か」、前掲書、六頁〕

（7）*Ibid.*, p. 1386.〔同書、一〇－一一頁〕

（8）Voir L'Herméneutique du sujet, op. cit., p. 17-20.〔フーコー『主体の解釈学』、前掲書、二一頁〕

『純粋理性批判』と「啓蒙とは何か」をつなげて読めば、こう主張することができる。カテゴリーの対象との一致の問題は、またしても、主体が主体として自己を成立させるのはいかにしてか、関係の主体になるのはいかにしてかという問題と切り離しえない、と。というのは、主体は自身の自発性を説明できないから、自発性を受けとりながらも、これを自分固有のものとしなければならないからだ。この自己固有化の必要性は合理性への参入と一体化し、啓蒙を利用するときに前提となる「成年となる」こと、すなわち「批判及び、われわれの自律におけるわれわれ自身の絶えざる創出」[10]にも一体化している。

真理の主体は、超越論的構造《エコノミー》の「要素であり行為者」となる。主体が要素であるというのは、自身が絶対に関与することのない総合のアプリオリな必然性が主体に先行するからであり、またそれが行為者だというのは、主体は自身を解釈し、主体という場所に自身をまとめあげねばならないからだ。この解釈学をとおして、主体は自分を「思考する者としての［…］語る者」[11]とみなす。理性的責任の後成説という地平において、「ある種の《われわれ》」[12]に主体が帰属するさまが描かれる。したがって、この「われわれ」が主要な問いとなる。〈われわれ〉なるものを、その歴史における特異性と現在性／同時代性のもとで同定すること、これが批判哲学の成立に寄与する根源的使命である。フーコーは書く。「この《われわれ》こそがいま哲学者にとってみずからの考察の対象となりつつあるわけです。そして、そこから、哲学者自身のこの《われわれ》への独特な帰属を問いかけの対象外とすることが不可能であることが確かめられます[13]」。

見かけに反して、この問いかけは、超越論的観念論を主体性の自身についての検討作業に切り詰めるものではない。「われわれ」についての考察において超越論的哲学が探査するのはむしろ、主体〔主観〕と対象〔客観〕との中間であり、この中間こそがこの哲学の展開する空間であり、完全には客観的でないものと根本から主観的でもないものの交点に超越論的演繹を位置づけるものである。自己解釈と意味の場であるこの空間は、主体と対象との出会いが中立的にして無時間的、そして非歴史的であるという見方を打ち砕く。この二者の出会いは、真理をその冒険に巻きこむある種の物質的条件にしたがって、その都度可能になるとされる。

ありていにいって、真理を受け入れることができる主体になるというのは、カテゴリーの対象への一致も、「行うこと、考えること、言うことの主体として」[14]われわれが自身を認識する、そのありように影響されているのだと理解することである。「合理性の諸形式」は、「対象を規定」する、「一般的な射程を持った諸問題」[15]の陰からさまざまな文脈や歴史的で特異的なさまざまな帰属性をさらけだすといった、「〈行うこと〉の諸々の様態」[16]から切り離しえないのだ。

歴史を導入して超越論的なものを理解するなら、この問題の実践的次元がひらかれる。主体が自身の

（9） Michel Foucault, « Qu'est-ce que les Lumières? », *op. cit.*, p. 1384.〔フーコー「啓蒙とは何か」、前掲書、七頁〕
（10） *Ibid.*, p. 1392.〔同書、一八頁〕
（11） Michel Foucault, « Qu'est-ce que les Lumières? », *Magazine littéraire*, art. cité, repris in *Dits et écrits II*, *op. cit.*, p. 1499.〔フーコー「カントについての講義」、前掲書、一七四頁〕
（12） *Id.*〔同書〕
（13） *Id.*〔同書〕
（14） Michel Foucault, « Qu'est-ce que les Lumières? », *op. cit.*, p. 1393.〔フーコー「啓蒙とは何か」、前掲書、一九頁〕
（15） *Ibid.*, p. 1395.〔同書、二二頁〕
（16） *Ibid.*, p. 1396.〔同書、二四頁〕

自発性を受けとり、かつそこにもどって解釈をおこなうという様態が惹起した問いは、自発性と自律性とがたがいを完全に変換しあえるようになってはじめて解消する。主体についての理論的後成説は、実践的次元における進歩の主題に一致する。前成説と後成説とのあいだの差異は、こうした文脈では、権威への服従と「ひとびとが自分たちに［…］課す指令」の受諾とのあいだの差異である。カントは、この指令を〈啓蒙〉固有の標語として以下のように要約している。「敢えて賢かれ *Sapere aude*」、「自分自身の知性を使用する勇気をもて！」[17]

未成年から成年への移り行きは、子供の発達のもう一つの段階、歩行の習得を例として描かれている。知への勇気、大胆さをもつことは、一人で歩けるということなのである。

啓蒙とは、人間が自分の未成年状態から抜けでることである。ところでこの状態は、人間がみずから招いたものであるから、彼自身にその責めがある。未成年とは、他人の指導がなければ、自分自身の知性〔悟性〕を使用し得ない状態である。［…］未成年でいることは、確かに気楽である。私に代って良心をもつ牧師、私に代って養生の仕方を判断してくれる医師などがあれば、私は敢えて労することを用いないだろう。[18]

次に歩行の描写が出てくる。

さまざまな制度や形式は、人間の自然的素質を理性的に使用せしめる——或いは、むしろ誤用せしめる機械的な道具である。そしてこれらの道具こそ、実は未成年状態をいつまでも存続させる足枷《あしかせ》なのである。たとえ人あってこの足枷を外すことができたにせよ、極く狭い溝を、覚束ない様子で跳び越えるのがやっとであろう。彼はこういう自由な動作に慣れていないからである。自分の精神を各自に訓練して未成年状態を脱し、しかもしっかりした足取りで歩み得る人達の極めて稀なのはこの故である。(19)

成熟、自己分化、自律性の発展といったものの必要性を根拠に、フーコーはこのカントの論文を、「批判的省察と歴史についての考察との［…］連結部《ターニングポイント》に位置」しており、いささかも「未成年状態」のテキストではないものとみなしている。思考における転回的瞬間の切迫性を規定し、〈啓蒙〉とは伝統と権威から「脱出」し、これらの外への「出口」へ向かおうとする歴史的な決意であると規定することで、カントははじめて、批判哲学のうちに哲学的時間の問いを書きつけたのである。〈現在〉は、超越論的構造にある構造的恒常性と歴史的特異性との合流点である。つまり〈震央〉なのだ。〈日付〉とは、〈今日〉とは、アプリオリなものにおける日付であり瞬間である。フーコーは書く。「歴史における差異としての〈今日〉、また、個別的な哲学的使命の動機としての〈今日〉についてのこのような反省こそ、このテクストの新しさだ、と私には思えるのである。このテクストをそのように捉えることによって、私はそこに一つの出発点をみることが出来るように思う。〈現代性《モデルニテ》〉の態度、と呼んでもよいかもしれないよ

---

(17) *Ibid.*, p. 1384.〔同書、七頁〕Emmanuel Kant, *Qu'est-ce que les Lumières?, op. cit.*, p. 209.〔カント『啓蒙とは何か』、前掲書、八頁〕
(18) Emmanuel Kant, *Qu'est-ce que les Lumières?, op. cit.*, p. 209.〔同書、七－八頁〕
(19) *Ibid.*, p. 210.〔同書、九頁〕

うなものの素描が、そこには見て取れるのだ」[20]。思考の後成的な可鍛性については、すでに、フーコーが、ボードレールの著作のうちに見てとっている、現代人の自己変化の定言命令を示している。それは、フーコーによれば、カント的〈啓蒙〉の定義を拡張し、完結させるものである。

ボードレールにとって、現代的な人間とは、自己自身の発見、自らの秘密および自らの隠された真理の発見へと向かう人間ではない。現代的な人間とは、自分自身を自ら創出する人間のことなのだ。現代性は、「人間をその固有の存在へと解き放つことはない」。現代性は、人間を、自分自身をつくりあげるという使命に縛り付けるのである[21]。

系譜学と考古学

フーコーの分析は、発生にまつわる考察ときっぱりと手を切っているだけに、とりわけ興味ぶかい。多くのカントの読み手たちは発生論的な考察をおこない、カントに逆らって、超越論的なものの源泉、その「発生源」にさかのぼろうとしてきたのだった。超越論的なものの歴史的次元の解明は最初から新たな種類の起源をめざすものであり、周知のように、フーコーはこの動きを系譜学と呼び、のちに考古学と呼びかえた。系譜学と考古学は、発生を復元することと同じではない。この二者はむしろ、本質的基礎づけの欠陥から出発して、合理的なものの発現する場所を特定しようとする。すなわち、不足や失敗としてあらわれるどころか、むしろあらゆる基礎づけ一般の構造を特徴づける欠陥があり、これから出発しようというのである。フーコーは論文「ニーチェ、系譜学、歴史」のなかで、こう書いている。「ところで、系譜学者が、形而上学を信ずるよりはむしろ歴史に耳を傾けようとしたら、何を教えられるであろうか？　さまざまなものの背後に「まったく別のもの」があるということである。それらのものの本質をなす、日付のない秘密ではなくて、それらが本質をもたないという秘密［…］である[22]」。

この論文を「啓蒙とは何か」に関連づけることができるのは、あきらかである。二つの論文にはまたしても、基礎づけの欠陥が基礎づけの助けになる資力であって、欠如ではないとする考えが読みとれるのだ。おそらくは、不在という資力が超越論的なものを規定することになる。ニーチェについて語るこの論文でフーコーは、ドイツ語の *Ursprung*（起源）、*Herkunft*（由来）、*Entstehung*（現出）という、どれも〈起源〉をいおうとする語のあいだのちがいを強調する。*Ursprung* が基礎づけの意味での起源、すなわちわれわれが発生源（foyer）と名づけるものをさすのに対し、*Herkunft*（由来）と *Entstehung*（現出）が意味するのは、基礎づけの不在に端を発する由来や出現をさしている。この二つの語、「*Herkunft* とか *Entstehung* とかのような用語は、*Ursprung* よりもはっきり系譜学固有の対象を示している[23]」。期待に反して、「［時の行程のすべての通過路に］そもそもの出発点からすでに線をひかれた一つの形をおしつけ[24]」なかったものから出発して、起源を考えるべきだとされている。ここに〈震央〉の主題、「表層」

（20）Michel Foucault, « Qu'est-ce que les Lumières? », *op. cit.*, p. 1387.〔フーコー「啓蒙とは何か」、前掲書、一一頁〕
（21）*Ibid.*, p. 1390.〔同書、一五頁〕
（22）Michel Foucault, « Nietzsche, la généalogie, l'histoire » (1971), in *Dits et écrits*, Paris, Gallimard, « Quarto », tome I（1954–1975）, 2001, p. 1004–1024, p. 1006.〔フーコー「ニーチェ、系譜学、歴史」伊藤晃訳、『ミシェル・フーコー思考集成Ⅳ』筑摩書房、一九九九年、一四頁〕
（23）*Ibid.*, p. 1008.〔同書、一七頁〕
（24）*Ibid.*, p. 1009.〔同書、一八頁〕

の主題、諸々の「出来事の書きこまれる表層[25]」と定義される主題が露呈されているのを、われわれは見いだしているように思われる。

したがって、後成説のフーコー固有のヴァージョンとしてあらわれる系譜学は、分割された起源に、力の網（目）に、統一を欠いた雑多な審級に、「断層、裂け目、異質の層の総体[26]」に由来することになる。この偶発的で不連続の形成作用は、いかなる秘密の発生源、地下の発生源もあらわにしない源泉として *Entstehung* の理解を、表層における「出現」に送りかえす。「*Entstehung* は〔…〕現出、つまり出現の点を示す。それはある出現現象の原理であり、特有の法である[27]」。隠された構造なき出現。こうして、系譜学は「〔…〕何かを築くものではなく、まったくその逆である。ひとが不動だと認めていたものを危うくさせ、ひとが単一だと考えていたものを断片化する。ひとがそれ自体と合致していると思っていたものの異質性を示すのである[28]」。

発生論的な派生秩序の終わり？

〔これまでのフーコーの議論で〕われわれはほんとうに、超越論的後成説が何でありうるのかについて、満足できる定義に到達したのだろうか。この定義にしたがえば、当初の問題にもどって、カテゴリー的一致を、表層に対する基礎づけに由来する一致を、しかるべき姿で位置づけられるようになるのだろうか。超越論的なものそれ自体が、系譜学的および考古学的に再読され、練りなおされるなら、現実にその発生をさがし求める作業から解放されるのだろうか。

ある意味では、そうだといえそうだ。フーコーによる読解の偉大な特異性は、カテゴリーと経験の一致に大いなる転換をもたらしたところにあるからだ。もはや、超越論的構造と対象がどう一致するかを考えることが重要なのではなく、経験の対象の側において、超越論的なものを構成する可能性を示すことが重要である。われわれはそう理解したのだった。たしかに「啓蒙とは何か」の結論部には、経験的／実験的哲学の可能性の条件が開陳されている。

この〈歴史的‐批判的〉態度は、同時にまた〈実験的〉な態度であるべきだ、と私には思える。私が言いたいのは、われわれ自身の限界に立つことで実行されるこの仕事が、一方では、歴史的調査の領域を開くものであるべきだということ、他方では、変化が可能であり、また望ましくもある場所を把握し、また、その変化がどのようなものであるべきかを決定するために、現実と同時代《アクチュアリテ》の試練を自ら進んで受けるべきだということなのだ。(29)

考古学‐系譜学的批判は、「…われわれが今のように在り、今のように行い、今のように考えるのではもはやないように、在り、行い、考えることが出来る可能性を、われわれが今あるように存在することになった偶然性から出発して、抽出する(30)」。フーコーはこれ以降、〈批判〉についてこう語るようにな

(25) *Ibid.*, p. 1011.〔同書、一九頁〕
(26) *Ibid.*, p. 1009.〔同書、二二頁〕
(27) *Ibid.*, p. 1011.〔同書、二一頁〕
(28) *Ibid.*, p. 1010.〔同書、一九頁〕
(29) Michel Foucault, « Qu'est-ce que les Lumières? », *op. cit.*, p. 1393.〔フーコー「啓蒙とは何か」、前掲書、二〇頁〕

る。「〈批判〉は、普遍的な価値を持つ形式的構造を求めて実行されるものではもはやなく、われわれが行うこと、考えること、言うことの主体として、われわれを構成し、またそのような主体として認めるようにわれわれがなった由来である諸々の出来事をめぐって行われる歴史的調査として［…］実行される」[31]。だがこうなると、形式構造の観念と歴史的変容の観念とのあいだには、本質的なちがいがないことになる。

だがこうした説明で、フーコーが超越論的なものの真の批判－歴史学的可鍛性をあきらかにしえたといえるのだろうか。

二つの〈アプリオリ〉

事態はかなり錯綜している。逆説的にも、変容可能性が宣言されたことから超越論的なものに新たな硬直化がはじまっている。この点を説明してみたい。これまでフーコーの超越論的なものへのかかわりは、われわれがこれまで述べてきたほど、明快なわけでも、あいまいさをのこしていないわけでもない。じじつ、「啓蒙とは何か」以前のテキスト——しかもその内容がのちに否定されることはない——で、フーコーは思考の超越論的枠組みの必要を支持しながら、同時に却下してもいる。まず、「諸々の内容を可能にするのが形式である以上、どんな内容にも先立つ形式の動きというもの」なしに知は存在しないとされ、この形式は、「あらゆる明示的身ぶり、あらゆる具体的な操作、あらゆる所与の内容に先立って、形式的必須条件のシステムによって定義される科学と、あらゆる可能的経験の地平として定義された世界との間に統一性」を打ち立てる、とされる[32]。だが別のところでは、彼はこの必然性を明確に否定している。たとえば、一九七二年の対談にはこんな発言がある。「私は［…］自分の研究を通じて、あらゆる認識にとっての可能性の条件であるようなこの超越論的なものへのあらゆる参照を回避しようと努めている［…］[33]」。

カテゴリーおよびそれ以外の「純粋」と称される構造は、「論証的形成」と「それらを形成する規制[34]」に従属している。ところで「啓蒙とは何か」でのフーコーならいいそうな内容とは裏腹に、ここでは超越論的なものと歴史は拒絶しあうと明言されている。『知の考古学』の時点より、彼は〈アプリオリ〉を「形式的アプリオリ」と「歴史的アプリオリ」の二つに区別するようになった。形式的アプリオリでは、可能性の条件という定義は保持されているのに対し、歴史的アプリオリは、言説の対象と言説そのものの変転を説明し、ひいては言説の形式的な枠組みの変化を説明することを可能にするものとされている。フーコーは述べている。「歴史的アプリオリ」とは「［…］諸々の判断にとっての妥当性の条件ではなく、諸々の言述にとっての現実性の条件であるような、一つのアプリオリ［…］を指そうとしている[35]」。さら

（30）*Id.*〔同書、二〇頁〕

（31）*Id.*〔同書、一九‐二〇頁〕

（32）Michel Foucault, « Sur l'archéologie des sciences. Réponse au Cercle d'épistémologie » (1968), *Dits et écrits I*, *op. cit.*, p. 724-759, p. 758.〔「科学の考古学について〈認識論サークル〉への回答」石田英敬訳、『ミシェル・フーコー思考集成Ⅲ』一九九九年、筑摩書房、一四一頁〕

（33）Michel Foucault, « Les problèmes de la culture. Un débat Foucault-Preti » (1972), *Dits et écrits I*, *op. cit.*, p. 1237-1248, p. 1241.〔「文化に関する諸問題　フーコーとプレティの討議」、安原伸一朗訳『ミシェル・フーコー思考集成Ⅳ』筑摩書房、一九九九年、三四八頁〕

（34）Michel Foucault, « Nietzsche, la généalogie, l'histoire », art. cité, p. 1015.〔フーコー「ニーチェ、系譜学、歴史」、前掲書、二六頁〕

に先で彼はこう述べる。

〔歴史的アプリオリという〕少々慣用に反するこうした表現を用いるのはなぜかといえば、それは、このアプリオリが、諸言述を、それらの分散、それらの非整合性によって開かれた断層、それらの重なり合いおよびそれら相互の交替、統一することの不可能なそれらの同時併存状態、結論を引きだせぬままの継続状態において、説明すべきものであるからだ。要するに、このアプリオリは、言説が、ただ単に一つの意味ないし一つの真理を持つだけでなく、一つの歴史を持つという事実〔…〕を、説明しなければならないのだ(36)。

となると、非時間的で純粋な超越論的構造とその諸効果の歴史のあいだには、フーコー自身が読み手に理解を求めていたにもかかわらず、統一性はないということになる。

規則と事実とが相互に作用しあっており、この相互作用のために、ある意味で、カテゴリーと経験の対象との「一致」がその都度の決定とならざるをえないことは、たしかにみとめる必要がある。「偶然性なしにその権限を及ぼす(37)」形式的アプリオリと歴史的アプリオリとのあいだに恒常的な交渉の点を、現在においてみとめる必要がある。

同時に、フーコーにも形式と歴史との区別は存在している。彼自身、早くから両者の差異をみとめていた。「形式的アプリオリと歴史的アプリオリは、同じ水準にも同じ本性にも属さない。それらが互いに交叉するとしたら、それは、それらが二つの互いに異なる次元を占めているからなのだ(38)」。フーコーに対立するフーコーがここにいる。アプリオリなものの分裂を、あからさまな断絶、謎めいた「消失」、あるいはたんなる「明滅する諸形式の作用[39]」と考えてはならないのなら、形式的アプリオリが歴史に「よけいに」付けくわえられたかのように考えてはならないのなら、二つのアプリオリなもののあいだには、ある種の勾配、水準のちがい、一口にいうなら、〈不一致〉があることを、みとめねばならないだろう。

二つのアプリオリの断絶が突きつける問題は、この断絶が説明されず、また説明不能のままであることに由来する。とりわけ問題含みなのは、この断絶のために新たな序列がもたらされ、アプリオリの一方が文脈に応じてもう一方よりも「根源的」となってしまう点である。すなわち、この序列はひそかに〈発生〉の可能性をもちこみ、フーコーの言説の〈震央〉的構造を、ようやく姿をあらわしたと思われた構造を解体してしまうのである。

超越論的なものを分割することで、じつははじめからフーコーはこれを放棄しているようにもみえる。「啓蒙とは何か」は『知の考古学』より後で発表されているけれども、じつのところ、そこで彼の結論が訂正され、変更されているとはいいがたい。

「啓蒙とは何か」でフーコーはこう言明する。「新たな」批判哲学は「その目的性においては系譜学的

(35) Michel Foucault, Archéologie du savoir, Paris, Gallimard, « Tel », 1969, p. 174.〔ミシェル・フーコー『知の考古学』慎改康之訳　河出文庫、二〇一二年、二四二頁〕
(36) *Ibid.*, p. 175.〔同書、二四二 - 二四三頁〕
(37) *Id.*〔同書、二四四頁〕
(38) *Id.*〔同書、二四四 - 五頁〕
(39) *Id.*〔同書、二四四頁〕

であり、その方法においては考古学的」なのであって「超越論的ではない[40]」。だがここでおどろくべきなのは、フーコーは懐疑論の陣営へ回帰したというような、単純化した話に対してではない。それよりも、超越論的なものという主題にかんして、フーコーにとまどいと反対の態度をとらせる何かが、逆説的にも、超越論的なものについての、もっとも伝播し、もっとも恒常的な定義を二十世紀の大陸哲学において生みだすのを可能にしていることに、いっそうおどろかざるをえないのだ。

残滓としての超越論的なもの

これはどういうことか、説明しよう。超越論的なものに頼ることをなんとしても「回避」せねばならないとフーコーはいう。超越論的なものは、「最大限に」「歴史化」されるべきである。形式と歴史というアプリオリの二つの水準は非連続的であり、両者を一致させることは不可能である。一九七二年の対談ではフーコーはしかし、こう言い添える。

［…］この参照を回避しようと努めているといっても、私は別に自分が確かにそれに成功していると主張しているのではありません。［…］私は、超越論的なものに対して可能な限り場所を残さないように、最大限それを歴史化しようと試みているのです。とはいえ、超越論的なものであり無視できない残滓に自分がいつの日か直面する可能性を排除できるわけではありません[41]。

超越論的なものを経験化／実験化する、歴史化する、回避するといったさまざまな可能性を検討したあげく、最終的にフーコーは、〈残滓〉という選択肢を最小限の定義として呈示するのだが、超越論的なものからの絶縁の身ぶりは空転している。こうして、超越論的なものは残滓である、完全な除去が不可能な何ものかである、と定義されることになる。フーコーの〈批判的〉立場は、必然性と普遍性の意義——カントにおいて思考と認識の可能性の条件にそなわっているとされる特徴——に疑義をとなえ、形式的構造と歴史的構造の連続性を突き崩そうとしたが、それでも超越論的なものの還元不可能な性格はみとめざるをえない、というものである。定義それ自体からして残滓的なのであり、大陸の哲学者たちは、この定義のもとで合意の形成をしていくことになる。超越論的なものは、カントにはあった技術的意味にくわえ、形式的構造の規定も、そして論理的先行性の身分規定すら失うことにさえなるかもしれない。つまり、超越論的なものは、抵抗するものであり、還元しえないものである。くりかえすが、この還元不可能性は〈意味〉の別名でもある。つまるところ、批判主義か懐疑主義かの区別など、「批判的」哲学者に賛同しているかどうかのちがいにすぎないのであって、大方の大陸の哲学者にはこの事態があてはまる。いかなる経験的規定、とりわけ生物学的規定に合致しないものとして、〈意味〉という残滓があること、このことに由来する区別の問題なのである。すでにみたように、たしかに〔カントにあっては〕精神の未成熟状態を抜け出る道は、成長という様式で示されてはいる。だがそこには、年齢と成長の問いに精神の有機体としての定義はいっさい含まれていない。身体なき生物学、器官なき身体、である。

(40) Michel Foucault, « Qu'est-ce que les Lumières? », *op. cit.*, p. 1393.〔フーコー「啓蒙とは何か」、前掲書、二〇頁〕

(41) Michel Foucault, « Les problèmes de la culture... », art. cité, p. 1241.〔フーコー「文化に関する諸問題」、前掲書、三四八頁〕

だがけっきょくのところ、問題はどこにあるのか。なぜわれわれは、還元不可能なものという、超越論的なものの定義に満足できないのか。それは端的にいえば、意味を還元不可能とする断定は、措定はされても、けっして演繹される〔みちびきだされる〕ものではないからだ。そもそも〈還元不可能〉とは、どういう意味なのだろう。だれがこの問いに完璧に答えられるだろう。どの形式的構造も、歴史的および経験的／実験的変化というさまざまな様態にしたがわねばならないとフーコーがいうのなら、還元不可能となるのは、正確にはなんなのか。われわれがそれを知ることはできないだろう。残滓には理由がない。かくして「還元不可能」は、前提とされた審級、すなわち前成された審級の新たな側面として、この審級が書きこまれるとされる変化可能性の構造に逆らうものとして、あらわれる。〈現在〉と〈歴史〉をめぐる「啓蒙とは何か」の展開は、還元不可能なものには無時間的な性格があるという判定と表裏一体になっている。定義上、還元不可能なものは変化しえない。それは以前のままにとどまる。それは、主たる抵抗の支えとなるが、発展も、分化もせず、形成に縁のない、つねに同じ岩である。あらゆる実験／経験化にあらがい、経験の主体つまり「われわれ」が為す歴史的出来事をことごとく支配する。この意味で、それはいかなる後成的観念とも相容れないのである。

第十章　時間、まったき問い

幹《みき》と根

八方ふさがりにみえるこの地点で読者は訝《いぶか》っておられるはずである。ハイデガーは本書の序論で出てきたのに、なぜ彼の発言をここまで待たされねばならなかったのか。ハイデガーこそ、超越論的なものの不安定さの問題を解決し、この袋小路から脱するのを助けてくれる人ではなかったのか。

超越論的なものの役割と本性にまつわる迷いのいっさいを、ハイデガーは根底から宙づりにする。まず『存在と時間』のなかで、次いで『カントと形而上学の問題』のなかでハイデガーは、カントが「超越論的」と呼ぶものが時間の形式以外ではありえないことを示してみせる。ハイデガーのいう時間は、現在の時間形式でも、歴史上のたんなる〈いま〉でもなく、いかなる特定の時代にも依存しない、啓蒙の時代にさえ依存しない、そうした根源的な時間である。本書の冒頭で私は次のようにいってしまえば楽だったかもしれない。後成説の形象によってあきらかにされる超越論的なものの可動性ないし可変性があるなら、これは、ハイデガーが「時間の時間化」と呼ぶものと根源的に同等である、と。超越論的なものを根源的時間性とする理解だけが、矛盾や分裂なしに、構造としてと同時に運動として、超越論的なものの特性を描写することを可能にする。先行性としての特性であると同時に展開としての特性、〈前〉としての特性であると同時に〈後〉でもある特性の描写が可能になる。一口にいうなら、超越論的なものはアプリオリな後成として特徴づけられるのである。超越論的なものをこのように理解をするなら、「還元不可能」な次元であるとして、これを逆説的に脱時間化してしまう定義にも、変更がくわえられることになる。そしてハイデガーにとって、時間それ自体が還元不可能といえるものなのであれば、この還元不可能性は、それがさし示す脱自的過程に巻きこまれることになる。すなわち、固定性をことごとく奪い去る、運動と流れの過程に巻きこまれることになる。

　ここで重要なのは、超越論的なものの時間的可動性をたんなる不安定さと混同しないことである。超越論的なものに台座が欠けているとハイデガーが指摘したからといって、それは時間的性格のせいではいささかもなく、むしろカントが『純粋理性批判』第二版でこの時間的性格を否認したことに原因があるのだ。したがって、超越論的なものの不安定さは、本質由来ではなく、撤回の身ぶりに由来する不安定さである。この不安定さは、〈時間〉ではなく〈否定〉にかかわっている。これはフーコーが気づいていなかった否定である。一七八一年にいったん発展させた超越論的なものについての展望を前に、カントは「退却した」のだ。超越論的なものが時間的であり、時間そのものであるなら、これは固定したものではなくなり、その本質がまさに自身の外にあることになる。こうした展望を前にして、カントは引きかえしたというのである。超越論的なものが不安定になったのは、まさにこの展望が疑問視されたからにほかならず、超越論的想像力〔構成力〕の役割は大幅に削がれ、総合がぎこちなくなったのも、この不安定さに由来する。

　こうした具合にハイデガーの『カント書』にそって議論を進めていれば、ただちに私は次のように指摘できたかもしれない。前成説と後成説との論争の向こうには、いっそう根源的な問い、アプリオリなものの時間的意味をめぐる問いが伏在している、と。すなわちその時間的意味は、先行性を、きわめて特殊な本性としての「前」をさし示すものであり、安定性を欠くどころか、起源をカント的に「定礎」とすることの真の意味にほかならない。

アプリオリなものの時間的意味を顧慮しないカント読解は、自分たちが攻撃し、取り払おうとする不均衡という烙印を、ある意味で押されることになる。超越論的なものの存在論的で時間的な意味内容、すなわちハイデガーのいうところの「形而上学的な」意味に注意しなければ、どのような試みであろうと、起源の問いはたんなる「通俗的な」はじまりの詮索になってしまうだろう。それが前成説をめぐる問いだろうと、歴史的「いま」についての問いだろうと、あるいは生物学的定義づけをめぐる問いだろうと、同型のあいまいさの一ヴァージョンにすぎないのである。

これまでの議論のまとめ

当初より、本書が分析してきたさまざまなカント読解を方向づけてきたのは、明示的であろうとなかろうと、時間の問いである。全体として、そうした読解から引きだされたのは、「前」か「後」かを決定することのある種の徴候的な不可能性であった。ツェーラーとザミットゥの解釈は、「前」を擁護する解釈の代表例である。彼らの見解では、カントはその発言とは裏腹に後成説論者ではなく、「後成説と超越論的哲学とのあいだのアナロジーが含意するもの」と「折り合いをつけた（*come to term*）」ことなどないのである。二人にいわせれば、〔第一批判の〕§27に出てくるアナロジーは、その読みかたを心得ていないと、「構成的なものと統整的なもの、超越論的なものと経験的なもののあいだにある［…］境界の根本的な崩壊[1]」をもたらすだけなのである。それゆえ、後成説の主張者だといったとき、カントは自分の発言内容についてよく考えていなかったか、考えをきちんと説明しなかったと結論せざるをえない。カテゴリーと対象との一致はたしかに生得的ではないが、後成説のアナロジーは、生得説に矛盾し、超越論的なものの規定にそぐわない、胚の発生と形成といった観念を招き入れることになっている。こうして、このパラドクスを回避する唯一の方策は、前成説にうったえることだとされ、前もってすべてがきまっていなければならない、という考えがもちこまれる。その「後」は、先立つものがひろげられて示される内容にすぎず、それがアプリオリなものの「胚」あるいは「原基／素質」である。

この傾向とは対照的に、「後」を擁護する者たちは懐疑的「進化」論にしたがい、アプリオリなものは存在しないと宣言する。時間と発生は同一の線をたどるものとされる。理性の後成的作用——現実には脳における後成的作用——の帰属性は、進化の帰結にほかならず、事後的にはじめて可視化されるが、可変的にして予測不可能な帰属性である。時間とは適応の時間なのであり、よってカテゴリーと対象との一致は時間の産物である。それゆえ、超越論的なものなど、現実における調節作用の運動のなかに消滅することになる。すべては〈翌日〉に延期されるのだ。

すでにみたとおり、この「前」と「後」のあいだにフーコーが光をあてようとするのが歴史的な「現在」であり、この「現在」が、超越論的なものの形式を現実化し、事前の構造と事後の変容とのあいだにこの形式を位置づけるものとされる。だが、この「あいだ」は一つではない。フーコーはこれをじゅうぶん言葉にできていないし、彼自身、「前」と「後」の不連続性を強調しているのである。超越論的なものは、「還元不可能」なものという、逆説的に非時間的となった形式と同一視されてしまっている。

このように、後成説の形象は、アプリオリとアポステリオリのあいだのゆらぎを、すなわち前と後のゆらぎ、構造的固定性と歴史的‐適応的変化のあいだのゆらぎをカントのテキストにもたらすよう定められているようにみえる。このゆらぎこそ、超越論的なものの不安定さをはっきりと示すしるしなのである。この形象は居場所を見いだすことができない。この形象は、一連の論理‐時間をめぐる対立・衝突をもたらし、これが収まる気配はない。この形象のために、結果として〈理性〉の規定にかんして根源的な非決定が生じる。理性とは脳の発生・発達のことなのか、それとも〈批判〉の時間的還元不可能性のことなのか、きめられなくなる。

こうした動揺、こうした分割を強調することで、われわれはハイデガーにいまこそ訊ねることができる。彼だったら、こうしたアプローチをどう思うのか、と。彼の目には、いずれのアプローチも満足な回答を提供するものではないと映るであろう。時間が厳密に思考されないまま、そして超越論的構造の不均衡——還元不可能な不均衡とでもいおうか——と想定されたものがなんなのかが解明されないまま、後成説は時間に関係づけられていることになるからである。

図式論と客観性

本来的な時間こそが真の問題であり、われわれのカテゴリーが経験の対象にアプリオリに一致することから呈示される、（すなわち）カテゴリーの客観的妥当性と対象との総合的結びつきの問題であるとハイデガーは指摘する。[2] 後成説には言及していないものの、カテゴリーのアプリオリな「形成作用」につ

（1） Zammito, « Kant's Persistent Ambivalence Toward Epigenesis », *op. cit.*, p. 65.

（2） この論点については以下の著書もみよ。Martin Heidegger, *Interprétation phénoménologique de la « Critique de la raison pure » de Kant*, tr. fr. Emmanuel Martineau, Paris, Gallimard, 1982, p. 292-296.

いて、ハイデガーは的確に述べている。

カテゴリーの可能的な使用への問いにおいて、その固有の本質がそれ自身真に問題になる。カテゴリーの概念が、どのようにカテゴリーが一般的に形成されうれるのか（*Diese Begriffe stellen vor die Frage nach die Möglichkeit ihrer "Bildung" überhaupt*）という問いを提起する。[3]

ところで、形成作用をめぐる問いの理解は、演繹論〔カントの超越論的演繹のこと〕からのみ理解可能になるものではない。本書でこれまで登場した読解の多くが誤って演繹論の枠内にとどまっているが、カテゴリーの産出ないし後成は、カテゴリー／対象間の一致と同じく、現在の〈いま〉や歴史的一時期／瞬間としてではなく、図式論の操作のもとで成立する。「図式において、はじめてカテゴリーはカテゴリーとして形成される」[4]。したがって、後成説の問題は、図式論の本質的役割を考慮に入れるという条件をみたしてはじめて把握され、解決される。それゆえ、まずは、演繹論において、産出的想像力がどんな総合をおこない、どんな根本的役割を果たしているのか、呈示されることが必要であり、この作業をへて、アプリオリな形式の純粋発生という観念はその具体像を見いだすことができるようになるのだ。

『純粋理性批判』第一版の演繹論で、知性〔悟性〕と直観とのあいだで想像力が中間的なはたらきをするとカントは指摘する。想像力は最初の「舞台」を、最初の「純粋視野（*reiner Anblick*）」を産出し、この視野により、対象とのアプリオリな出会いが可能になる。この中間という舞台において、思考と対象性が一挙に一致／調和することになる。「視野をもたらす唯一の可能性がそれ自体として示すものは、常にただ時間および時間的なもののみである」[5]。想像力は、出会いに先立つ「地平」をひらく。すなわち時間を、「もたらされるもの」についての「純粋視野」をひらく。だがわれわれはさらに先に進み、演繹論をこえて読解を継続せねばならない。

じつは少し先でカントは、この視野が具体的につくられ、「多様なかたち〔で形成される〕」[6]必要性をみとめている。この視野は生得的にあるものでもなければ、「確立」されてもいない。この生起すべき〈開け〉は、カテゴリーの一致により規定された対象が把握される様態、そして対象どうしの結合規則を、「現在」、「前」、「後」の順序にしたがって配置する。後成的な作用の真の出発点はこのように、初期の純粋視野が多様なイメージへと移行するときなのである。この移行こそが〈図式〉と呼ばれるものであり、カテゴリーを対象に向けて均質化する、固有の規定作用である。「時間の純粋視野は、具体化の四つの可能性を示さねばならない。すなわち、時間の系列、時間の内容、時間の秩序、時間の総体、である」[7]。図式は、〈一致〉を客観化し、これをある種の成熟にいたらしめるのだが、アプリオリなものに経験を導入する危険をおかすことはけっしてなく、またその逆に〈一致〉を発展や将来なき先行状態に固定化することもない。アプリオリなものに発するアポステリオリなもの、アプリオリなもののうちにあるアポ

(3) Martin Heidegger, *Kant et le problème de la métaphysique*, *op. cit.* p. 168.〔ハイデガー『カントと形而上学の問題』、前掲書、一二八頁〕
(4) *Ibid.*, p. 167.〔同書、一二六頁〕
(5) *Ibid.*, p. 162.〔同書、一一九頁〕
(6) *Id.*〔同書、一一九頁〕
(7) *Ibid.*, p. 163.〔同書、一二〇頁〕

ステリオリなもののおかげで、「［図式は］純粋視野の唯一の可能性を、多様な純粋イメージへと分節化する［…］」[8]。したがって、図式は、最初の地平と客観化とのあいだに、一致の妥当性の基礎となる接触の表層を形成しているのである。一連のイメージがわき出るのは、〈震央〉においてであり、震央こそが超越論的なものを対象に向かわせる。

〈一致〉は、すなわち「先行的に向かいつつ対立させる作用[9]」は、世界の形態に向かう構造としての〈自己の外へ脱けでること（＝脱自）〉なのである。この一致は生得的ではないが、アプリオリに産出される、とカントがいうとき、彼は生得説に抗する以上の、ヒュームに抗する以上の立場を表明している。すなわち、カントは、自然法則あるいは科学を基礎づける原理は偶然可能になったにすぎないとする考えに反駁する以上の立場を表明している。かつてないしかたで、カントは起源についての哲学的問いをつくり上げようとしたのだ。ハイデガーの主張にしたがうなら、『純粋理性批判』の最初の計画は「純粋思惟、ひいては理論的理性一般の起源を、超越論的想像力のもとに位置づけようとするこころみ[10]」にあるということになる。起源をめぐる問いは、すなわち、生得的にあるものは何か、根源的に獲得されるのは何かといったたぐいの問いは、いずれも、これらに先立つ存在論的問いの観点からみれば、派生的な問いにすぎない。すなわち、いかにして起源としての時間は精神にやってくるのか、いかにしてそれは精神と一致するのか、という存在論的問いから出てきたものなのである。ハイデガーは述べる。「カントにおいては、時間と〝われ思う〟はもはや和解不可能ではない［…］、両者の本性上の差異により対立するものではもはやなく［…］同一のものとなる」。

アプリオリなものということはつまり、起源にあっては、〈起源なるもの〉が一つのイメージでしかありえないということだ。これは何ものかについてのイメージではなく、〈それ自体〉のイメージですらなく、純粋のイメージであり、あらゆるイメージのうちの最初のものであり、これこそが思考に地平をひらき、一連の図式をとおして世界をひらくのである。こうしたわけで、合理性ないし「真正な概念化作用」は、その源泉を、カテゴリー的でも感性的でもない図像的形式から汲みだしていることになる。〈時間〉とは、理性を開始させる〈制作《ポイエティック》〉なのである。

このように、純粋時間のイメージ〔あるいは時間の純粋イメージ〕は、図式が差異化〔分化〕し、複数化し、調節した絶対的先行性としてあらわれる。このイメージのうちには、三つの脱自〔既在、現在、将来〕が保持されている。「前」と「後」は、そこでは同時的なのである。したがって、あくまで純粋イメージという水準では、「前」と「後」の共存とその反復可能性にかんして考慮すべき矛盾はない。この見立てでいくと、アプリオリな後成的作用の観念からは矛盾した性質が消えることになる。後成的作用は、過去〔既在〕は過去でありながらつねに到来する状態にあり、明日はつねに今日よりも前に到来する、そんな始原の時間に書きこまれるのだ。

くりかえしになるが、カントにとってはこのように、「形而上学の基礎づけは時間を基礎として生じる」[11]ものである。この時間から超越論的構造の不安定性が生じたり、堅牢性が失われたりはしないし、アプリオリなもののうちに秘められている懐疑の迷走がはじまることもない。そうではなく、顕在化するのは、「存在論的認識の本質的統一性」[12]である。カントにおいて、純粋イメージの意味は存在の問いに

（8） *Ibid.*, p. 162.〔同書、一一九頁〕
（9） *Ibid.*, p. 135.〔同書、九一頁〕
（10） *Ibid.*, p. 204.〔同書、一六一頁〕
（11） *Ibid.*, p. 257.〔同書、二一九頁〕

重なりあっている。

第二版

だがこうしたことは、なんらかの効力がはたらいて、この基礎づけと統一性を不安定化させなければの話である。ハイデガーは、『純粋理性批判』の第二版ではそうした効力が生じているとみている。根源的時間性に向けてカントがひらいた道は、ふたたびふさがれてしまう。明るみにだすことと蔽い隠すことの二重の身ぶりが、超越論的なものの身分のあいまいさを物語っており、このあいまいな身分のために〈開かれ〉の次元がただちに閉ざされてしまう。

第二版では産出的想像力が格下げされ、その役割は補助的なものとされてしまい、そのために超越論的なものと根源的時間性は同列とみなされなくなる。知性は〔想像力の助けをかりず〕みずからの自発性のみを拠りどころにして、客観性と真理性を醸成する土壌となる。

> 第一版では、形而上学の基礎づけの問題をめぐる議論が、より鮮明に展開されていた。それは、超越論的想像力が根源的および分解不可能な構造をもっているため、この想像力こそが存在論的認識の基礎づけの可能性を、ということは形而上学の基礎づけの可能性をも、もたらすものだからである。この著作全体の中心問題にかんしては、第一版が第二版よりも根本的に優位にあると言うに値する。純粋想像力を純粋思惟の一機能に変形させる見方はすべて、〔…〕純粋想像力の本来の性質を見誤っているのだ。(13)

これ以降、知性と直観との媒介が決定的に欠けることになり、基礎づけの不安定化、いびつな性格が生じるようになる。本質的な用語、すなわち〈イメージ〉という語がないことになる。あるのは〈時間〉をもたらさない論理的操作ばかりであり、この地平には時間を与えるものはいなくなる。もはや始原の土壌はない。知性の自発性の存続は、産出的想像力の自発性によって二重化されるとき以外、正当化しえない。

後成的作用の形象——第二版での登場は一度きりである——は、ハイデガーの目には、超越論的なものの時間化の証しおよびその消去と映るはずである。発生的産出であるかぎり、後成は思考への時間の書きこみを開示するものである。けれどもこれは、この書きこみそのものへの抵抗とも読まれうる。じっさい、後成の時間は生物学からの借用であるかぎり、ハイデガーにしてみれば、通俗的時間の表現にすぎないとなるだろうし、自然や生命から派生している以上、ここには純粋イメージの規定の喪失がうかがわれる。第二版でのカテゴリーの一致形成のありかたは、総合の切り捨ての影響をこうむっている。想像力がなければ、時間は客観的時間にすぎない。後成説はイメージとして想像力の産物にとどまっていて、これは貧しくなった想像力であり、またしても非時間化されている。これ以降、胚の発生が唯一、想像力の地平であることになる。

(12) *Ibid.*, p. 253.〔同書、二一五頁〕
(13) *Ibid.*, p. 251-252.〔同書、二一三頁〕

われわれが理解できたかもしれないこと

おおかたのカント解釈が堂々めぐりをつづけるのはなぜかといえば、それは後成説を存在論的徴候とはみなさないからだ。このことをわれわれはハイデガーのおかげで理解することができた。この徴候は時間のきざしであったり、時間の隠蔽のきざしであったり、あるいは根源的時間性と平準化された時間性との混合物であったりする。こうした探査的な視点がないため、読解者たちは同一のあいまいさに苦しめられ、超越論的なものの存在論的な身分規定にかんして態度をきめかねることになる。この規定をどこかに位置づけよう、現実の動きにあてはめよう、あるいは放棄しよう、このように決断したところで、いずれも最終的には同じ結果にいたる。

いま一度確認しておくと、超越論的後成説は、自己‐接触の問題に結びつけられたり（ツェーラー）、ある種の創出の力とアプリオリなものの即興的産出の問題（ルブラン）、つまり一口にいうなら、時間性に結びつけられたりしてきた。歴史〔来歴〕というものなしにアプリオリはない、〈現在〉なしに超越論的なものはないと主張するフーコーの議論でも、超越論的なものの時間性が考慮に入れられていることは、はっきりしている。

それでもやはり、ハイデガーがここにいたなら、かならずや問いかけたはずだ。ツェーラーの定義する「最小の前成説」における時間、先行する時間は、ほんとうに〈時間〉なのか、と。そうだとしたら、その時間は前提ないし先行性の次元に固定されるというより、脱自的に〔自己を脱けでて〕展開するというべきで、いかなる未来も発展も形成もないことになるのではないか。超越論的なものが経験に穢されるのをふせごうとする配慮がはたらいて、事後性がそこから排除されてしまう。したがって、ツェーラーの擁護する「前」も、平準化された時間のある瞬間にすぎなくなるのではないかという疑念が生じる。

フーコーについて問うなら、彼のいう「歴史」とはなんなのか。フーコーは歴史的アプリオリと形式的アプリオリとの分割を導入したわけだが、いったいどういった性質からこうなるのか。この分割それ自体も、そもそも時間的ではないのか。あるいは、この分割があらわれるとしたら、存在論的身分規定をことごとく削ぎ落とされ、非時間化されたもの、つまりはまたしても還元不可能性として、この分割を正当化することにならないか。どんな恩寵があって、この分割が「現在」のもとにもたらされるというのか。

懐疑論的陣営はといえば、対象に向けた思考の漸次的進化および適応という後成説の力学についての検討をうながしたのだった。この検討作業から、近代の後成説と現代のエピジェネティクスとの比較の道がひらかれ、理性と脳とを同等とみなす研究もおこなわれるようになった。だが理性と脳をめぐる議論もまた、独自の様態を取りつつも、時間をめぐるある省察に由来する。生命が胚の状態にあるときから、脳はさまざまな身体運動を時間的に同調させる機能を準備している。そしてこの同調機能は種々の姿勢のパターン化の動因となるプログラムであり、時間の初期的概念を構成し、認識の時間形式の基礎として出現する。この第一の形式はカテゴリーの出現に不可欠である。エーデルマンが主張するように、「カテゴリー化は感覚面だけでなく、円滑な運動と姿勢にも依存している」[14]。というのも、種々の姿勢の「スムーズな運動パターン」は、はじめに知覚により構造化され、次の段階で論理的に構成しなおされ、結果として狭義のカテゴリー化および概念化を生じさせるものだからだ[15]。このように、合理性の生成す

(14) Gerald M. Edelman, *Biologie de la conscience*, *op. cit.*, p. 162. 本書十章「記憶と概念　意識への橋わたし」の「記憶の神経淘汰説」全体をみよ〔エーデルマン『脳から心へ』、前掲書、一二五頁〕。
(15) *Id.*〔同前〕

る場にいっさいの超越論的次元をみとめない立場でも、ある明確な時間性概念を拠りどころにしているのである。

ハイデガーなら、おそらくこう反論するだろう。自然の所与〔自然の与えたもの〕からも、これの意識的に概念として構成したものからも、時間性が派生することはありえない、と。時間をめぐる心理の発生は時間ではない。「生物学的」時間解釈で考えられているのは、どこからか派生してくる時間だけであり、後成説の存在論的な射程は完全に抜け落ちている。こうしたわけで、この種の解釈は、思考の超越論的次元が何を意味しうるのかを摑みそこねてしまう。

となると、〈批判〉と〈懐疑〉という読解の二つの路線から、ハイデガーが説明するような、時間性の内在性的な分節のはたらきに立ちかえるのが単純にして有効な近道であることになり、このはたらきは本来的時間性と通俗的時間性とのあいだの存在論的なあいまいさを示している。後成説の主題、§27で言及されるあの主題は、この分節のはたらきから光をあてられ、その徴候として分析されることも可能だったかもしれない。

ハイデガーに付きしたがわない理由

あまたの読解のなかで、ハイデガーの読解こそ最深部に達したカント読解だとすることにやぶさかではないものの、私は彼の後を追わない。その理由は、発生という概念を拠りどころにすることをみずからに禁じたとはいえ、ハイデガー自身が発生論的読解をまぬがれているかどうかは、定かではないからである。根源的時間および平準化された時間という二つの時間の区別が新たな序列となって、源泉に展望台の地位を与えるという不均衡がもたらされはしないか、それは定かではない。そして、一方を特権化する不均衡が時間をめぐる問いを消失させるひそかな理由にならないか、それもまた定かではないのだ。

第十一章 〈一致〉はない

ハイデガーに対する私の見解を示す前に、しばらくメイヤスーの発言に耳を傾けてみたい。彼によれば、ハイデガーはどの場面でも、みずから批判する時間概念にとらわれたままである。ハイデガーの語る時間は、ほかの形而上学の時間よりもいっそう「本来的」なわけではない。というのも、あらゆる現代哲学は、思考と対象の総合ないし一致という原則を疑問の余地なき真理の起源とし、これを出発点にしており、ハイデガーを含め、どの哲学も例外なく、最初の太古の時間、いわば「祖先以前的な」時間を取り逃がしているからだ。起源の先行性を、その過去を、起源がどうしたわけで正確に「前」にくるのかを、現代哲学は説明できていない。

メイヤスーの説明によれば、〈相関〉から出発することは、つねに〈いま〉、現在から出発し、その後に過去や未来に向けて何ごとかを投射することになる、「反対方向の時間性」である。[1] 相関主義者は「論理的順序に従って現在から過去へ」進んでおり、「過去から現在へと年代的な順序に従って」[2] 進んではいない。

(1) Quentin Meillassoux, *Après la finitude, op. cit.*, p. 170. 〔メイヤスー『有限性の後で』、前掲書、二〇四頁〕

いない。アプリオリという語に惑わされてはならない。カントにおいて〈前〉とは、じつのところ、論理的現在、つまり思考と客観性の一致という現在なのである。この時系列的なものに対する論理の優位性は、当初よりゆらぐことなくつづいている。ハイデガーの〈超越性〉の規定は、思考と世界との出会いに起源の役割、存在論的前提条件の役割をもたせているわけだから、カント的な論理優先性に従属していることになる。したがって「ハイデガーにおいて、相関主義的〝ダンス・ステップ〟が厳密に維持されている」[3]。ハイデガーのみるところでは、「〈世界‐への‐関係〉という様相から、〈世界‐への‐関係〉の〈前〉それ自体が派生してくるような、より根源的な時間性が存在している」[4]。このような時間性は、相関主義的な〈現在〉から発しており、「そのなかで、前に来るものは前に来るのをやめ、後に来るものは後に来るのをやめる、そうした生成（…）」[5]である。

関係に先立ち、生に先立ち、われわれの現存在にも思考された事実にも無関心な、そうしたものとして了解された過去を、相関主義者はけっして顧慮しない。よって超越論的なものは、ハイデガーの主張するような時間の別名ではないのであって、時間の流れを反転させ、こうすることで時間を否定してしまうものである。総合を最初の事実としこれから出発し、「現在を起点として過去を後方投射[6]」する哲学にあっては、いかなる時間、概念も本来的ではありえない。したがって「カント以後そしてカント以来の」中心的問いは、ハイデガーの議論するような「形而上学の基礎づけとはいかなるものか」ではなく、「正しい相関はいかなるものか[7]」となる。よってこの相関をどう規定するかが問題となる。予定調和、前成的な総体、後成的な発生における審級は問題になるのか。超越論的想像力による産出は問題になるのか。回答がさまざまであっても、問い自体はつねに同じなのである。けっきょくはいつもながら、相関的な〈現在〉から議論は開始され、超越論的なものが問われ、批判され、あるいは脱構築される。そしてこの〈現在〉から出発するかぎり、われわれは超越論的なものを放棄できないとされるのである。〈批判以後〉の哲学の継続しえたかもしれない、あるいはすべきだった諸々の言説（破壊、脱構築、系譜学ないし〈考古学〉）は、超越論的なものを放棄していないが、それはこうした言説自体が相関主義のさまざまな変様だからである。相関主義は、カントから現代までの全哲学を包含するものなのだ。メイヤスーが作成する、まばゆいばかりの一覧には以下の名が列挙される。シェリング、ヘーゲル、ショーペンハウアー、ニーチェ、ベルクソン、ハイデガー、ヴィトゲンシュタイン、ドゥルーズ……。

相関主義的形而上学はさまざまな主観性の審級を選ぶだろうが、それはつねに、知的、意識的、あるいは生命的な項〔とうぜんながらわれわれは脳のことを思い浮かべる――引用者註〕を実体化することを特徴とするだろう。［…］対象とされる主体‐客体の対、つまりシェリングにおける自然、ヘーゲルにおける〈精神〉、ショーペンハウアーにおける意志、ニーチェにおける力への意志［…］、ドゥルーズ

（2）*Ibid.*, p. 33-34.〔同書、三三頁〕
（3）*Ibid.*, p. 23.〔同書、二一頁〕
（4）*Ibid.*, p. 170.〔同書、二〇四頁〕
（5）*Id.*〔同書〕
（6）*Ibid.*, p. 33.〔同書、三三頁〕。したがって、後方投射された現在から出発する〈時間なるもの〉について語る哲学的立場、すなわち、じつのところ〈前未来〉〔過去の事実の推測〕について語る哲学的立場は放棄せねばならないだろう。「〈与えられ〉としての生ける現在からの隔時的な過去への後方投射」から思考するのをやめねばならないのである。*Ibid.*, p. 169.〔同書、二〇三頁〕
（7）*Ibid.*, p. 20.〔同書、一七頁〕

における記憶に満たされた知覚、等々である〔…〕何らかのタイプの〈世界‐への‐関係〉でないものは、何も存在しえない(8)。

§27に立ちかえる——超越論的演繹の不能さ

ところで、形而上学の破壊も含めた哲学史のうちにカント的批判が刻みこんだ方向性は、のりこえ不可能なものと信じられているが、実態はそうではない。相関の根本性格が疑問視されるというのなら、われわれはあらためて〈演繹〉の核心部に入っていかなければならない。すなわち思考と現象との「一致」というわれわれの問題の場に、結果としては「経験に対するカテゴリーの適用(9)」をどう正当化するのかという問題の場に、立ちかえる必要がある。反カント的な読解も含め、これまで本書が言及したカント読解ではいずれも、あらゆる真理、あらゆる客観性、あらゆる安定性が思考と対象との「一致」に由来するものだという点についてはいっさい疑われておらず、この一致が論理的に変形可能なものとされようが、生物学的に変化可能だとされようが、歴史的生成状態にあるとされようが、はたまた存在論的に脱自的であるとされようが、事態は変わっていない。現代のエピジェネティクスも、この点を一瞬たりとも問うことはない。ここから派生した見方でも、脳と外界との一致は依然として合理性の出発点でありつづけている。

メイヤスーの述べるところによれば、世界の因果関係の秩序がカテゴリーと経験との関係という尺度で測られ、この秩序が自然法則の必然性と世界の規則性をめぐる全探究の基礎となるかぎり、懐疑論的テーゼと批判的テーゼは同じものになるしかない。先に紹介したアプローチの数々は、たがいに対立する見解を示しているとはいえ、つまるところ、どれも同一の出発点の不備から生じる悪循環にとらわれている点で、同じなのである。

問題含みなのは〈一致／調和〉の原理であって、その様相ではない。メイヤスーによれば、この原理を正当化することはけっして可能ではなく、事実として *factuellement* 成立しているというだけである。本書の冒頭でみたとおり、〈一致〉は事実として確認されるのであって、みちびきだされる〔演繹される〕わけではない。カントにおいて〈自己‐解釈〉は、主体がそれ自身の自発性を受容し、かつ自分のものとするところにあるわけだが、自己‐解釈の次元は、確証の欠如という穴を埋めるものでしかない。〈一致〉は後成説の力学に由来するとか、発生の論理からくるとか、あるいは前成説の不動性からくるとか、はたまた〈震央〉あるいは発生源として地下の深部にあるとか主張したところで、上記の事態はまったく変わらない。偶然性が超越論的なものに除去されず、これをすり抜け、超越論的なものを概念として自身の再構築作業に追いこむのであり、この偶然性こそが、超越論的なもの自体の事実性 facticité を露呈することになる。

したがって、カテゴリーの一致とそこから派生すべき必然性は、いずれにせよ、演繹不可能なのである。それらは「基礎づけ的ではなく記述的な言説の対象にしかなりえない(10)」。超越論的形成力の実在をめぐる問題は、この観点からすれば、派生的な問題にとどまる。超越論的なものが可変的かどうかなど、さして重要でないのだ。超越論的なものの相関主義的起源を打ち砕くには、こんな問いではまったく不十分であろう。

(8) *Ibid.*, p. 51-52.〔同書、六八‐六九頁〕
(9) *Ibid.*, p. 127.〔同書、一五五頁〕
(10) *Ibid.*, p. 54.〔同書、七一頁〕

われわれは事実をみとめなければならない。超越論的なものは偶然的である。問題は、フーコーにより偶然性とされていたものと、この偶然性が異なることである。超越論的なものの偶然性を歴史的な可変性、歴史の諸構造の性質が変化することと同一視することはできない。非歴史的と称されるものの背後にひそんでいるのがアプリオリなものであり、これが織りなす出来事と状況の系譜があるという話ではないのだ。このこと以上に注目すべきは、メイヤスーにおいて分析されている偶然性は、懐疑論者の語る偶然性とも異なっている点である。

ヒュームの彼方にいるヒューム

少しのあいだ、カントの第一批判の§27で主たる論的として召喚されているヒュームにもどってみよう。「ヒュームの問題」は、超越論的なものの中心にあり、カントによって解決されず、またヒューム自身によっても解決されえなかった問題である。したがって問題の対処法は、〈批判〉的でも懐疑論的でもありえない。メイヤスーは次のように問う。

この問題の本質はどこにあるのか。古典的な定式化では、次のようになる――同一の原因は、未来においても、他ガスベテ等シイ〔*ceteris paribus*〕という条件で、同一の結果を引き起こすだろう、ということを証明することは可能か、という問題である。言い換えるならば、同一の状況において、未来の現象の継起は現在の現象の継起と同一であるだろう、ということを確証できるか、という問題である。つまり、ヒュームが提起した問題とは、自然法則は未来においても今日そうであるようにあり続けるだろうということを証明する私たちの能力に関わるものである。あるいは、因果のつながりの必然性を証明する私たちの能力に関わるものであるとも言える[11]。
なぜ、この問題をヒューム以後そしてカント以後に「再定式化する」必要があるのか。答えはこうだ。理性には因果的必然性を証明することができないとヒュームが主張しても、彼は一瞬たりともこの必然性自体を問題視していない。したがって、ヒュームとカントには、「共通の前提」があることになる。二人はともに「因果的必然性という真理を解決ずみの問題」だと考えていた。

いずれの場合においても、因果的必然性が実際に存在するのかどうかという点からは問題が立てられていない。そうではなく、問題提起は、因果的必然性に根拠を与えられるかどうかという点から行われていたのである。[…]ヒューム自身も因果的必然性について実際には疑いを抱いていないのだ。ヒュームはたんに推論を通じて因果性を証明する私たちの能力を懐疑しているだけである。[…]自然のプロセスには究極の必然性が確かに存在することが認められる。そうして、ヒュームはまさしくこのことを認めているから、みずからの立場を懐疑主義的な立場として特徴づけることができる。というのも、みずからを懐疑主義とみなすというのは、真だと想定される必然性に対する私たちの同意を基礎づけることが理性にはできないと認めることだからだ[12]。

（11） *Ibid.*, p. 115.〔同書、一四二頁〕
（12） *Ibid.*, p. 122-123.〔同書、一五〇－一五一頁〕

そしてさらに

懐疑主義的な立場はここでは最もパラドクス的である。というのも、懐疑主義的な立場は、一方では、存在論的な要求を基礎づける理性の原理の無能力をあきらかにしていながら、他方では、そのような原理が世界のなかに注入した必然性――現実の、物理的必然性――を信頼し続けているからだ[13]。

予定調和のテーゼはこのように、「純粋理性の後成説の体系」のテーゼと同じく、〈一致／調和〉を疑わざるべき性格とするところから出発している。

「新懐疑論的」議論は、真理を精神の適応的過程に位置づけ、心的ダーウィニズムを提唱する。たしかにいっさいのアプリオリな観念を疑問視するとはいえ、この議論は依然として相関主義の構造にとどまっている。進化論者たちが真理のもつ偶然的性格を主張することはありうるが、この偶然性では、精神と自然とが結びつく発生過程という存在が疑問視されることはないだろう。おそらくこれはアプリオリな総合なのだが、それでも〈一致〉であることに変わりはない。

よって、またしても、〈批判〉の見地と懐疑論的見地のあの循環性が顔をのぞかせていても、なんの不思議もない。二つの見地はともに、因果性の必然性、カテゴリーと対象との一致、この二つは疑いえない性質があることをみとめている。この一致がアプリオリであろうが、経験から来るものであろうが、両者のかたちづくる対立の組は一つであって、思考に対して偽の代案しか呈示しない。

まったき他なる世界

みずからが隠しえない偶然性をみとめるのが相関である以上、これについてはひとまず措くことにして、偶然性のほうを考えてみたい。ラディカルな偶然性、結果的には絶対的に必然となるほどラディカルな偶然性である。この偶然性は、真理のもう一つの起源へと思考をみちびく。これまでわれわれが検討してきたのは、ありうべき変化の一つのタイプのみであり、これは法則の内容の変化である。こうしたものとして、適応の変化可能性の仮説〔心的進化論〕や、精神と対象の一致をめぐる歴史的な変化可能性の仮説〔フーコー的批判〕を検討してきた。総合作用の構造そのものに関係しうる変化の可能性、すなわち、主体と客体〔対象〕の相互の絡み合いの変化可能性については、われわれはまだ検討していない。

ところで、相関が問われないかぎり、超越論的なものは安泰である。超越論的なものの経験的な生成や、進化的な流動化なら、いつでももちだすことができる。こうした仮説が主体―対象関係にふれないあいだは、何も変化しない。また同時に、超越論的なものの恒常性は、逆説的ながら、その事実性のために不安定でぐらついているのだから、相関的構造は、予防するとされているはずの相手の攻撃から身を守ることができないことになる。すなわち可能なる別の世界というテーゼ、相関的構造の存在しない世界というテーゼに対して、自己防衛ができない。メイヤスーを読んで理解できるのは、超越論的なものの変化可能性、その現実的かつ重大な唯一の変化可能性とは、超越論的なものにはスクリーンとしての性格があること、そして同時にじっさいに消滅する特性があることが判明したときに暗示される可能性だ、ということである。

(13) *Ibid.*, p. 124.〔同書、一五二頁〕

世界は変化し、まったく別ものに、絶対的にちがうものになりうるし、総合や一致／調和もなしにそうなりうる。これは批判哲学で根底から却下されている仮説である。しかしながら、この棄却の根拠――諸現象間のアプリオリな総合および因果的結合にあるとされる必然的性格――を明示できないため、批判哲学は、陰画的には、おのれが否認するものをみとめると告白していることになる。くりかえしになるが、超越論的なものの起源は自己演繹に成功していない。したがって、それは自己破壊していることになる。

とうぜんながら、この議論はカントの議論の「欠陥」に照準をあわせるのではなく、その議論の前提を問題視し、こう主張する。相関構造は、それがどんな起源や妥当性の類型をもってこようと、自身の不安定さを露呈する。偶然性だけがある。あるいは「偶然性のみが必然的である」[14]。また同様に、この偶然性は、「今後、事実論性〔*factualité*〕という用語で、事実性〔*facticité*〕の思弁的本質」[15]、すなわち偶然性の絶対性と名づけられることになる。

そしてさらに、ヒューム反駁でのカントの主張とは正反対に、世界はその形式において変化しうる、と主張されることにもなる。確認しておくと、この〔メイヤスーの〕言明がいわんとするのは、超越論的なものは改変され、さまざまに変わり、進化しうるということではなく、超越論的なものはまったく存在しないということである。事物の秩序は「実際にいつでも」変化する可能性があるし、この秩序がわれわれの「カテゴリー」をこえて、カテゴリーに左右されなくなることもありうるのだ[16]。

実際、事実論性の原理からの避けられない帰結の一つは、それが自然法則の実際上の偶然性を肯定することにある。そのように存在するいかなる理由もなく私たちに現れているあらゆるものは、そのように存在するための必然的な理由を実際にもっていないと真剣に主張するならば、私たちはまた、自然法則は変化しうるし、それも真にいかなる原因も理由もなしに［…］ということを真剣に主張しなければならない[17]。

くりかえしになるが、この最後の言明は、読み手がまず抱きそうな印象とはちがい、「古典的」懐疑論のテーゼには合流しない。無邪気にヒュームにもどり、ヒュームの議論にこそ最終的にのりこえ不可能な性格があるとして『人間本性論』や『人間知性研究』でおこなわれた議論をもとに、超越論的観念論への批判を再度おこなうことにはならない。

すでにみたように、ヒュームにとっては、知性と自然法則の予定調和のみが、われわれの同意の妥当性――そしてこの同意は〈信〉であるほかない――を説明しうる。つまり、同一の原因がつねに同一の結果を生むという原理への同意の妥当性、結果として、自然の安定性や物理学の可能性への同意の妥当性を説明しうるのは、予定調和だけなのだ。だが、またしてもくりかえしになるが、ヒュームの問題を解決しうるのはヒュームその人ではない。事後的《アポステリオリ》にでさえカントに応答しえたかもしれない人、物理学の可能性を『純粋理性批判』の根本問題の一つにした人は、ヒュームではない[18]。§27は、ヒュームのように予定調和を前提するなら、原因と結果の結びつきの安定性、ゆるぎなさを証明するのは不可能で

(14) *Ibid*., p. 108.〔同書、一三四頁〕
(15) *Ibid*., p. 107.〔同書、一三三頁〕
(16) *Ibid*., p. 113.〔同書、一三九頁〕
(17) *Id*.

あることを強調している。
カントによれば、経験の対象とわれわれの純粋概念が取り結ぶ関係はアプリオリな必然性に由来し、この必然性は意識によって確実であるとみとめられ、この必然性のもとに諸々の表象の基礎がおかれることになる。

「私の表象の対象を構成するためには、辰砂《しんしゃ》〔朱紅色の鉱物で顔料になる〕はつねに紅色で、重さをもたねばならない」。じっさい、「[カントによれば]意識と経験といった観念自体が［…］表象の構造化を要請するものであり、それによって私たちの世界は、互いになんのつながりもないさまざまな印象の純粋に偶然的な継起ではないものとなるのだ。これがカテゴリーのいわゆる客観的な演繹における中心的なテーゼであり、その要点は経験に対するカテゴリーの適用を正当化することにある〔経験とは、主に自然学〔物理学〕によって想定される普遍的つながりのことだ〕」[19]。

カントに反論するとしたら、ヒュームの手札は〈偶然 hasard〉概念のほかにないだろう。だがメイヤスーにしたがえば、まさに〈偶然〉こそは、ラディカルな偶然性 contingence を表現したものではないのである。〈偶然〉は、偶然性の伝統的概念に関連づけられるのが通例だが、じつは確率と蓋然性〔確からしさ〕の計算に結びついている。ちなみに、偶然性の確率論的概念——ビリヤードの玉の名高い例——は、絶対的偶然性を隠蔽しているとされる。こうした理由からメイヤスーは、絶対的偶然性と〈偶然 hasard〉とを厳密に区別するよう、注意をうながす[20]。というのも、「偶然の巡り合わせ［*hasard*］とは、それを実現させる諸法則が前もって総体としてあることを想定している[21]」からだ。この意味でこの〈偶然〉は、世界の秩序を疑わず、独自のしかたでこれを強化するものである。

これはまさしくサイコロの投擲という範例が示している。偶然の帰結が形成されるのは、サイコロが投擲ごとに同じ構造を保つという条件、および投擲を実現する法則が一投ごとに重力の働きが止まってサイコロが飛び去ったり、逆に、地面の下に突き進んでいったりしたら、どうだろうか。そうなったら、いかなる偶然の帰結も確率計算も実現不可能になるだろう。だから、偶然というものもつねに、ある種の自然の変わらなさを想定しているのである。この偶然はそれ自体一種の自然法則でしかない、いわゆる非決定論的と言われる自然法則だ。(22)

よって、ヒュームの議論のみを拠りどころにしてカントの「必然性擁護」の議論にあらがおうとするのは、以下のように主張することである。「私たちの世界が持続可能に存在していることはたんに偶然の結果でありうる」。この主張では、期待された射程をもっているとはいえないだろうし、これにより超越論的なものの留保なしの決定的な放棄が可能になるともいえまい。〈偶然〉は、いまみたとおり、自然法則の必然性を毀損するものではない。

(18) *Ibid.*, p. 121.〔同書、一四八頁〕
(19) *Ibid.*, p. 128.〔同書、一五五頁〕
(20) *Ibid.*, p. 137.〔同書、一六五頁〕
(21) *Ibid.*, p. 138.〔同書、一六七頁〕
(22) *Ibid.*, p. 135-136.〔同書、一六五頁〕

別の言い方をするなら、〈偶然〉は、諸々の可能なものの概念に異議を申し立てるにはじゅうぶんに偶然的となっていない。確率とは諸々の可能性である。〈偶然〉が、可能性と必然性の両概念の安定性をゆるがすことはない。むしろこれは、この安定性を想定しているとさえいえる。このように、偶然性と〈偶然〔の巡り合わせ〕〉とを同等とみなすことが確率の計算をささえているのであって

> 思考できる可能なものの全体がまさしく存在している、ということが条件なのだ。諸々の可能世界の集合〔…〕が〔…〕、実際に、直観はできないにせよ思考できるものとして〔…〕あると想定せねばならない。というのも、確率論の推論が思考可能であるための条件とは、事象の全体性が思考可能であるということだからである。その全体性のただなかにおいて、可能な事象がいくつあって、そのうち特定の事象が何回発生しうるか、そうした回数を頻度の比率として算定できるわけである。〔…〕確率の推論、すなわち、頻度の計算に従うものとしての偶然の巡り合わせの観念それ自体は、それゆえ、数的全体性の観念を前提としている。[23]

全体性についてのこのような考えはまさしく、因果的必然性をめぐる「懐疑論的」思考——賽子や球のゲームを引き合いにだす思考——への同意を示している。さまざまな可能なものを集めた一つの全体がある。あらゆる可能性は可能である、ただしさまざまな可能なものの全体としての可能なものの消滅をのぞいて。

こうしたわけで、ヒュームの問題は、カントをこえた彼方に、ヒューム自身の彼方にまでおしすすられ、ある種の数学的推論においてその答えが求められなくてはならない。可能なものをめぐるもう一つ

の思考は、メイヤスーによれば、「超限数 transfini」の観念にあり、この観念は「カントールの仕事を起点に二十世紀前半に漸進的に洗練され、無限量がひとつに閉じることなく諸々の無限量へと複数化することを、最も注目すべき性質としてもつようになった[24]」ものである。可能なものを全体化することの数学的な不可能性から、〈偶然の巡り合わせ〉とは完璧に区別される偶然性の概念への道がひらかれる。この偶然性の概念は、伝統的に偶然性の専門領域とされてきた、確率計算や偶然的推論をめぐる理論とのつながりを断ち切ることを要請する。「超限数」は、〈無限〉以上に無限であり、〈無限〉の名のもとに可能なものを全体化しようとするあらゆるくわだての非妥当性をあきらかにする。「思考可能なものの〈量化可能な〉《全体》とは、思考不可能なものである[25]」。

ラディカルな偶然性は、まさしく「物理的必然性をすべて剝ぎとられ[26]」た世界の可能性として思考されねばならない。すなわち、この可能性が確率的に生じるものではなく、ということはいかなるしかたでも数量化されないものとして、思考されねばならない。したがってこれは、回収不可能な *irrécupérable* 偶然性である。そして理念なき偶然性である。理念は諸条件の全体性であるという定義を、カントにならって受け入れるなら、そうならざるをえない。ラディカルな偶然性は、この偶然性の当のものである可能なものがおそらくはけっして実現されないとみられる以上、可能なものについてのいかなる肯定的知も生じさせることはない。あらゆる全体性から可能なものを切り離すこと、つまり可能なもののすべ

(23) *Ibid.*, p. 140.〔同書、一七〇頁〕
(24) *Ibid.*, p. 142.〔同書、一七二頁〕
(25) *Ibid.*, p. 144.〔同書、一七三 - 一七四頁〕
(26) *Ibid.*, p. 136.〔同書、一六六頁〕

て（ヒューム）からも、可能性の諸条件のすべて（カント）からも切り離すこと、これが来るべき哲学がなすべき仕事であり、こうしてこの哲学は数学との親近性を示すのである。

じっさい、哲学と科学の関係は根底から見なおされるべきである。この問いはかつてない緊急性をもっている。両者の関係が純粋理性批判に依拠することはもはや不可能であり、想定されているのは〈絶対〉への新たな接近法である。すなわち、あらゆる人間学的優越性——ここには人間の固有性を脱構築する作業の背後に隠されているときの人間の優越性も含まれる——が削ぎ落とされた世界、そうした世界の現実性として理解された〈絶対〉への道があると考えられている。超越論的なものの放棄は、生物学的ないし歴史的可変性をたんに肯定すること以上の、いっそうラディカルな身ぶりを要請する。問題はもはやアプリオリなものとアポステリオリなものの関係を問うことではなく、経験、われわれの経験と無縁の世界を思考することである。〔ハイデガーのいう〕形而上学の解体・破壊ですら考察しなかった可能性（を思考することである）。結論はこうだ。

私たちは、理由の究極的不在——これからそれを非理由［irraison］と呼ぶことになる——は、絶対的な存在論特性であり、私たちの知の有限性の印ではない、と考えなければならない。［…］理由律の挫折は、実に単純に、そんな原理は虚偽であるから——しかも絶対的にそうである［…］——ということだ。なぜなら、真に次のように言えるからである。いかなるものであれ、しかじかに存在し、しかじかに存在し続け、別様にならない理由はない。世界の事物についても、世界の諸法則についてもそうである。まったく実在的に、すべては崩壊しうる。木々も星々も、星々も諸法則も、自然法則も論理法則も、である。これは、あらゆるものに滅びを運命づけるような高次の法則があるからではない。

いかなるものであれ、それを滅びないように護ってくれる高次の法則が不在であるからなのである。[27]

最終的にすべてが崩壊しうるのなら、本書はなぜもっとはやくからメイヤスーの議論を参照しなかったのか。『有限性の後で』には、本書冒頭で示した問いへの回答が、ハイデガーの著作よりはるかにラディカルなかたちで含まれているのではないか。

(27) *Ibid.*, p. 73.〔同書、九四頁〕

第十二章　袋小路のなかで

〈検閲〉と〈免状〉のあいだ

『純粋理性批判』の出版から二百五十年もたった時期に、カテゴリーと対象の一致の問いが科学的および哲学的真理への道の障碍物になっていると主張されているのを知ったなら、カントは面白がっただろう。この主張によれば、アプリオリな総合という概念はじっさいには主観性の脱中心化であるものを主観性に帰し、コペルニクス的転回の深い意味をねじ曲げたのである(1)。この誤った方向づけ、あるいは策略、「ゆゆしき事態」こそが、つまるところ、思弁的思考を頓挫させてきたのだ。いつの日にか、「[…]数理科学はいかにして可能か(2)」という問いを定式化しなければならないと主張する者があらわれる……。

だがしかし、大陸の哲学で進行する深部の変化をあきらかにした以上、こうした言明は真剣に受けとられるべきである。メイヤスーの発言は、カント主義のまわりに徐々に形成された病根をえぐりだし、超越論的なものの規定が招来する徴候的な迷いを白日のもとにさらしたのだ。

これまで本書は、数多くの視点や結論を取り集め、『純粋理性批判』の§27をめぐる諸読解を比較し、超越論的なものは基礎づけを欠いていると称する見解から出発して、この概念のさまざまな理解のしかたを紹介してきたのだが、そこには、現代思想のなかで深刻化しつつある疑念を顕在化させるというねらいがあった。超越論的なもの。これは救済されるべきなのか、それとも脱構築されるべきなのか。形態を変えればいいのか、あるいは何かから導出すればいいのか。時間化すべきなのか、あるいはこれとはきっぱりと縁を切るべきなのか。だがすでにみたとおり、多くの場合、保持することと棄却することは重なりあう。

アプリオリな後成的作用にどんな意味をもたせるべきかという問いのために、私は、重大な結果を招きかねない理論的身ぶりを呈示し、かつ吟味することになった。カントをほかの哲学者と同列にあつかうわけにはいかない。というのも、すでに記したように、彼は大陸哲学ないし「欧州の」哲学の帰属性《アイデンティティ》を保証する者であるからだ。欧州の哲学への注目度やその制度上の影響力は、世界じゅうで縮小しているが、超越論的なものとしての何ものかが存在するという主張に、この哲学は自身の固有性を負っているのではなかったか。カントが思考形式として呈示した、理論的にも実践的にも思考に対してのみ現実性をもつ何かが存在するという主張にこそ、欧州の哲学の欧州の哲学たるゆえんがあったのではなかったか。あきらかに超越論的なものの賛否こそが、そのほかのどの基準にもまして、大陸哲学の伝統と分析哲学の伝統とをへだてる分割線を、すなわち、合理性をめぐる二つの理解のあいだに分割線を引いている。

問題は、私が示そうとしたように、超越論的なものへの支持は、一枚岩的に一点で一致するどころか、すでに超越論的なものへの対立であることが少なくない、ということにある。ポスト・カント主義的な超越論的なものの救済のくわだては、その手法がどうであれ、つねに超越論的なもの自体に対する攻撃になっている。じっさい、§27の読解における批判的軸の検討からはっきりしたように、カントの継承者たちはけっして見解を共有しておらず、超越論的なもののをめぐる二つの見方に分裂している。すなわち、超越論的なものを規範以上のものとする見方、規範以下のものとする見方に分かれている。

前者の意味では、超越論的なものはある種の検閲であって、経験との混合は禁じられ、結果としては、論理的形式の生成・変化はいっさいみとめられない。たとえば、カントに前成説があるとする主張は、検閲という考え、すなわち監視され、監視機構化されさえした超越論的なものという考えから来ており、この路線では、カントの衣鉢を継ぐ者は批判哲学の諸読解をたえず純化する作業にみちびかれる。

（1） メイヤスーによれば、カントがおこなったのは「コペルニクス的転回」の意味をねじ曲げたことにほかならない、ということになる。哲学にこの〈転回〉を導入することで、カントはその意味を転倒させたというのである。「[…] ここである矛盾が、しかも実のところやや面食らわせるような矛盾が出現する。その矛盾とは次のようなものだ――哲学者たちは、カントが導入した思考における転回を「コペルニクス的転回」と呼んでいるが、しかしそれが意味するところは、私たちが定義してきたそれとは正反対のものなのだ。実際、よく知られていることだが、カントは『純粋理性批判』の第二版序文において、みずからに固有の思考における転回を打ち立てるべく、コペルニクスの転回を自分のそれになぞらえる。そして、批判を通じたその転回は、認識を対象に従わせるのではなく、対象を認識に従わせることをその本質とするのだ。だが、いまやよくわかるように、カントが導入した思考における転回は、むしろ「プトレマイオス的反転 contre-révolution ptolémaïque」にこそたとえられるべきである。というのも、そこで問題になっているのは、かつて不動であると考えられていた観測者こそが実は観測対象である太陽の周りを回っているのだ、ということではなく、反対に主体が認識過程の中心に位置しているということだからである」。*Après la finitude, op. cit.*, p. 162-163.〔メイヤスー『有限性の後で』、前掲書、一九五‐一九六頁〕

（2） *Ibid.*, p. 175.〔同書、二一一頁〕

二つ目の見解の論理にしたがうなら、超越論的なものは形式と構造を拘束するものであるが、逆説的ながら自由の同義語となる。この論理は、あらゆる決定論ないし還元論から思考が自律していることを保証するとみなされる。よって超越論的なものは、還元不可能性、純粋に象徴的な自由 latitude と定義される。この「自由」、この還元不可能性は、たとえばすでにみたように、リクールがシャンジューの見解に反対し、思考の活動を脳の諸過程と同じとみなすことはできないと述べて擁護しているものである。[3] 超越論的なものは、この場合、〈免状〉という逆説的意義をもつ防護柵である。すなわち、思考にあって、たんなる物質的規定、とりわけ生物学的規定に帰属させることのできないもの、これと同一視するのをさまたげるもの、これがなんなのかを正確に定義する義務を超越論的なものは免除されているというのである。超越論的なものは、たんに原理上具体化しないものとして、登場する。この最小の定義から、この語の多義的な使用の道がひらかれることになる。先にみたとおり、二十世紀の時代なら「超越論的なもの」は「還元不可能」、「構造的」、「準‐超越論的なもの」[4] といった用語と置き換え可能だった……。超越論的なものがその完全な物質化に抵抗するかぎりは、それが非‐規定の空間、定義不可能な空間をさし示しているかぎりは、どんな言い換えも可能だったのである。

監視や認可の役まわりを演じるものとしての超越論的なもの、この見方がつねにあいまいであり、さらには矛盾をはらんだものであることは、こんにちでは明白である。カント主義にはのりこえ不可能な性格があると言いつのってこのあいまいさを隠すことなど、もはやできない。その理由はまず、超越論的なものの検閲が解除されたためだ。超越論的なものの鍵をこわして、それ以前の祖先以前的な過去への接近が可能であること、しかも〈批判〉以前の舞台に逆戻りせずにそれが可能であることが判明している。もう一つの理由は、この認可が停止されているからである。唯物論がふたたび表舞台に登場しようとしている。[5] たとえば、「思考」と脳を分ける線を引くことは、現在ますます難しくなっている。なんとしても還元できないものとして超越論的なものを維持しようとするのは、多くの場合、議論の払底した反動的立場、場あたりの反応に結びつく。

問題は、哲学が超越論的なものを完全になしにすますとしたら、哲学それ自体はどうなりうるのかということだ。もし哲学がほんとうにこれを「放棄」したら、どうなるのか、ということだ。その帰結について、われわれはまだ何も知らない。ここに登場した新たな理論的動向には、大陸哲学の決定的にカント以後的な風景は、その素描すら、はっきりと呈示されてはいないからだ。形而上学の破壊／解体にもかかわらず生きのびているカント主義、思弁的実在論の権利主張、そして狭隘な認知主義に絶望的なまでにとらわれ、ここから脱して新境地をひらくにはいたらず、いまだ揺籃期にある〈脳事象の哲学〉、この三者のあいだで混乱は現実のものとなっている。いかにカントのみがわれわれの指標となっているか――カント主義からの離脱のくわだてもこれに含めるとして――を指摘する前に、ハイデガー、メイヤスー、神経生物学者たちを対話のなかに入れてみたい。同時に、§27のすべての読解が、そして後成

（3）　本書の序論を参照のこと。
（4）　ジャック・デリダがつくった語。条件なしではわれわれが何ごとかを遂行しえない状態におく、そうした不可能性の内容しかもたない可能性の条件を「準‐超越論的なもの」と定義する。デリダの著作におけるこの概念のさまざまな使用のしかたについては以下をみよ。Geoffrey Bennington, « Derridabase », in *Circonfession*, Paris, Seuil, « Les Contemporains », 1991, p. 248–249.
（5）　この主題については、たとえば以下を参照のこと。Alexander R. Galloway, *Les Nouveaux Réalistes*, tr. fr. Clémentine Duzer et Thomas Duzer, Paris, Éditions Léo Scheer, 2012.

説をめぐる諸々の議論が、最終的には時間、そしてラディカルな偶然性、理性の生物学化といった問題にわれわれを立ちかえらせることになるのはどうしてか、これらの議論が袋小路に入りこみ、そこでたがいに絡みあうことになるのはどうしてか、この点もみていきたいと思う。

ハイデガーからメイヤスーへ——どの有限性なのか

年代決定と数学

『カントと形而上学の問題』でのハイデガーによるカント読解について私なりに考察してみたが、一つの問い、より正確には一つの疑問を提起して終わっている以上、この作業は中断したままである。私の疑問は、超越論的なものの特性を根源的時間ととらえれば、さまざまな読解を結びつけて、アプリオリな後世説について納得のいく理解を示すことができるようになるのか、ということだった。それとも、ハイデガーがもうける根源的なものと派生的なもの、本来的なものと非本来的なもののあいだの区別は、退屈しのぎの一方策にすぎないのか。

遠回りにみえるかもしれないが、ハイデガーであれば、メイヤスーにどんな応答をしたかを想像してみよう。ハイデガーはおそらく、『有限性の後で』で展開される議論が、その責任をきちんと引き受けない通俗的時間の擁護論であるとしたはずである。メイヤスーの議論は、さまざまな「いま」があるとする年代決定法にとらわれており（「祖先以前性」という性質をもちだしても伝統的年代決定をもちいていることは隠しようがない）、かろうじて偽装されてはいるものの、永遠性の形而上学の残存した表現である。平準化した時間の特権性への二重の賛意が、この著作が準備すると称する「カント以後」への移行に対し疑問を生じさせる。

　じっさい、化石時間としてメイヤスーの呈示する「生命や意識の到来に先立つ」出来事の日付とされる「数字」について、何を語るべきなのか。「――宇宙の起源（百三十五億年前）／――地球の形成（四十五億五千年前）／――地球上の生命の誕生（三十五億年前）／――人類の誕生（ホモ・ハビリス、二百万年前）[6]」という記述に、どう反応すればよいのか。「現在に与えられたもの」の混乱を示すしるしとは到底いえないこうした日付は、続いて起こるものとしての現在、手つかずの未確認の現在を表現したものにすぎないのではないか。

　ハイデガーからみれば、真理の開示（*Entschlossenheit*）という存在論的問いを相関主義とぞんざいに結びつけて払いのけようとするのは、自身のおめでたさを強調する身ぶりにほかならない、ということになるだろう。〈開示〉を思考しないなら、「すでに開かれた真なるものの領域に[7]」みずからをおく以外に選択肢はなく、開示という語のあらゆる意味での独自性を取り逃がすことになるしかない。この「すでに開かれた領域」とは、ハイデガーにおいて近代の「科学主義」に頻繁に結びつけられるもので、科学主義の諸前提（ここにも基礎づけが欠けている）は「正確であると承認されうるもの[8]」にかかわっており、真なるものの到来という問いを蔽い隠してしまうものとされる。ところで、このような到来、開示

（6）Quentin Meillassoux, op. cit., p. 24.〔メイヤスー『有限性の後で』、前掲書、二二‐二三頁〕
（7）Martin Heidegger, « L'origine de l'œuvre d'art », in *Chemins qui ne mènent nulle part*, tr. fr. Wolfgang Brokmeier, Paris, Gallimard, « Tel », 1962, p. 69.〔マルティン・ハイデッガー『芸術作品の根源』関口浩訳、平凡社、二〇〇二年　八九頁〕
（8）*Id.*〔同前〕

の存在論的構造は、主体と対象のたんなる遭遇や「相関」の枠組みを大きくこえている。

このように〈以前性 *antériorité*〉というものを見誤っているとして、現存在《ダーザイン》の実存に共同関与するものとして〈以前性〉が根源的であろうとなかろうと、ハイデガーはメイヤスーを論難したはずである。以下の点を、ハイデガーはけっしてゆずろうとしないだろう。以前性と以後性があるなら、それらは一つの構造のうちに、すなわち、一つの総合のうちにともに据えられるのであり、この総合は、心《プシュケー》や主体、〈われ思う〉といったものにかならずしも関係するわけではない。総合とは、カントが最初に示したとおり、無名で為し手のいないもの、中性的な出来事なのである。

「経験科学」のいくつかの言明が、「生命や意識の到来以前の出来事」、「ときには、地球上のあらゆる生命形態よりも古い」「「対象」の年代[9]」の出来事にかんしてなされていることを引き合いに出して、相関の外にある古い時代という観念にまで到達しうるとするだけではじゅうぶんでない。くりかえすが、どんな年代決定においても根源的総合が前提とされているのであって、この総合なくして、「百三十五億年」「四十五億五千年」といった数字は意味をもちえない。そして、すべての年代決定は、アリストテレスが〈より先・より後〉と呼んだものに位置づけられる。

アリストテレスがここに登場するのは偶然ではない。ハイデガーであれば、『有限性の後に』には相関と分節との混同がつねにあると指摘したはずであり、しかもこれはまさにアリストテレス読解が御法度としていた混同なのである。中性的な総合と別の総合との混同、すなわち時間の各瞬間全体——分節——を保持する中性的な総合と、主観性（ないし心的作用《プシュケー》）と時間の全体——相関——を保持する総合とが混同されているのだ。二つの総合はそれ自体結びついているけれども、たがいのどちらかに還元できるという含意はここにはない。両者の取りもつ動きは、年代決定の行為が内在的に数学的ではないということをあきらかにしているのだ。

『自然学』第四巻にある、時間についての名高い定義を思い起こそう。「時間とは［…］、「より先・より後」にもとづく運動変化の数のこと［…］である[10]」。時間は先と後との区別を可能にしてくれるものであり、それはたとえば一本の線上でA点とB点間の距離を設定するのと同じである。よって、時間は「数の一種」である。『自然学』第四巻の219b2-9の一節はきわめて難解なのだが、そこには「数[11]」はどのような意味で理解されねばならないか、という問いがあるからである。レミ・ブラーグは、『自然学』第四巻についての彼のみごとな分析でこう指摘する。〔ギリシャ語の〕数（*arithmos*）[12]という語で示される〔アリストテレスの数が〕「われわれが数の概念として通常思いうかべるものとはちがうということに気づかなければ、この一節は理解できない」。

〈アリトゥモス〉という語には、構造、集合をさす算術以前的な意味もある。この意味では、〈調和 *harmonia*〉にかなり近い。このように〈アリトゥモス〉は、数というよりも、数によって秩序づけられるある構造をさしている。それゆえ、アリストテレスにしたがい、これを「分節」と正確に翻訳すべき

（9） Quentin Meillassoux, op. cit., p. 24.〔メイヤスー『有限性の後で』、前掲書、二三三頁〕

（10） Aristote, *Physique IV*, *Physique IV*, II, 219b, tr. fr. Henri Carteron, Paris, Les Belles Lettres, 1990, 219b1, p. 150.〔『自然学』内山勝利訳、『アリストテレス全集４』所収、岩波書店、二〇一七年、二二四頁〕

（11） 「ところで、数は二通りのありようをしているが（すなわち、数えられる側のもの、数えられうるものを数と言うとともに、それでもって数えるものをも数と言うのであるが）、むろん数は数えられるほうの数であり、それでもって数えるほうの数ではない。それでもって数えるほうの数と数えられるほうの数とは異なるのである」 *Ibid.*, p. 151.〔同書、二二四頁〕

（12） Rémi Brague, *Du temps chez Platon et Aristote. Quatre Études*, Paris, Puf, 1982, p. 134-135.

である。ブラーグは、219b を以下のように訳すことを提案する。「時間とはこうである。すなわち、運動のより先とより後の分節／連結 articulation である」。したがって「アリトゥモス」は、数える行為を可能にするものではなくて、ある集まりが集まりであるために、もたねばならないもののことである。くりかえしておくが、それは〈寄せ集め〉ではなく、連結の秩序であり構造である（「一本の頸飾りを構成する複数の真珠の粒のように」）。したがって、時間のうちに数えられるものは分節化、すなわち先と後の区別と連結なのである。[13]

魂のうちに運動すなわち時間があるということは、時間が心の本質をなすことを意味しているわけではない。[14] たしかに、前と後の接合は、時間と心《プシュケー》の相関に重なる。しかしながら、二つの総合のあいだの総合の点は、事後的《アポステリオリ》にだが、メイヤスーに問いを発するのを可能にしてくれる。メイヤスーがいうには、数学のもつ絶対の射程こそが、非‐人間的時間に、世界とわれわれとの関係に影響されない時間の概念に到達することを可能にしうるものである。しかし『自然学』第四巻でアリストテレスが「数」について採用している固有の用法で示してみせた問題は、時間の数が数の非‐数学的性格をあきらかにしている、ということなのだ。そしてこのことは、「数えることの技術」を「真面目なものと受け取[15]」るときにもあてはまる。つまりこれが意味するのは、先行性、〈前と後〉の基本構造が存在論的な算術を拠りどころにしており、厳密な意味で数学を拠りどころにしているのではない、ということだ。『アナクシマンドロスの言葉』のなかでハイデガーは、先行性を時間の各瞬間の起源的「保持（*Brauch*）」として理解しなければならない、と述べている。[16] ところで、アリストテレスが考えたような〈保持〉とカント的総合のあいだには、まぎれもなく根本的親和性がある。それは、デリダがその決定的テキストである「ウーシアとグランメ[17]」で、力強くあきらかにしてみせた親和性である。

時間は、現実に「四次元」的である。その「四次元」は〈分節／連結〉の次元であり、起源的に結合された瞬間を維持する次元である。すなわち、「それぞれの瞬間を別々に」保持し、「そこから出発して三つの次元がたがいに近くにありつづけるような近接性のもとで、ある瞬間に対しての別のある瞬間[18]」を保持する次元である。ところで、同じページでハイデガーは時間の各瞬間の近接性という観念について、われわれが恩恵を受けているのはカントであると述べている（「〈*Nahheit*——間近に迫っていること〉は古い名詞で、カントによってもちいられている[19]」）。後成説も、これが示し、想定している有機的組織化された統一性の類型をとおして、同じ近接性を描写しているとハイデガーは指摘しえたかもしれない。

後成説で描写される形象はこれ固有のしかたで、真珠の頸飾りを構成する粒というアリストテレス的なイメージと同じく、有効性をもっている。それは分節／連結の感覚的呈示である。前成説あるいは自然偶然発生とはちがい、後成説で前提とされているのは、時間のあらゆる瞬間の共同関与 co-implication

---

（13） *Id.*

（14） Aristote, *Physique IV, op. cit.*, 223a 28. をみよ。〔アリストテレス『自然学』第四巻、前掲書　二四三頁〕

（15） Quentin Meillassoux, *op. cit.*, p. 149.〔メイヤスー『有限性の後で』、前掲書、一八一頁〕

（16） Martin Heidegger, « La parole d'Anaximandre », in *Chemins qui ne mènent nulle part, op. cit.*, p. 443.

（17） Jacques Derrida, « Ousia et Grammè. Note sur une note de Sein und Zeit », in *Marges de la philosophie*, Paris, Éditions de Minuit, 1972. とりわけ以下の部分をみよ。p. 54 sq.「事実『時間概念の超越論的究明』を『自然学』第四巻と対比してみると…」〔ジャック・デリダ「ウーシアとグランメー」高橋允昭、藤本一勇訳『哲学の余白　上』法政大学出版局、二〇〇七年所収、一〇五頁以下〕

（18） Martin Heidegger, *Temps et Être, op. cit.*, p. 213.

（19） *Id.*

であって、そこでは過去にも、突然姿をあらわす現在にも特権は与えられない。後成的作用をこの運動――「*Reichen*〔「さし出す」「提供する」「与える」等を意味するドイツ語の他動詞〕」――の形象として読むことは、まったく可能なのである。「*Reichen*」はハイデガーが『時間と存在』で記したように、「将来、〈あったこと〉〔過去〕、現在それぞれにおいてたがいを与える[20]」ことである。くりかえすが総合への動きは、相関とともにはじまるのではない。したがって、総合と相関を同一視するのは正しくない。

すでにみたとおり、メイヤスーはこう明言している。相関的論理においては、「過去」はつねに思考の現在にとっての過去である。彼は書いている。

次のような祖先以前的言明があるとする――「出来事Xは人間の出現より何年も早く起こった」。相関主義者の哲学者は、この言明の内容についてはまったく何も干渉しないだろう。起こったのは出来事Xだということにも、その出来事の年代にも反論しない。そうではなく、次のようにつけ加えるだけで満足する。〔…〕出来事Xは人間の出現よりも何年も前に生じた――人間にとっては〔…〕[21]。

だが、メイヤスーの発言が引きだす内容とは逆に、〈前後〉構造の解明ではじめから取りだされたのは、まさしく、思考に対する時間の独立性〔非依存性〕であり、ハイデガーが「自由」とも呼んだものである。『時間と存在』では、はっきりと述べられている。「〔時間の各瞬間は〕たがいにかかわり合って、いったい何をもたらすのか。各瞬間そのものにほかならないのであり、このことは時間の自由な空間〔…〕がもたらされるということを意味する[22]」。この「自由な空間」は、あらゆる主体の存在から自由である。この空間は、年代計算とはいっさいかかわりをもたないし、その意味するところは、メイヤスーでたえずそうだとされているような、「算定された時間における二つの瞬間の点の隔たり、たとえば、五十数年という空間〔これを数千年とすることだってできる〕においてあれやこれやの出来事が起きた、などと言明するときにわれわれが念頭においているもの」[23]のことでもない。

また、メイヤスーでは祖先以前の過去を描写するとされる「原‐化石」という語について、存在論的あいまいであるとハイデガーはかならず指摘するはずである[24]。原‐化石について語るのなら、とうぜん〈始原《アルケー》〉について語ることになる。ところが〈始原〉という語彙は、『有限性の後で』で地球の年齢について語るべく記されている年代や単位／尺度の語彙と、ほとんど両立しえない語彙なのだ。あらゆる始原は、起源における分節化に、計算不可能で、日付の特定ができない〈前後〉の分節化に目を向けさせるものではなかったか。〈始原〉が意味しているのは、前と後の純粋な総合にほかならないのではないか。それなくして前も後もその本性自体において存在しえなくなるような、そうした総合なのではなかったか。くりかえしておくが、総合と相関とは、一方が他方に自動的に還元されるような代物ではないのである。

（20） *Ibid.*, p. 211.

（21） Quentin Meillassoux, op. cit., p. 30.〔メイヤスー『有限性の後で』、前掲書、二九‐三〇頁〕

（22） Martin Heidegger, *Temps et être*, *op. cit.*, p. 220.

（23） *Ibid.*, p. 211.

（24） Quentin Meillassoux, op. cit., p. 26 sq. p. 30. を参照のこと〔メイヤスー『有限性の後で』、前掲書、二四頁以下〕

第一の有限性と第二の有限性

メイヤスーの議論に対するいま一つの意義深い反論、メイヤスーよりずっと以前に展開された〈相関批判〉にもとづく議論が、ハイデガーにはある。

ハイデガーの超越論的なものをめぐる思索には、二つの時期がある。『存在と時間』そして『カントと形而上学の問題』という重要書とみなされる二つの著作で、ハイデガーは、超越論的なものにかんする語彙を保持し、自身の思考に役立てている。じじつ、『存在と時間』では超越論的なものは時間性の脱自的構造を描くものとしてあつかわれている。また注釈者の多くが、この「分析論」はカントの分析論にきわめて近いと指摘してきた。「練りなおされ」、「現存在的に」改名をほどこされ、存在論的なあいまいさから解放された超越論的なものが、カント以後にふさわしいものとされるが、カントからもたらされたこの名称は『存在と時間』の全域に書きこまれている。この著作の第一のねらいが、「現存在《ダーザイン》を時間性（*Zeitlichkeit*）へと解釈し、時間を、存在を問う問いの超越論的地平として解明する」[25]ことにあった点を思い起こそう。『存在と時間』と『カントと形而上学の問題』はともに鳴り、反響しあっている。二つの著書の中心をなす時間性は、地平図式としての時間性である。『カント書』のいくつかの節は、カントとハイデガーのどちらが語っているのか判別できないような印象すら、読者に与える。『純粋理性批判』の計画の「反復（*Widerholung*）」の必要性、カントの計画を代替し同時に完遂するものとして反復することの必要性をハイデガーは強調している。

ところでこの解明の作業は、たしかにカントにおいてなされる〈われ思う〉と時間との「連関connexion」——「相関」の同義語——の解明を拠りどころにしている。ハイデガーは書く。カントにあっては「時間と《われ思う》とのあいだの決定的な連関（*Zusammenhang*）はあくまで全く闇に包まれ、問題になることすらない」[26]。まさに解明されるべきは「連関」であり、「連関」はこれ以降、現存在《ダーザイン》が自身の存在をもつとする理解のうえに拠って立つことになる。

ハイデガーの思考がどのような展開をみせたか、その詳細には立ち入らないが、強調しておかねばならないことがある。それこそが〈転回〉の意味なのだが、ハイデガー自身がこの「連関による」見取り図を問題視し、「超越論的」用語をもちいなくなるのだ。ハイデガーは、アプリオリなものを、これ以降、伝統的形而上学の原理の境域に属するものとみなすようになる[27]。一九二七年の講義で彼は、地平図式的なアプローチの、そして時間と存在につきまとう「原理的」な「不真理」という言葉を発する[28]。『存在と時間』は、彼自身みとめるとおり、まさに現存在と時間の「連関」に依拠していたために、存在の問いを人間学化してしまう危険をはらんでいた。実存の分析は、主体の思想にいまだに支配されている。ハイデガーは『哲学への寄与』に記している。「この手続きのために、存在自体が対象の見かけをまとい、存在の問いの幕開けが予示していたのとは決定的に逆の事態となった」[29]。よって超越論的なもの、を、そ

(25) Martin Heidegger, *Être et temps*, tr. fr. François Vezin, Paris, Gallimard, titre de la première partie de l'ouvrage, voir table p. 16.〔マルティン・ハイデガー『存在と時間』高田珠樹訳、作品社、二〇一三年、vi頁〕

(26) *Ibid.*, §6, p. 50 [24].〔同書、三四頁〕

(27) たとえば以下をみよ。*Beiträge zur Philosophie. Vom Ereignis, in* Martin Heidegger, *Gesamtausgabe*, Francfort-sur-le-Main, Vittorio Klostermann, 2003, vol. 65, no 111 (*Das "Apriori" und die Physis*), no 112 (*Das "Apriori"*), p. 222–223.

(28) Martin Heidegger, *Les Problèmes fondamentaux de la phénoménologie*, tr. fr. Jean-François Courtine, Paris, Gallimard, 1985, p. 386.〔マルティン・ハイデガー『現象学の根本問題』木田元、平田裕之、迫田健一訳、作品社、二〇一〇年、五一二頁〕

してそれにともなう地平概念も、確実に捨て去らねばならない。『存在と時間』の私家版の余白に書きこまれた記載はこう述べる。「このようなものとしての地平をのりこえること」[30]。

これ以降、ハイデガーは存在を拒否し、これに抵抗し、あらゆるアプローチに対して無関心となるが、こうした態度は、〈引き退き〉と忘却の歴史としての歴史のパースペクティヴにおける存在と時間の思考、その出発点となるだろう。現存在にとって時間が了解可能性の地平であることをやめてしまうことになるから、本来的な時間と通俗的な時間の区別もこれと同じく失墜する。こうしたわけで、「連関」は捨ておかれることになる。同じく、超越論的なものの構造物は、〈転回 *Kehre*〉をつうじて疑問視される。このように、ハイデガーは彼独特のしかたで、〈転回〉によって相関主義への最初の批判を成し遂げたのである。

それゆえハイデガーには、有限性の非相関主義的な思考があることになる。これは存在の有限性についての思考であり、現存在の有限性の主題体系にとってかわろうとするものである[31]。たしかに存在の有限性は、存在が現存在にとって根本的問いでありつづけていることを意味してはいる。だが、有限性それ自体にとっての有限性を思考すること、すなわちまさしく相関でないしかたで有限性を思考することは、〈死に向かう存在〉のみならず、存在の〈引き退き〉を思考することになる。これ以降、存在の問いを名ざす出来事とは、まさに〈生起としての出来事 *Ereignis*〉である。

メイヤスーは、ハイデガーの歩みにみられる複数の決定的段階を識別しておらず、〈生起〉の問題系にも、あいかわらず相関主義の支配を見てとっている。じじつ、彼はこう記す。

後期ハイデガーにおいて中心的な生起の概念は、カントから継承され［…］相関性の要求に忠実なままでである。というのも、生起のことである「共‐帰属」は、人間と同じく存在も「それ自体」として提起されるのは不可能であり、ただ第二段階においてのみ——すなわち帰属の二つの項が相互関係によって根源的に構成されてから——関係づけられる、ということを意味しているからだ。「生起は人間と存在の本質的な結びつきであり、人間と存在は、両者の固有の存在の相互帰属によって結合している」[32]。

このようにしながらもメイヤスーは、ハイデガーに二つの有限性があることについてはいっさい言及しない。『時間と存在』でのハイデガーは、この主題についてはこの上なく明快である。

> 存在の有限性が、当初『カント書』での問題であった。〈生起（*Ereignis*）〉の、存在の、そして四方界（*Geviert*）の有限性は［…］しかしながら、その無限とのかかわりから思考されるのではなく、有限性そのものとして［…］思考されるかぎり、最初の有限性［『カント書』のそれ］からは区別される[33]。

（29）Martin Heidegger, *Beiträge*…, no 262, op. cit., p. 451.
（30）Jean Grondin in *L'Horizon herméneutique de la pensée contemporaine*, Paris, Vrin, 1993, p. 65. で言及されている。
（31）『存在と時間』には、この「有限性」が四度しか登場していないことに注意する必要がある。以下を参照。Jean Grondin, *op. cit.*, p. 66.
（32）Quentin Meillassoux, *op. cit.*, p. 22-23.〔メイヤスー『有限性の後で』、前掲書、二〇頁〕
（33）Martin Heidegger, *Temps et Être*, in *Questions IV*, tr. fr. François Fédier, Paris, Gallimard, « Tel », 1976, p. 266.

有限性の「後」とはいったいどういう意味なのだろうか。最初の有限性の後なのか。それとも二番目の有限性の後なのか。

それでもなお

それでもなお、そしてこれが私がハイデガーに最後まで付きしたがわない理由なのだが――ここで私は中断してあった問いにもどるつもりである――「最初の有限性」の消滅で時間の問いはハイデガーにおいて命脈を保てなくなる、といわざるをえないのである。『時間と存在』での信じがたいまでの方向転換、すなわち時間性と主観性の連関をすっぱりと切り離し、時間の思考を時間の贈与としての「ある(il y a)」にしたがわしめた方向転換ののち、時間は哲学の舞台からぷつりと離れてしまった。「二番目の」有限性の時間は謎のままであり、これからも謎のままでありつづけるだろう。これ以降、いったいだれが正面からこの問いを取りあげただろうか。

この時間という問いの消滅を説明するものとして、相反する二つの仮説をあげることができる。時間は、超越論的なものの放棄に耐えきれず、『存在と時間』の彼方に将来性はないとするのが、まず一つ目の仮説である。この方向で考えるなら、相関(主体‐対象関係に還元する総合の作用として理解されるもの)がなんらかのかたちで、カントからハイデガーにいたるまでのこっており、存在論的に依然として問題をはらんでいるのではないかと疑ってかかるメイヤスーは正しい。また以下の仮定も可能である。〈転回〉以後のハイデガーは超越論的なものを放棄するとはいっても、逆説的には、超越論的なもののさらなる〈超〉の探求に、すなわち、超越論的なものの純粋性の重層的な決定、あるいは純粋性の過大視を求めることに合致してしまうのではないか。これこそ、時間をめぐる思索を袋小路に追いこむ〈行き過ぎ〉である。
説明しよう。『存在と時間』と『カント書』の時期に展開されたカント読解が提出した主たる問題は、交叉配列《キアスム》の非正統性に由来する。ハイデガーは、超越論的なものと経験的なもののカントによる分割を、本来的時間性と通俗的ないし平準化された時間性との区別に一致させる。別の言い方をするなら、ハイデガーは超越論的なものを本来的なものと同等のものとみなしているのである。

理論上は、存在の問いの地平としての時間性の解明作業、『存在と時間』の計画であり、『カント書』の指針ともなっていた作業を放棄するのは必然だったのであり、この必然性のために、公式的にはハイデガーは〈転回〉以後、時間性の区別も放棄することになった、ということになる。デリダはこの変転を分析し、「ウーシアとグランメ」でこう述べる。「おそらく、通俗的時間概念なるものは存在しない[34]」。とうぜんながら、この指摘は、根源的時間も存在しないだろうということを示唆している。したがって、超越論的なものや時間についての区別の放棄は、見かけ上は対になっている。

しかしながら、われわれにいえるのは、後期ハイデガーにおける時間思考の練りあげは、これまでの諸見解を刷新するような時間概念の解明につながっているわけではない、ということだけなのだ。この思考が、根源的なものと派生的なものとの差異ののりこえを可能にしてくれるわけでも、〈形而上学以後〉ないし「別の思考」に時間本来の脈動がもたらされるわけでもない。まったく反対に、時間の問いの消滅は、本来的時間性と平準化された時間性とのあいだの差異の先鋭化となってあらわれる。それゆえに、二十世紀末にフランス現象学のある種の思潮が採用した方向は、与えられること、「それが与え

(34) Jacques Derrida, « Ousia et Grammè », *op. cit.* p. 73.〔デリダ「ウーシアとグランメー」、前掲書、一二八頁〕

る es gibt」を根源的時間――『存在と時間』で取りだされた時間性以上に根源的な時間――の新ヴァージョンと理解することだったのである。[35]〈与えられ〔贈与〕〉は、超・超越論的なものということになる。こうした方向での読解が可能だったのは、ハイデガーによる「第二の」有限性の思考のうちには、どこかしら、この方向へ進むのをゆるすものがあったからだ。

根源的なものと派生的なものの区別をのりこえるという課題に向けて、ハイデガーはそのカント読解の結論を再検討することになるはずだった。たとえば、〔『純粋理性批判』の〕二つの版のあいだの溝――想像力の形成的な力と同時に知性の論理的自発性があるという起源の二つのヴァージョンをへだてる溝――についての発言は訂正されたはずだ。そしてあらためて、存在論的地平として了解された時間と諸現象の客観的時間、この二つの時間の差異が見なおされるはずだった。『存在と時間』と『カントと形而上学の問題』でハイデガーが解釈した超越論的なもの、その破壊‐脱構築は、時間のもつ観念性とその自然性のあいだの、新たな形而上学以後的な一体性の解明へと向かうはずだった。だが事態はそうならず、第二の有限性および「在る《イリヤ》」をめぐる思索で、本来的なものと非本来的なものの区別が明示的に放棄されることはけっしてない。そこでも、この区別は継続する。

この区別の身ぶりを解消しないまま根源的時間性と派生的時間性の区別に固執する。この二つの時間性を調和させようともせず、存在論的なものと物理的なものを同時に含む、そうした世界の時間性の概念を練りあげようともしない。むしろ時間の問い自体の外へ出て、経験的身分なき「在る《イリヤ》」の神秘のなかに入る道をさぐる。こうした態度をとることでハイデガーは、地平の純粋なイコン〔聖像画〕的創出としての時間そして自然の時間、この二つの時間を一緒に思考することを不可能にしてしまった。だが、これこそが取り組みが求められている課題なのだ。

カントが内的に結びついているとしていた時間の図式的および経験的な二重の次元を分割することで、ハイデガーはすでに『批判』をその客観性から切り離したのであり、その初版を純粋イメージのナルシス的な円環のなかに閉じこめ、第二版を派生的時間についての記述の一つに分類してしまった。「人間の魂の奥底に秘められた妙技(36)」である以上、図式論は生物学的所与をその基盤としてもちえたはずであり、図式論それ自体は、正確に、根源的時間性と自然性の連結・分節化でありえたはずなのだが、こうしたことをハイデガーは一瞬たりとも顧慮しなかった。後年の彼の思索の方向は、二つの存在論的水準をへだてる溝をのりこえることはなかった。第一の有限性を疑問視したからといって、時間性の自身との真の和解が得られるわけではけっしてないのである。

私はハイデガーにしたがって自分の結論を出すつもりも、後成説についてハイデガーに最終判断を仰

(35) たとえばジャン＝リュック・マリオンの以下の著書をみよ。Jean-Luc Marion, *Étant donné. Essai d'une phénoménologie de la donation*, Paris, Puf, « Épiméthée », 1997, rééd. « Quadrige », 2013. たしかにマリオンは〈与えられ〉と超越論的なものとを同一視するのを拒否している。だが、この拒否の姿勢は、この〈与えられ〉をさらに原初的な原理とみなし、超越論的な「超 super」や「過 hyper」という意味で、あらゆる〈前〉よりも前に来るものという意味でとらえることにたどりついている。これは最初のものであると同時に、最後のものでもある。つまり〈究極〉なのだ。マリオンは述べている。「〈与えられ〉の特性は、その定義から［…］特権的となる。なぜなら〈与えられ〉はつねに、与えられるよりも先に引き退いた様態をとり、その引き退き自体が与えられることを、その不在を確証し、存在者でも、対象でも、私でも、超越論的なものでもないかたちで、その作用を確証するからである。それはまさしく原理として生ずる、だが最後のものにとどまるという条件で」。*Ibid.*, p. 90.

(36) CRP, p. 226, A141.〔第一批判、上、二二七頁〕

ぐつもりもないが、それは相関主義への非難がそのさまたげになると考えたからではない。相関主義批判が真に的確な反論になっていないことは、すでにみた。ハイデガーとともに自分の結論を出さないのは、彼の思索が本来的なものと非本来的なものという問題含みの二元論をのりこえることがけっしてないからなのである。こんにちの〈時間〉は、形而上学的時間への回帰でない、等しく自然的で存在論的な時間であるべきなのだ。

後成説の主題をたどるなら、われわれはこう結論づけることができる。ハイデガーによるカント解釈はのりこえ不可能であると同時に、不十分である。時間が『純粋理性批判』の主要問題とされている点で、彼の解釈はのりこえ不可能である。そして、カント以後の哲学に、この問題の解明で約束される未来をもたらしたとはいえない点で、ハイデガーのカント解釈は不十分である。ハイデガー以降、時間はその不感性と物質性とに分離され、引き裂かれたままとなっている。

相も変わらず〈存在者〉を貶める言葉に執着し、大陸哲学はいっさいの科学的諸問題から自分を切り離してしまった。それゆえメイヤスーの以下の言明は正当であろう。「現代における形而上学の終焉は、懐疑論的でありながらの、形而上学の宗教的終焉でしかありえない[37]」。しかしながら、すでに指摘したけれども、粗暴な数学回帰でこのポスト脱構築の宗教ときちんと縁が切れるかどうかは定かではない。むしろ、こうした動きはこの宗教の裏面にすぎないようにみえる。分裂はつづく。なぜなら、われわれはこんにち、メシア的時間——根源的時間の誇大表現——と氷河期的、祖先以前的な時間——通俗的時間の誇大表現——とが拮抗するスペクタクルに直面しているからだ。この二つのあいだに時間の後成的な思考の緊急性が立ちあらわれる。

メイヤスーからハイデガーへ——他者性そして固有性批判

引きつづき以下の問いを、そしていまこそより正確に問わねばならない。メイヤスーの方法が、ハイデガーとの対論をこえたかたちで、そのねらいどおり超越論的なものの放棄を完全に説得力あるものにできていないのはなぜなのか。

私がここに示した結論について、いくらか言葉を和らげ、『有限性の後で』にはあきらかに大きな功績があることをみとめる必要があるだろう。この本は、脱構築以後の真の展望という考えを、すなわち〈自己〉という強迫観念から解放され、象徴的‐超越論的なものという障碍物をふみこえる不安、禁令を破る不安から解放されて哲学するという考えを取りだしてみせた。メイヤスーの思考は果てなき自己反省から解き放たれ、思考が存在しない時間に向けられた思考なのだ。

この本でもっとも強力な二つの予告は、思考の脱固有化をめざす、前例なきくわだての告知、そして、いまや周知のものとなった「まったき他者」の概念とは別のもう一つの他者性という概念の練りあげに由来する。われわれはこうした予告の将来性が確かであるとみなすのをためらっているのだが、それはなぜなのか自問しなければならない。まずはこの予告の見通しを詳しく検討しよう。

非所有化と脱所有化としての哲学

おそらく、哲学的思考の脱所有化〔脱固有化〕と非所有化の根本的な要請がメイヤスーにおいてほどラディカルに聞きとられた例はない。もちろんハイデガーにおいても、生起 *Ereignis* という語の構成要

（37） Quentin Meillassoux, *op. cit.*, p. 62.〔メイヤスー『有限性の後で』、前掲書、八三頁〕

素としてはたらいている所有化の動き――形容詞 *eigen* は〈自分のために所有すること〉を、名詞 *das Eigene* は〈固有なもの〉をさしている――は、対立する見かけの表現から、すなわち「非固有化 dépropriation」と翻訳される〈没収・接収 *Enteignis*〉から、多くの場合切り離しえないものであった[38]。にもかかわらず、固有化の動きは残存している……。

メイヤスーのみるところ、相関への批判は〈固有性／所有 propriété〉の批判に明確に合致する。「脱所有化 désappropriation」という語は、ある財産を放棄する事態をさす。意味がひろがって「脱所有化」は個人性の放棄を含意するようになり、脱人格化の同義語となる。「非所有化 dépropriation」のほうは、あるものが存在するのをやめたとき、そのあるものに対する所有権の消滅をさす新語である。メイヤスーにとっては、超越論的なものの放棄は、この二つのはたらきが結びついて含まれることになる。

まず課題になるのは、ある空間に境界を設定し、占有する戦略として定義される思考の概念体系を解体することである。この境界設定と占有の戦略は、たとえば、カントが『判断力批判』の序論において、「土地（*champ*）」「地域（*territoire*）」「領域（*domaine*）」の三観念を区別することになった当のものであるが、この区別のねらいは、われわれに固有に属するものは何かを、認識と思考の地理学の見地から正確に規定することにある。カントはこう記している。

対象の認識が可能であるか否かにかかわりなく、およそ概念が対象に適用される限り、これらの概念はそれぞれ自分の土地をもつわけである。するとこの土地は、概念の対象とわれわれの認識能力一般との間に成立する関係に従って規定されることになる。即ちこの土地のなかで、我々にとって認識が可能であるところの部分は、かかる概念とこの場合に必要な認識能力との地域（*territorium*）である。

またこの地域の中で、これらの概念が立法的である〔法則を与える〕ところの部分は、かかる概念とこれに相応する認識能力との領域（*ditio*）である。(39)

所有権をめぐる自然法の用語は、こうした境界の存在を概念的に補強するのに役立つ。カントが派生的獲得と根源的獲得とを区別していたことを、われわれはここで想起する。二番目の根源的獲得は、それまでだれにも属していなかったものが財産になるという、最初の獲得をさしていたのだった。カントにおいて、獲得 appropriation はあらゆる本質化作用から切り離され、固有のものは実体ではないとされていても、存在と思考のあいだの所有化／固有化の関係が依然として超越論的哲学において第一のものであることは変わらない。幾度にもわたって示されているのは、カテゴリーと対象の関係の後成説が、思考の構成要素がわれわれのものとなるそのしかたについての考察、主体が真理の超越論的構造をわがものにしなければならない、そうしたありかたについての考察と切り離しえないことである。

これに対し、『有限性の後で』において来るべき思考として呈示されているのは、借りを返すことである。現在までだれにも属していなかったものをどう財産として獲得するかといった省察ではもはやなく、名をもたぬ存在の財産返還としての思考、すなわち、これまで自分たちだけに属しているとわれわれが信じていたものを返還しようとする思考である。これは同時に、非所有化としての財産であり、もはや財産でない、財産であることをやめる財産である。世界は「われわれのもの」ではなくなる。

（38） Jacques Derrida, *Donner le temps*, Paris, Galilée, 1991, p. 33. をみよ。

（39） CFJ, Introduction, Section II, « Du domaine de la philosophie en général », *op. cit.*, p. 152.〔第三批判、上、二六頁〕

ラディカルな偶然性、絶対、「祖先以前性」といった主題は、この本をつらぬく哲学的な所有権放棄の特別な表現なのである。相関主義は、「われわれ」から出発することで哲学的思考に「脱絶対化」をほどこしたのであり、カント以後この動きはいっそう強化され、諸々の限界はこえられないものということになった。こうした状況と手を切ること、それは「自己自身の外に出ること、即自〔それ自体〕を捉えること、私たちがいようがいまいが存在するものを知ること[40]」を含意する。自己それ自体から脱することは、〈自己なるもの〉それ自体から、固有のものから脱することである。祖先以前性の思考は、「人間にかかわるもの」であることすら、やめるのである。メイヤスーは言い放つ。「人間という種の出現に先立つ——また、知られうる限りの地球上のあらゆる生命の形に先立つ——あらゆる現実について、祖先以前的〔*ancestral*〕と呼ぶことにする[41]」。そしてこの「前」の現実性は、「後」でもある。祖先以前的な無時間性 achronie および無関心もまた、〈人間以後《ポスト・ヒューマン》〉的な現実の投影なのだ[42]。意識を介在しない「非人間的な」時間の実在は、「人間の出現に先立つ」地球の時代に相当するのだが、次に来る〔未来の〕あらゆる人間の意識が不在となる状況下でも存続可能な現実にもかかわっている。

したがって、獲得されるべき「それ自体」もカントの「物自体」ではなくなる。物自体はわれわれぬきには存在しえないものだからだ。また、「絶対」が意味するのは、「無条件的なもの（*unbedingt*）」ではなくなる。すでに述べたように、諸条件をめぐる語彙は超越論的なものの特権的表現なのだから。ここでは、〈それ自体〉は、有限性の裏面であることをやめ、純粋な分離となる。

私たちは、思考がどのようにして贈与されずに存続しうる世界へとアクセスできるのかを把握しなければならない。あるいは、以上のことは、思考はいかにして、ある絶対的なもの〔un *absolu*〕へアクセスできるのかを把握しなければならない、ということに相当する。絶対的なものとは、思考への結びつきを解かれている［délié］（これこそ absolutus の第一の意味である）もの、思考から分離されているがゆえに私たちに非‐相関的なものとしてそれみずからを私たちにさしだすものであり、私たちが存在しようがしまいがお構いなく存在しうるものである。(43)

〈絶対〉概念をもちだすからといって、基礎づけの存在論的保証として、神の実在や理由律〔根拠律〕への回帰が含意されるのではまったくない。そうではなく、まったく逆に、非理由の必然性、すなわち、くりかえしになるが、〈絶対〉概念は、ラディカルな偶然性として理解されねばならない。

私たちは絶対者を考えるのだが、それは形而上学的ではなく、かつ私たちは、絶対的である何か（存在者）はないと考える。絶対的なものとは、必然的存在者の絶対的不可能性である。私たちは、もはや理由律〔根拠律〕——すなわち、あらゆるものはこのようであり別様ではないことの必然的理由を

(40) Quentin Meillassoux, *op. cit.*, p. 38.〔メイヤスー『有限性の後で』、前掲書、五一頁〕
(41) *Ibid.*, p. 25-26.〔同書、二四頁〕
(42) メイヤスーは以下のように述べている。「さらに踏み込んで考えるならば、原化石の問題は、実は祖先以前的な言明にのみ限定されるものではない。というのも、それは思考と存在の時間的不一致［*décalage temporel*］において意味をもつような言説すべてに関わっているからである。したがって、人類が出現する以前の出来事に関わる言明だけでなく、人類の消滅以後において可能な世界の出来事に関わる言明もまた、そこでは問題となる」
Ibid., p. 155.〔同書、一八七‐一八八頁〕
(43) *Ibid.*, p. 39.〔同書、五三頁〕。

もつ——の変種を主張している。いかなるものにも、今そうであるように存在し、そのようであり続ける理由はないのであり、すべては、いかなる理由もなく今そうであるようではなくなりうるのでなければならない。そして／あるいは別様になりうるのでなければならない(44)。

このような〈絶対〉の思弁的思考は、「偶然性のみが必然的である」——「のみ」はここでは除外・独占の封印として、同時に孤独の確認（〈絶対〉とはだれもいない状態である）そして脱固有化として理解されねばならない——と断言するのだが、これにより超限数の数学と無人化の除外作用との関係に光をあてることが可能になる。数学こそがつねに、「人間のいない世界、現出に相関しない物や出来事で満ちた世界、世界への関係と相関しない世界(45)」についての存在論的原理を打ち立てようとしてきたのではないかというのだ。

ハイデガーに応答するかたちでメイヤスーは次のように言明する。究極的には、「時間」は、総合の不可能性、その破壊可能性ないし絶対的破壊、すべての痕跡の決定的消去のほか、何ものもさし示さなくなる。ラディカルな偶然性としての時間、脱所有化された時間は、それ固有の非規則性、本来の図式への従属の拒否と一体化する。となると、これは法則の外にある時間、すなわち「いかなる法則性もなしにあらゆる自然法則を破壊できる(46)」時間である。だがこれは、「あらゆる特定の現実を破壊できる時間——いかなる理由も法則もなしに、あらゆる事物もあらゆる世界も破壊できる時間——、そうした時間のみが、絶対的なものとして思考可能なのである(47)」。

こうした奇妙な時間配置には、みてのとおり、後成説の場所がどこにもなさそうである。じじつメイヤスーによれば、「「生命の出現」について語ることは、現れに先立つ世界のただなかでの現れの出現について言うこと」[48]である。したがって、超越論的後成説をカントの思考のうちに位置づけようとするくわだては、いまだに、相関の誕生や一般的意味をとらえようとする方策の一種ということになるのだろう。あたかも生成と意味がぴたりと重なり、これらに先行する濃厚な無機的存在を闇に放置するかのようである。生命の出現一般、すなわち特殊な言い方での後成的作用のはじまりなど、メイヤスーにしたがうなら、自然の年代決定における、取るに足らない、ほかと変わらぬ出来事にすぎないことになる。こうした出来事はまさに、その超越論的身分を失うことになる。

もう一つの他者性

ラディカルな偶然性の言説は黙示録的な言説ではなく、合理的にして（「依然として数学的な」）厳密な一つのくわだてであり、これが練りなおそうとするのは、二十世紀の哲学がたえず問いかけてきたことになっている絶対的他者性の問いである。この問いは、また同時に、伝統的哲学において「芸術的、詩学的、あるいは宗教的な」方途に閉じこめられてきた問いでもあるだろう。思考の根底にある構造が転換されず、（相関的にではなく）ラディカルに転換可能なものとして考察されないのだから、まったき他者なるものが拠りどころにするのは、空想やあてにならないメシア的恩寵となる。形而上学の解体や脱

(44) *Ibid.*, p. 82.〔同書、一〇五頁〕
(45) *Ibid.*, p. 37.〔同書、五〇頁〕
(46) *Ibid.*, p. 84.〔同書、一〇七頁〕
(47) *Id.*〔同書、一〇七–一〇八頁〕
(48) *Ibid.*, p. 33.〔同書、三二頁〕

構築は、脱所有化の理論や実践、つまり鏡像の思考と絶縁する脱所有化にかんしてはじゅうぶん厳密ではなかったのであり、あらゆることがいかなるしかたであれ到来する、到来しつづけるというのを不可能にしてしまったのである。

まったき他者の到来というのは、自身の終末を展望するようになった二十世紀の哲学が、たえず予言しつづけてきたとみられるものである。数々の予言が幻滅をもたらしてきた後もなお、まったき他者は最後には到来しうるというのだろうか。そのあいまいな待ち受けを思考に担わせることなく、この他者は現実に到来しうるのか。ある意味では、ラディカルな偶然性の問いがもっている思弁的緊急性は、陰画的にだがカントによって準備されたのだが、彼は問いを定式化するとただちに封じてしまったので、問いかけの再開は現在まで持ち越されてしまったのだろう。だがこんにち、「現にある存在をめぐるアプリオリな知の破壊(49)」と了解された偶然性は、大きな問題として、『純粋理性批判』の中枢たる超越論的演繹において抑圧された問題、最終的にけっして解かれなかった問題として浮上しているのではないだろうか。それはまさしく〈まったき他者〉の問題ではないだろうか。

それゆえ二十一世紀のいま、倦むことなく、ちがったかたちで、問いを提出しなおさねばならない。なんらかの他者が、最終的に到来しうるのか。メイヤスーは注意をうながす。

偶然性［contingence］という語は、ラテン語の *contingere* すなわち到来するという語を語源にもつものだ。つまり［…］到来する〔起こる〕ものなのだ［…］。それは、要するに、何かがついに起こるときを意味する。偶然的なものとは他の何かであり、すでに数えあげられたあらゆる可能性から逃れるものであり、ありそうもないことも含めてすべてが予見可能な場としての賭博の、その虚しさに終止符を打つものである。私たちの身に何かが起こるとき、新しいものが私たちの喉元をつかむとき、計算は終わり、賭けも終わる。そしてついに、真面目なことが始まる。[50]

「真面目な」こととは現実的なことがらである。〈現実的なもの〉こそ、こんにち思弁的実在論の名で呼ばれるこの思想運動の根本問題であり、これこそが〈想像的なもの〔超越論的なもの〕〉、〈象徴的なもの〔解釈学的なもの〕〉が消え去ったとき、言い換えるなら、存在がもはや真に完全になくなったときにものこっているものである。正当に終わるのでも、歴史的になくなるのでもない、無となるときである。無が現実的である〔現実的なものは何もない〕。理由律の絶対的な失墜としての無。何ものにも理由はない、ほかではないあるものが生起するのに、〈まったき他者〉が到来するのに、いかなる理由もない、とされねばならないのである。

だが何も変わらない

しかしながら、どのようにして「自然のプロセスには究極の必然性が確かに存在することを認める[51]」のをやめるのか。どのようにして、ラディカルな偶然性を証明し、自然法則にあるとされる必然性、その不在を証明するのか。世界がいつ何時でも変化しうるということを、辰砂がつねに重く、つねに赤色であるとする、あのカントの言明〔『純粋理性批判』A100-101〕にどう反論するのか。変更可能な法則の

(49) *Ibid.*, p. 173.〔同書、二〇八頁〕
(50) *Ibid.*, p. 149.〔同書、一八一頁〕
(51) *Ibid.*, p. 123.〔同書、一五一頁〕

総体と了解される〈まったき他者〉をどう正当化するのか。

奇妙なことに、この決定的に重要な論点でメイヤスーの推論は行き詰まる。期待に反して、〈まったき他者〉についての議論は世界の安定性の逆説まじりの弁護に変貌してしまう。つまるところ、そこでは何も変化しない。

仮に諸法則がじっさいに偶然的なら、それは変化する、あるいはたえず変化しようとしていることになってしまうと主張する「必然論的」議論、あるいは超越論的議論を、厳密さをもって取り除くのは、とうぜんながら容易ではない。諸法則が変化していないのだから自然法則には必然性があるとする議論に、どう反論するのか。[52]同様に、もし表象がカテゴリーによって秩序づけられるのでないとしたら、世界をめぐるわれわれの経験は純粋な混沌《カオス》と化すだろう。だがそうはなっていない。意識の統一性はそのままつづいている。

それでいてメイヤスーは、世界の統一性と安定性をめぐる問題に対する超越論的な解決に抗して、カオス理論（「カオスは何でもできる」[53]）を採用するのは拒否している。カオス理論では、じゅうぶんではないからだ。カオスが絶対化されるなら（〈すべて〉がありうる）、それは必然となり、カオスであることをやめてしまう。[54]

では世界の偶然性をどう証明するのか。推論のこの地点にさしかかると、メイヤスーの著書のもっとも説得力を欠いた部分が露呈しはじめる。戦慄に身をゆだねたのち、この本はけっきょく、世界の安定性に甘んじる。必然性はない、だがカオスもないとメイヤスーはいう。その議論はこうだ。

カオスの唯一の必然性は、カオスであり続けるということだけだ。カオスに抗がえるものは何も存在しない。カオスにおいて、存在するものはつねに偶然的であり続けるのであり、決して必然的であることはない。しかしここが核心的なのだが、私たちは次のように確信する――カオスがそのように偶然的、非‐必然的であることは、実は、存在者にどうにでもありうるわけではないことを強いるのである(55)。

そしてさらに先で彼はこう述べる。「存在するとは、必然的に一つの事実であるということだが、しかし一つの事実であるということは、何でもありうるということではない(56)」。

(52) *ibid.*, p. 134をみよ〔同書、一六三‐一六四頁〕。「ヒューム‐カント的な推論は、《私たちの宇宙》内の出来事に適用された理論ではなく、《可能的宇宙の全体》における可能な事例として見なされる《私たちの宇宙》に適用された確率理論である。彼らの議論の中枢は、思考可能である可能的なものと経験的に可能的なもののあいだに数の上で莫大な隔たりがあることを認めながらも、そこから確率論にまつわる錯誤を次のような形で引き出すことにある（それが、頻度の帰結が正当化される源泉である）――すなわち、もし法則が実際に理由なく変化しうるのならば、法則が頻繁に変わらないでいるということはきわめてありえないことではないだろうか、という錯誤である――これは大げさに言っているのではない。それは次のように言わねばならないほどのことなのだ。すなわち――ここでヒュームからカントの立場になるが――、たんに私たちはそのこと〔法則が実際に理由なく変化しうること〕をもうすでに知っていたであろうというだけでなく、私たちはそれを知るための場所に決して存在しえなかったであろう、と言わねばならないほどなのだ」

(53) *Ibid*., p. 109.〔同書、一三六頁〕

(54) 同書で展開される以下のページの議論をみよ。p. 90-91.〔同書、一一三‐一一四頁〕

(55) *Ibid*., p. 90.〔同書、一一四頁〕

(56) *Ibid*., p. 107.〔同書、一三四頁〕

このテーゼを擁護すべく、メイヤスーが展開するのは、「何でもいいのではない諸条件」についての不可解な論証である。「[…]存在者は、まったく偶然的なものでありつづけ、必然的なものとならないためには、何でもいいのではない諸条件に従わなければならないのであり、それらは存在するものの絶対的本性と同じになるのである。こうして私たちは、非理由に関する理性的な言説の本質が何であるかを理解するのである――その非理由は、たんなる不条理[déraison]ではないのだ。それは、存在者の〈非存在の可能性〉と〈別様である可能性〉のために従わねばならない制限を確立しようとする言説である[57]」。

「偶然性とは、何でも起こりうるということであり、何でも起こらないかもしれないということであり、また、現に存在するものがそのままで存在し続けるということも偶然的なのである[58]」というのはよくわかる。また、超限数の論理(およびそこに起因する可能なものを全体化することの不可能性)は、あまたある公理の一つでしかないのであって、唯一絶対ではないということも受け入れられる。だが、〈何でもいいもの〉への批判というのは、よくわからないのだ。仮にあらゆるものが「何の理由もなく他のあり方に変化[59]」しうるのだとしたら、なぜ何にでもなることはできないのか。常道をはずれてみせているのか、それとも凡庸なだけなのか。不条理なのか、それとも超論理とでもいうのか。

〈何でもいい〉の拒否は、まさしく、本来的なもの(非理由の合理的な本来性)と非本来的なもの(〈何でもいい〉の通俗性)の分割にもどっているようにみえる。つまるところ、この分割は、世界の秩序と本来のもの/固有のものを救済し、ラディカルな偶然性を「思考可能」であるにすぎないもの、あるいは「数学的に可能」であるにすぎないものに還元してしまい、〈存在するもの〉をゆるがすことはない。私が非難しているのは、メイヤスーの「解決」が詭弁家《ソフィスト》的であることであり、この解決によると、「無ではなく何かが存在することは必然的である。なぜなら、他のものでない何かが存在することは必然的に偶然的だからである」(60)となる。

けっきょく、大いなる特異性をもつメイヤスーの議論が、現実的な他者性についてのいかなる展望もひらくことはない。われわれは〈爆発〉を期待したのだった。われわれは転回――コペルニクス的な転回――を期待した。だが何も変わっていない。何も起きてはいない。おどろきはいったいどこへいってしまったのか。変貌はどこへいったのか。何よりも、有限性の「後」とは、あらゆる事物を手つかずのまま放置するこの「後」とは、いったいなんなのか。カントの「後」だというのか。だが「何でもいい」という語彙は、依然として可能性の諸条件のそれではないか。言い換えるなら、それこそ超越論的なものの語彙である(61)。では、「後」がハイデガー「以後」だったらどうなのか。だがハイデガーは、『根拠律』のなかでいっそう先に進み、「根拠〔理由〕なしに何も存在しない」と「あらゆるものは根拠〔理由〕なく存在する」との同質性について、論じているではないか。この論文の終盤で「賭け」の観念が検討されているが、〈賭け〉は、確率と倍賭けをぬきにしても、「基礎／土台（*Grund*）」を確実にゆさぶるとされているのである(62)。

こうして、読み手は最終的にはこう訝ることになる。相関主義ののりこえと超越論的なものの放棄に

(57) *Ibid.*, p. 90.〔同書、一一四頁〕
(58) *Ibid.*, p. 86.〔同書、一〇九頁〕
(59) *Ibid.*, p. 73.〔同書、九四頁〕
(60) *Ibid.*, p. 103.〔同書、一二九頁〕
(61) *Ibid.*, p. 90.〔同書、一一四頁〕をみよ。

どんな利得があるのか。こののりこえ自体における、そしてこれによって含意される変容と変化可能性の力が、のりこえるべきもの自体よりずっと弱いとしたら、と。メリットはなんなのか。「相関性の循環と［…］切断(63)」したとして、何が変わるというのか。もし何も変わらないのなら、なぜこうした主張をするのか。そしてとりわけ、どうやって主張するのか。じっさい、可能なものの全体性を放棄することは、可能なものの理念自体を放棄することにもなりはしないか。くりかえすが、カントにとって、理念とは、諸条件の全体性という形式ないし規則、すなわち諸々の可能性の、一つの〈もの〉の形式ないし規則である。ならば理念なし、そして他者なし、他者の理念なしで、偶然性の「思弁」は、われわれをどこへ連れてゆこうとするのか。それこそ、「どこでもない、いかなる理由もない(64)」と答えるべきではないか。

神経生物学的理性批判のほうへ

〈到来するもの〉ではなく〈進化するもの〉を

理性と脳の同一性をめぐって心的ダーウィニズムと後成説から出された問いは、どうなっているのか。超越論的なものの放棄をめぐる訴状に、この問いは何をもたらしたのか。つまるところ、われわれはなぜ、みちびきとなるこの路線にもしたがうことができないのか。

ハイデガーとメイヤスーとの共通点に注目するところからはじめよう。すなわち、二人の生物学に対する沈黙である。ハイデガーが生きものの科学に対して、そして生の問い一般に対して不信感をもっていたことを、われわれは知っている(65)。メイヤスーにあっては、『有限性の後』で頻繁に言及される「経験科学」に賦与される意味は、疑問の余地なくあきらかである。この著作のどの場面でも、「経験科学」がさしているのは物理学のみである。彼の議論のなかで生物学は大きな不在となっているのだが、それでも「祖先以前的なものの認識を算出する実験諸科学の能力(66)」を刷新したいのだという。生物学は一度として言及されない以上、ここで「経験諸科学」と複数形で書かれているものはいったいなんなのかという疑問がわく。

この問いはきわめて重要である。というのも、「新懐疑論的」テーゼをめぐる分析が示したように、ただ生物学のみが、自然法則の偶然性について、妥当性ある概念を理性に提供できるように思われるからだ。この意味で、現代の生物学は、数学以上の説得力をもって、ラディカルな偶然性のテーゼに資するものである。生物学的視点は、形而上学以後においても、〈批判〉以後においても、豊かな潜在力を秘めているのであり、これを無視する哲学者たちのほうが間違っているのだ。二十世紀初頭から、幾人かの

---

(62)「〝なぜなら〟は遊戯〔＝賭け〕のなかに消える。〝遊戯〟は〝なぜ〟なしに在る。それは遊ぶあいだは遊ぶ。遊戯のみがありつづける。遊戯が在る。もっとも高いものがあり、もっとも深いものがあるということだ」Martin Heidegger, *Le Principe de raison*, tr. fr. André Préau, Paris, Gallimard, 1957, rééd. « Tel », 1962, p. 243.〔マルティン・ハイデガー『根拠律』辻村公一訳、創文社、一九六二年、二二六頁〕

(63) Quentin Meillassoux, *op. cit.*, p. 24.〔メイヤスー『有限性の後で』、前掲書、二二頁〕

(64) *Ibid.*, p. 151.〔同書、一八三頁〕

(65) じっさいにはハイデガーの生物学への関心は存在しており、そのことは少なくない主要テキスト（とりわけ『形而上学の根本諸概念——世界・有限性・孤独』）に示されている。しかしながら、ハイデガーにおいて生命の地位は、つねに存在や現存在というより高い審級との関連から派生しているとみなしてもさしつかえない。

(66) *Ibid.*, p. 37.〔メイヤスー『有限性の後で』、前掲書、四九頁〕

物理学者が自然法則は進化しうるものであるという考えを表明していたことを想起していただきたい。言い換えるなら、自然法則が「変化しうる」という仮説を物理学は生物学に借りているのである。私はヘルムホルツないしボルツマンのこの論点にかんする見解に言及しておいた。フランスでは、哲学者エミール・ブートルーも、進化論的テーゼへの賛意を示している。その著書『自然法則の偶然性』で彼は、因果性の原則にかんしてこう述べている。

人間精神に自然原因という科学的概念をもたらし、これを漸進的に明晰にしていったのは経験であることを忘れてはならない。この概念は、存在の様態を決定づけるアプリオリな原則ではなく、諸様態のあいだに実在する関係の抽象的な形式である。諸物の本性は因果性の法則から派生すると言明することは、われわれにはできない。われわれにとって因果性の法則は、所与の事物の観察可能な性質に由来する諸関係を一般的に表現したものにすぎないのである(67)。

さらに先ではこう指摘される。「還元的な科学は［…］諸物の性質が動かないままであると仮定して、諸物の関係を定義している(68)」。ブーヴレスはこの発言に次のように注釈をくわえる。「だが、とうぜんのことながら、この性質を不動のままに留めおく、どのような必然性も存在していない(69)」。

ここで自然法則の可変性ないし変更可能性の概念は、現象における証拠をもたない数学的論証が成立させたものではなく、遺産——存在論的であると同時に系統発生学的な遺産——としての生物学的理論のもとに基礎づけられている。この視点からすれば、偶然性は、公理的なもの——とうぜんその起源はつねにアプリオリであることになる——からではなく、経験と適応によるアプリオリなものそれ自体の構成という考え方から得られることになる。

偶然性が予期しえないものであるという理解を取り入れるなら――メイヤスーがそうしているように生起することと偶然性を定義するなら――自然法則の可変性という仮説以外主張できない。じっさいにはこうした理解は、これについてどういわれようとも、骰子の論理の上に成り立っている。偶然性はさまざまな生起のたんなる気まぐれに還元され、事物の秩序における頻度や稀少性、あるいは変化の欠如などの純粋な潜在性と見分けがつかなくなる。だが、こうした意味での自然の偶然性という考え方が、自然のうちに確認されることは、絶対にありえない。

思考の法則も自然法則もふくめた諸法則、その安定性と世界の安定性が漸進的に変化するという考え方は、このような考え方とはまったく別物である。「新懐疑論的」議論は、初発の議論（ヒュームの議論）が変化したものであるだけでなく、変化した変化概念も含んでいる。発生〔生起〕に基礎をおく偶然性理解は、法則が漸進的に変化し、また変化可能性をもつという、はるかに説得力のある考え、アプリオリなものからの経験的派生に依拠する考えにとってかわっている。

こうした〔法則の可変性という〕考え方なら、概念と変化する現象性をつなげることは可能だし、カオス的世界、気まぐれな自然、個々ばらばらな表象といった不条理な想定に帰結することにも、純粋数学的な可能物の措定にいたることもないだろう。

だが、自然法則の進化論的可変性を主張する物理学者など、いないではないかという反論の声があが

(67) ブーヴレスによる引用。« Le problème de l'a priori... », *op. cit.*, p. 6.
(68) *Ibid.*, p. 7.
(69) *Id.*

るだろう(70)。エーデルマンはこの論点について考察し、『意識の生物学』〔邦訳『脳から心へ　心の進化の生物学』〕でこう述べている。「物理法則の不変〔…〕を最初に明らかにしたのはアインシュタインであった。じじつ、一般相対論は絶対不変の条件をさぐる手段と見なされる(71)」。

しかしながら、すでにみたように、不変なものと可変性の二重性は、心的諸対象構成の理論を混乱させしつづけている。第三世代の懐疑論的議論が進行中である。神経生物学においては、脳の後成説が思考の進化論的考え方を引き継いでいる。ダーウィンがあきらかにした数々の過程は、神経細胞群《ニューロン》のレベルで研究され、証明されている。神経的ダーウィニズムは自然法則の偶然性の主張を転換し、これを客観的形態や客観的つながりの強固な安定性の背後ではたらいている、淘汰選択の変わりやすさを再認識する方向へと向かわせる。

シャンジューが『ニューロン人間』で提案した心的対象の定義を思い出していただきたい。「心的対象は、一定の複数の皮質野のレベルに分布するニューロンの集団あるいは「集合体」が〔電気的および化学的〕活動に入ることによって、相関的かつ一過性につくり出される物理的状態と同一とみなされる(72)」。心的対象は、脳によるカテゴリー化操作と現実的対象とが交叉する点で構成される。ところで、

外的世界と相互交渉するとき、われわれの脳は、変異ならびにときに「ダーウィン的」と称される「選択」〔淘汰〕のモデルに即して発展し機能します。〔…〕変異、内的諸形態の多様性の発生は、妥当な形態の選択に先立っています。諸「表象」は、蜜蠟の一片になされるような「刻印」によってのみ、脳のなかで安定するのではなく、選択〔淘汰〕の過程の帰結として間接的にそうなるものでもあります(73)。

神経における細胞物理的な現実は、後成的作用にしたがっているのである。心的対象の恒常性は、安定性以上の安定化作用からきている。この物理的現実はさまざまな可能性の範囲から規則的に発現し、その選択はきわめて偶然的である。だが、この偶然性は、心の形式に固有のものであるばかりではない。脳の後成的作用は、主体以外にかかわることのない「真であるとする」ことのみを産出する装置ではない。脳の活動は、自然的かつ物質的な自然と物質の獲得である。つまり、脳の後成的作用の偶然性もまた、具体的に世界の偶然性に関与している。世界が対象でないのと同じく、脳は主体ではない。脳の後成的な発生と発展は、〈現実的なもの〉の全体性に影響をおよぼす。

というのも、後成的な作用は「一方に他方がはめこまれた」いくつもの進化の層を含んでいるからだ。〔これらの層は〕それぞれが偶発的変異の影響を受けている。古生物学の時代の種の進化は、それが現在の人間の遺伝子構成にもたらした影響とともにあるわけです。神経細胞結合の後成的作用をつうじた個体進化は個体が発達をつづけるあいだずっと起こるものです。文化的進化も後成的だといえるの

---

(70) 自然法則は進化〔変化〕するとするあらゆる考えに反対するポワンカレの視点を参照していただきたい。以下をみよ。Jacques Bouveresse, « Le problème de l'a priori... », *op. cit.*, p. 7.

(71) Gerald M. Edelman, *Biologie de la conscience*, *op. cit.*, p. 313.〔エーデルマン『脳から心へ』、前掲書、二五〇頁〕

(72) Jean-Pierre Changeux, *L'Homme neuronal*, *op. cit.*, p. 174.〔シャンジュー『ニューロン人間』、前掲書、一九四頁〕

(73) Jean-Pierre Changeux, Paul Ricœur, *Ce qui nous fait penser*, *op. cit.*, p. 109.〔シャンジュー、リクール『脳と心』、前掲書、一一五頁〕。

で、これは脳に直接関係しないが、心理的時間だけでなく数千年前の記憶にもかかわっている。そして個人的思考の進化。これも後成的であり、心理的時間のもとで、文化面での個人の記憶から認知や情動面での記憶までを動員して生じているのです(74)。

これまでわれわれは、後成説と後成的なものについて言葉をついやし、カントの定式「純粋理性の後成説の体系」に注釈をくわえながらも、体系《システム》についてはあまり語ってこなかった。だが、シャンジューの主張を参照してみえてきたように、進化的であり、系統発生的であり、さらに個体発生的でもある、多種多様な脳の発生と発達の体制《レジーム》を考えるには、組織化された〈全体〉の形式のもとで考える以外、可能ではない。それゆえ、体系《システム》を語るカントは正しいといえる。

だが、確認しておくが、体系的形式はそもそも超越論的ではないし、偶然性に反するものでもない。それは逆説的な表現なのである。たしかに、神経系《システム》は一つの体系であって、「われわれは世代から世代へと硬直的に増殖した痕跡のシステムのなかで進化しているのではない(75)」とシャンジューは述べている。安定化された結合は不安定化されうるし、再組織化と再成型の過程に入ることがありうる。漸進的に変化する、発生〔生起〕にもとづかない偶然性は、存在しうるもの、あるいは存在しえないものは何かといった問い、あるいは突如存在しなくなる、あるいは存在しないのをやめるものは何かといった問いではなく、存在の諸様式の変化しやすさの問いに関連づけられる。

そうしたわけで、今後われわれが現実的なものの後成的構造と呼ぶものは、偶然性のもっているまったく別の意味内容をあきらかにする。それは骰子の一振りとはなんのかかわりもない。現象ぬきの複雑きわまりない数学的推論とも関係がない。この偶然性がさしているのは、世界に適応しようとする襞／

折りたたみの可能性であり、痕跡の変化能力である。
この偶然性は、最終的には時間のもう一つの意味内容をあきらかにする。前提として措定される時間の起源は、記憶の複製作用に一貫性をもたせる。時間はこうして、たんなる身体的所与であることをやめ、想起作用をつうじて漸次的に過去の時間となる。エーデルマンはこう記す。意識とは、「記憶された現在[76]」である、と。

このように分析すると、脳の後成的な発生・発達は、体系的構造に理性の起源を位置づけることを可能にしてくれるものだということになる。この構造は、「本来的なもの」と「非本来的なもの」との分割をふみこえている。というのも、ハイデガーであれば、時間の神経的構成など「通俗的な」時間の起源／生成に還元されているとしたであろうが、ほんとうにそうなるかどうかは確実ではないからだ。突き詰めていうなら、〈神経的なもの〉もまた「在る《イリヤ》」の一形態なのだから……。

神経諸科学《ニューロサイエンス》への抵抗はなぜあるのか

すでにみたように、問題は、神経生物学的視点は、ほかでもない超越論的なものを、端的に消去してしまっていることである。有機的な成長として了解された後成説と、神経的結合の安定的淘汰の過程として理解されたエピジェネティクスとのあいだには、両者を直接結ぶ橋が架けられたが、それは理性や

(74) *Ibid.*, p. 267.〔同書、二八〇頁〕
(75) *Ibid.*, p. 232.〔同書、二四四頁〕
(76) Gerald M. Edelman, *Biologie de la conscience*, *op. cit.*, titre du chapitre 11, p. 171.〔エーデルマン『脳から心へ』、前掲書、一三一頁〕

合理性の形成としての超越論的なものの問いを経由してではない。ある懐疑論からまた別の懐疑論へ移っても、構築の過程——これは適応の論理と分離しえない——にアプリオリなものが介入することはけっしてない。

なぜ私はこうした結論に到達しなかったのか。けっきょく、神経科学による超越論的なものの放棄は、もっとも説得的なはずではなかったか。神経科学が、思考の後成的本性の、具体的で裏付けのあるヴァージョンを提供したのではなかったか。

とうぜんながら現在まっさきに必要なのは、生物学的なものと超越論的なものの関係を再考することであり、後者に不利になろうとこれは為されるべきである。だがだれがこの作業に着手したか。なぜ大陸系の哲学者たちは、この問題への神経生物学的アプローチを端から拒絶するのか。

カテゴリーと対象との一致は変化しない、真理というものは真となっている現在の状態に適合するものではないなどと主張して、還元不可能性という柵を維持する必要がなぜあるのか。純粋に形式的にして象徴的な謎めいた場所、じっさいに後成的な作用を受けている生の体系《システム》を、他の体系と同様、合理性とみなすのをさまたげるこの場所とは、いったいなんなのか。超越論的なものがこの空虚な場所（還元不可能なもの）の空虚な名であるなら、思考のあらゆる物質化作用への原理的抵抗をさすにすぎないなら、なぜこれを維持する必要があるのか。そしてむしろ、超越論的なものが厳密な形式的規則、すなわちプログラムを規定するものだというなら（超規範性）、シャンジューの提案するような、超越論的なものの発生的プログラムへの統合をどうして拒否する必要があろう。こうしたプログラムから距離をとりつつ、まさしく必要とあらばカントに逆らってでも、エピジェネティクスの冒険をたどるのを受け入れない理由はなかろう。

エピジェネティクス、そして哲学の必要性

また同時に、合理性への神経生物学的アプローチが大陸系の哲学者たちのうちにこうした抵抗を生んだとしたら、それはこのアプローチが、それ自身の本質に反哲学的な面をもっているからではないか。現代のエピジェネティクスから構成されて、一定の強度をそなえた理論的言説、その諸関係を概念化することで解釈学的隠喩――読書や音楽活動にたとえる――統合しうるような言説は存在していない。エピジェネティクスの哲学は存在していないといわざるをえないのだ。このことは哲学および神経生物学双方の落ち度である。

理性と脳を同じとみなすことにカントが反対するかどうか、それは定かではないと私は仮定している。現在進行中の神経生物学のめざましい発展を目にしたなら、カントはこれを真剣に受けとめただろうし、脳の画像が示す、思考の生きざまについての観察の可能性にも関心を示しただろうし、またおそらく、脳の後成説の哲学的含意を分析しようとしたにちがいない[77]。だがカントなら、とうぜんそこに〈批判〉を介入させたはずだ。超越論的なものと神経的なものとがぶつかりあうとしたら、その理由はしばしば受けとめられがちなことがらではない。すなわち、超越論的なものを神経的なものに還元する危険があるためではなく、先に本書が示唆したような、脳の後成説の哲学的な自覚をどう定めるのか、神経生物学者たちのほうが根本的な問いを発していないためなのである。

神経生物学的なパースペクティヴに根本的に欠けているものは、このパースペクティヴが可能にし、哲学的関心をもたらした、新しいタイプの〈反省性〔再帰性〕〉への理論的配慮である。くりかえすが、強く信じられてきたような、文化的なものの生物学的なものへの還元は、さほど問題にならない。そうではなく、神経的主体が自身とどんな関係を取り結んでいるか、主体はどんなふうに自身を眺め、自身

を感じ、自己触発をおこなっているかが問題なのであって、これこそ主体自身に対して一度として考察されたことのない問題なのである。それが脳の思考と了解されるならば、〈批判〉は必要なものでありつづける。神経生物学的理性の批判を練りあげるという仕事は、現代の哲学の根本的争点として、喫緊の課題になっているのである。

結論として

冒頭でわれわれがあげた三つの問いは、あきらかに力を失いつつある。ある問いには〈時間〉が欠けている。別の問いには〈他者〉が欠けている。そしてまた別の問いには〈概念〉が欠けている。それでは結論として、§27のアナロジーをどう解釈すべきなのか。「理性の後成説の体系」は、アプリオリとアポステリオリの、〈前〉と〈後〉との根源的な相互関与を含意している。だがこの関与について、本書はその複雑さと逆説的な意味作用を解きほぐそうとしてきたけれども、その解釈の「鍵」となるものはまったく存在していない。

われわれは超越論的後成説を、ハイデガーにならって根源的時間性と理解しようとするのか。すると、後成という概念の生物学的意味にある例の還元不可能性に突きあたる。すなわち、本来性の用語では思考できず、存在論的に汲み尽くせない、自然的かつ客観的な時間というものが出てくる。

ではハイデガーとは逆に、この生物学的意味を正当とすればよいのか。この路線だと、大きくいって二つの困難に直面する。第三批判に出てくる生命史上の諸類型に依拠し、後成説の形象の意味の解明をめざしたとしても、後成説という観念の超越論的な意味と科学における意味は統一できず、カテゴリーの後成という問題が完全に謎のままのこってしまう。あるいは生物学それ自体（進化論的な心の理論や現代のエピジェネティクス）から出発したとする。その場合、超越論的なものは実験にさらされて消尽され、否認される。そして理性の自然科学的位置づけを支援すべき批判の次元は、これとともに消えてしまうことになる。

最終的な可能性はこうなる。われわれは超越論的なものを絶対的な事実性であると結論づける。超越論的なものを救済できる生命の成長の形象や隠喩は存在しない。かといってわれわれは、法則の必然性というカント的演繹に代えて、何か別のもの、〈まったく他なるもの〉を採用できるわけではない。したがって、カントとともに問いを設定しなおすことが、唯一の道である。

---

(77) カント『実用的見地における人間学』序文の名高い発言を引いて私に反論する向きもあるだろう。カントはこう述べている。「[…] たとえば、想起の能力を基礎づけていると思われる自然原因について詮索する論者が、感覚を受容したあとに頭脳のうちに残存する印象の痕跡についてあれこれと（デカルト風に）詭弁を弄することは可能である。しかしその際、彼はこの諸表象の芝居〔戯れ〕の観客にすぎないのであって自然のなすがままに任せるほかはなく、というのも彼は脳の神経や纖維の何たるかを知らないし、またそれらを彼の意図に合わせて操作するすべも心得ていないからであるが、それゆえそれらに関していくら理論的に理屈をこねてもすべて完全な失敗に帰してしまう、ということをいやでも認めない訳にはいかない」*Anthropologie du point de vue pragmatique* tr. fr. Michel Foucault, Paris, Vrin, rééd. 2008, p. 83, AK VII, 119.（『実用的見地における人間学』渋谷治美訳、『カント全集15』所収、岩波書店、二〇〇三年、一一－一二頁）。とうぜんながら、私が擁護しようとするのは、こうした素朴実在論ではない。それに、カントが近年の諸発見を知りえていたら、現代の神経生物学が確実に新たな理論的思弁の道をひらいてくれるという見解に、彼が同意してくれると考えることは可能であろう。

第十三章　合理性の後成的パラダイムに向けて

二つの仮説のうちのいずれか、ということになる。後成説という主題がひらき、これまで紹介してきた諸読解がたがいに矛盾しあいながらも顕在化させ、ひろげることになった裂け目は、思弁的実在論のテーゼにより限界まで押しひろげられた。ゆえに超越論的哲学は今度こそ瓦解したといえるのだし、この裂け目をふさごうとしても無駄である。このように結論づけるのが一つ。とうぜんカントは立場を変えはしないだろうが、目を光らせている超現代的な哲学者たちに、この裂け目がみえないはずはない。これが超越論的なものの裂け目であるのは、超越論的なものが永久に不安定で均衡を欠き、構造の堅固さを僭称しようが、これを確立できないことが判明しているからだ。こういった見立てからすれば、のこる選択は、失地回復をもくろむ反動的立場――アプリオリなものは無傷だとする――か、〈批判以後〉的な絶対化の立場――合理性は有限性と縁を切るのであり、思考と対象がいかにして一致するかといった問題など、それが後成的であろうとなかろうと、もはや理性や理由の問題になりえないとする――のいずれかであろう。

二つ目の仮説はこうである。数々の読解から生じた困難は、読解それ自体の不十分さのみを示しているのであり、後成説の論理を練りあげる作業が必要だと告げている。後成説の論理は、カント哲学の内部だけでなく、それをこえたところにも作用しており、解釈の新たなパラダイム〔範例〕を規定し、合理性に向けて、かつてない展望をひらいている。このように仮定するのである。おわかりのとおり、二つ目の仮説が当初からの私の仮説であり、合理性の後成的パラダイムの概念をカントとともに呈示することで最終的に私が展開したいと思っている仮説である。

なぜ〈新たなパラダイム〉なのか

私自身の読解はまだ完了していない。〈胚〉についての言及――§27の数段落――から出発したが、考察は細部に入りこんで拡大をつづけ、過去の諸解釈の検討から、現代思想におけるカントの居場所を考える全体的な問いにまで行き着くことになった。だがこの道をすすんでも、いくつものアポリアに突きあたるばかりだ。

〈明日〉の前に、〈懐胎〉が終わる前に、ふみこえるべき最後の段階がのこっている。それはカントによる回答という段階である。すなわち後世に切り返すカントの動作である。遡及作用がなければ〈懐胎練りあげ〉はないというのが、後成説の法則である。自分自身の〈明日〉について、カントはわれわれに何を語ることができるだろうか。生殖／発生の秩序のうちに、カントはおのれの場所をどうみいだすのか。遺伝の不可逆性という教説の終わりは〈エピジェネティクス〉が露呈させたとされるが、カントならこれをどのように確認しうるのか。

シャンジューは声を大にしてこう主張する。「進化〔後成説の役割をこれに付けくわえることもできよう〕に関する議論の際に、カントに援助を求めるのはやめましょう。それは進化論以前の哲学ですから(1)」。

けれども、私がやろうとしているのは、まさにカントの助けを借りることである。すなわち、いまカントの思考に未来の道をひらくパラダイムを構築する助けになるのは、まさにカントその人だけだということを示したいのである。

「後成的《エピジェネティック》パラダイム」という言い回しには「発生的《ジェネティック》パラダイム」の響きがある。「発生的パラダイム」はアンリ・アトランによる表現だが、すでにみたように彼は、これをもはや時代にそぐわない表現であると批判する。当初クーンから借りてこられた「パラダイム」という語は、アトランにあっては自由に解釈され、「イメージがつくられ、実験が構想され、結果が解釈され、理論が形成される」場としての、「思考の枠組みを形成する観念や概念の総体」をさしている(2)。こう理解するなら、パラダイムは、科学者の共同体で共有される原理と方法の総体というだけでなく、さまざまな理論的・学律的領野において一定の時期に支配的となる読解という行為、そして解釈の手段でもあることになる。こんにち、発生的パラダイムこそが疑問視されている。プログラムという考え方はもう使わないという科学者もいる。エピジェネティクスがますます重要視されているいま、後成的な〔エピジェネティックな〕パラダイムが形成されつつあるとみてもよいかもしれない。近い将来に、このパラダイムが哲学的合理性を構成する軸の一つになることも、考えられないことではない。すなわち、〈新たなる超越論的なもの〉になる可能性である。

カント的思考と、現代のエピジェネティクス研究の発展とのあいだには、深いつながりがあると私は

(1) Jean-Pierre Changeux, Paul Ricœur, *Ce qui nous fait penser*, *op. cit.*, p. 242.〔シャンジュー、リクール『脳と心』、前掲書、二五四頁〕

(2) Henri Atlan, *La Fin du « tout génétique »?*, *op. cit.*, p. 11-12.

みている。本書のはじめからこの考えが私の探究を支えてきた。それゆえ私は、結論として、『純粋理性批判』から『判断力批判』にいたる〈批判〉それ自体の発生・発展過程を、後成的な発生・発展として読むことを提案したい。そのためには、後成説を、有機体の成長という古典的意味での後成説として、また遺伝子コード、解釈、変換の関係の動態として、同時にみることが必要になる。意識せずして、カントがある意味で先取りしていたかもしれない、そうした意味を考えたいのである。

発生、後成、解釈学——リクールの功績

後成説とエピジェネティクスとを、過去と現在とを接近させるなら、発生と後成的作用との区別にもどり、この区別を精緻化することが可能になるだろう。発生は、諸物の過去と現在のあいだにある道のりを示す。複合的であろうと分化されてあろうと、直線状であろうと曲線状であろうと、不連続であろうと均質であろうと、発生はつねに起源からの変化の度合いを示す。それ自体充実した起源であれ、フーコーが語ったようなさまざまな力の場としての起源であれ、事情は変わらない。これに対し、後成的作用は、あるものの起源と現在の状態との可動的な接触点において生じ、この両者の差異が接触状態に入って解消されるまでの作用であり、そこには緊張した起源、過去に遡及する現在、実現途上の将来がある。

地震の震央とは、すでに述べたとおり、その発生源ないし震源の真上の点のことである。震央は、振動発生の正確な地点、地表に裂け目やひび、割れ目の生じる場所を示している。したがって震央は、ある意味で、地下と地面のあいだの、地面がみずからと接触する地点である。もっとも、地震の被害は、つねにこの正確な場所で計測される。底と表層との中間という観念が、ここでは決定的な要素である。

〈中間〉の論理は、とうぜん後成説においてもはたらいている。『純粋理性批判』でカントは、カテゴリーと経験との接触を契機に起こる発生として、超越論的後成説を位置づけている。多くの注釈者がきまってこの接触の源泉へさかのぼろうとするが、こうした意図がカントのアプローチと整合することはなく、カント的な後成過程は遭遇の地点に由来する。くりかえしておくが、超越論的な〈地〉には、いかなる財宝も埋められていないのであり、この点が超越論的なものを一つの表層構造とする私の見解を正当化してくれる。これまで分析してきた諸読解の問題点はいずれも、方法のちがいこそあれ、ありそうもない底を測定しようとしていることだ。彼らはいつも、起源により近い審級はないか、ある意味でアプリオリなものを始原《アルケー》に据えてくれる審級はないかと、その可能性をさぐっている。そしてこの測定が不可能と判明したなら、超越論的なものは放棄してよい、根源的なもの、アプリオリなものはたんに事実的なものであり、この意味で正当化されないし、演繹可能でもないと結論づける。ある意味では、この結論は正しい。超越論的なものは何ものにも基礎をおいてはいないからだ。このことは、第一批判のどちらの版でも変わらない。産出的想像力も知性〔悟性〕も、この基礎づけを可能にするものではない。

しかしとうぜんのことながら、〈底〉が不在だからといって、理性／理由が不在だということにはならない。カントはこの点に注意をうながす。超越論的なものの本来の効力は、発生にではなく後成にこそさがし求められるべきである。いまこそ、次のように述べねばならない。超越論的後成説は、超越論的なものの後成説である、と。超越論的なものは、後成的作用にしたがうのであって、基礎づけにしたがうのではない。したがって、超越論的なものの性格が生得的か、つくられたものかをめぐる論争は、いかなる場合であれ、贋の論争であり、ゆえに不毛である。

だがこうした超越論的後成説の定義のもとで、どうしたら前進することができるのか。われわれは何枚も手札をもっているわけではない。発生と後成との区別を主題として取りあげている唯一の思想家は、ポール・リクールである。一時的な彼の支援は得がたいものであり、先の議論のそこかしこに出てきた意味という観念を明確化してくれるものである。しばらくのあいだ、後成説の解釈学的アプローチについて考察してみたい。リクールは後成説のうちに注釈の道具と構造をみてとり、この二つから意味の問いをそれに固有のかたちで提出することができるとする。『諸解釈の葛藤』のなかで、彼はこう問いかけている。「意味は〈発生〉にあるのか、それとも〈後成〉にあるのか」。あるいは意味とはさがし求めねばならないものなのか。それは「回帰のうちに［…］」あるのか、「あるいは新しいものによる古いものの修正のうちに[3]」あるのか。まさしく、「回帰」と「新しいものによる修正」という区別が、発生と後成との区別を説明するのに役立つのである。あらゆる発生は古いものに新しいものをもたらすのに対し、〈後成〉は、古いものと新しいものとの〈現在〉における遭遇の地点をしるしづける。すなわち、古いものと新しいものがたがいに干渉しあい、ともに変容する空間——固有の時間性としての〈胚〉——をしるしづける。くりかえしになるが、後成は、複数の時間の融合が成し遂げられている途上の接触および中間の状態である。誕生が準備されているこの中央の点を、リクールは太古のものと目的論的なものの交わりと定義している[4]。したがって、意味は、原理が結果に転化するそのありかたにある。目的論は、未来に向けた緊張であり、この未来を可能にする太古的、「いにしえの」配置を事後的に修正する探査なのである。

　すでにみたように、後成説は後退と前進という二重の次元が含んでいる。というのは、〈胚〉というものは、先行する部分を完全なものにする新たな部分が付けくわわることで、徐々に複雑化されるからである。このように後成的秩序と解釈学的秩序は、反復と探索を、再演と創造とを結びつけて同時に生じている。発生にもこのような二重の次元があるという反論があるかもしれない。たしかにその通りなのだが、後成的作用の場合、二つの次元は一つと化し、たがいの衝撃を受ける場で融合している。

リクールが後成説の解釈学的構想を述べる文脈は、われわれの文脈とかけはなれている。[(5)] だがそのちがいは、理性の後成説との比較を禁じるほどのものではないだろう。なぜか。§27の呈示する困難は、

（3） Paul Ricœur, *Le Conflit des interprétations. Essais d'herméneutique*, Paris, Seuil, 1969, p. 147. 以下の著書もみよ。*De l'interprétation. Essai sur Freud*, Paris, Seuil, 1965, p. 481 sq. とりわけ第三篇第三章「始源論と目的論の弁証法」〔ポール・リクール『フロイトを読む』久米博訳、新曜社、一九八二年、五〇九頁以下〕および Le Conflit…, p. 110以下。また、オイステン・ブレッケによるすばらしい以下の著作も参照していただきたい。Øystein Brekke, « On the Subject of Epigenesis. An Interpretive Figure in Paul Ricœur », in *Impossible Time. Past and Future in the Philosophy of Religion*, Marius Timmann Mjaaland, Ulrik Houlind Rasmussen, Philipp Stoellger (dir.), Tübingen, Mohr Siebeck Verlag, 2013, p. 73-82.

（4） Paul Ricœur, *De l'interprétation, ibid.*

（5） 『解釈について』と同様に『諸解釈の葛藤』においても、リクールのねらいは「宗教的感情の後成説」を明らかにしようとするところにある。この後成説は、フロイトのアプローチとハイデガー的展望の中間に位置する。すなわち、父殺しという原初的出来事を、時間の経過にかかわらず、変わらずくりかえされ〔反復され〕、「足踏みする」もの、変化がいっさいないものとするフロイトの見方と、意味のたえざる弁証法的変転のなかで、宗教は精神のたんなる一つの瞬間であるとするハイデガーの見方の中間に位置する。無意識と意識は、二つの対立する方向において意味を引きだす。リクールは、じつは両者のあいだにはいかなる「アンチノミー〔二律背反〕」もなく、考古学／始原学と目的論はたがいに連帯しあうと指摘している。あらゆる考古学／始原学は〈待機〉であり、あらゆる目的論は過去の考古学的な痕跡に発する営みである、ということになる。

すでにみたように、前成説と変容とのあいだの緊張に端を発している。このパラグラフは緊張を鎮めるどころか、むしろ扇動してきた。後成説の形象は、紛争を抑止するといわれながらも、そのじつ、紛争を絶え間なく引き起こしてきたようにみえる。すなわち、カテゴリーの産出はあらかじめ定められ、前成されているとする見方と、カテゴリーの産出は経験によって事後の変更を受けるとする視点とのあいだの葛藤である。われわれは、この循環から逃れることはできない。よって、『純粋理性批判』の枠内にとどまったまま循環を断ち切ろうとしたり、このテキストを別の同種のテキストと突きあわせたり、後成的作用の発生をその発現の最初から最後までを解明しようとしたりするのではなく、われわれは、カント哲学のうちに後成的な展開が起きていないかと問い、このプロセスで要請されている解釈学的戦略の類型のさがすべきなのだ。言い換えるなら、超越論的なものの漸進的な変転、ひいては合理性そのものの漸進的な変転は果たしてあるのか、と問うべきである。未来を先取りし、過去へさかのぼろうとする後成的な二重の運動のもとに、批判哲学の全体が編成されることはないのか、問うべきである。超越論的なものの漸進的な変転、ひいては合理性そのものの漸進的な変転は、果たしてあるのか。未来を先取りし、また過去へさかのぼろうとする、後成的な二重の運動のもとに、批判哲学の全体が統一されることはないのか、と。

じじつ、われわれが目撃したのは、この二重の力学のリズムにそって三つの〈批判〉の道すじが整理されていることだった。第一批判で〈胚〉という様態のもとで呈示された可変性という観念と超越論的なものの変容という観念は、第三批判で、その変容の達成が呈示された。この達成は、出発地点を改変し、同時に遡及的にあらゆる批判的身ぶりにその最終的な形態と意味を与える達成である。「純粋理性の後成説の体系」という定式にある属格は、主格の属格として、すなわち、理性そのものが後成すること、と最終的に理解されねばならない。

リクールは述べる。後成説が示しているのは、きわめて重要な以下の点である。「ただ新たな形象のみが、それに先行する諸形象の意味を事後的にあきらかにする［ことができる］[6]」。この新たな形象は、外部からの純然たる産物でもなければ、あらかじめつくられた意味の開示でもない。後成説の論理、その固有の力学は、超越論的なものが「その起源においては太古的であるが、意味の無限の創造ができる［ものである］[7]」ような場をさがしだし、解明することをわれわれに要請するのである。そうであるなら、アプリオリなものや超越論的なものの循環、第一批判から理性の全活動の構造的枠組みを呈示し、活動の実効性は枠組みの外部、すなわち経験に求めるあの循環をのりこえることなど、必要ないということになる。別のモデル、たとえば心的進化論のモデルを超越論的なものの循環にとって代えるというのも、適切とはいえまい。ましてや、この循環の存在論的あるいは歴史的な前提を解明することなど不要である。また逆に、前成説の解釈学的な密封ケースにこの循環を閉じこめておくことも、できない相談である。

問題はそういったことではないのだ。発生的《ジェネティック》パラダイムはわきにおいておく（私はここで意図的に「発生的」という語の二つの意味、解釈学的意味〔「起源的」〕と科学的意味〔「遺伝的」〕を掛けている）ということが意味しているのは、§27が導入した「純粋理性の後成説の体系」という考えを内的発展の過程のはじまりとみなす、ということである。一つの〈批判〉から別の〈批判〉への自己分化／自己差異化に

（6） Paul Ricœur, *Le Conflit des interprétations, op. cit.*, p. 174.

（7） Paul Ricœur, *De l'interprétation, op. cit.*, p. 571.

よって作動し、みずからの創造的、形成的、変形的源泉から発して、自身の外の諸力を巻きこんで進行する内的発展、これを後成説の体系とみなすことである。こうしてわれわれは、自己の構築と放棄とのあいだを揺れ動く中心としての合理性の中核、考古学《アルケオロジー》／始原学と目的論としての合理性の中核という定義にたどりつく。

第一批判から第三批判へ――超越論的なものと生物学的なものの絡み合い

では、〈批判〉の内にある、この外とはどういったものなのか。批判の道の途中で「先行する諸形象の意味」をあらわにする新しさの要素、生物学的なものと超越論的なものの調和を示しながらも一方の意味に優越性をみとめることのない、後成説の形象がすでに第一批判のうちにひそかにもちこんでいた要素、批判の体系を根底から変容させることになる要素である。つまりそれは生である。思考と生との遭遇こそが、〈批判〉に内在する〈外〉なのである。生あるものが理性に向けてさしだす固有の問い、すなわち第一批判でその難しさが指摘されたものの、そこではまだ論じられていない問いを、カントは『判断力批判』ではじめて取りだしてみせたのだ。

ところで、生あるものと生命一般が理性に呈示する問いは、何よりもまず、そのよそものという条件に由来する。〈よそもの〉は想念でも、概念でも、形式でもない。それらは直接的にはいかなる超越論的身分ももっていない。外からくるようにみえるものである。ベルナール・ブルジョワはこう述べる。「生きている存在という概念、あるいはカント流にいうなら、有機的存在者、有機体という概念は、アプリオリの概念、あるいは形而上学的概念ではなく、ましてや超越論的概念ではない［…］」[8]。したがって、§27が引き起こした解釈の本質的問題は、カントが超越論的な意味合いのない形象をたよって、すぐれて超越論的な審級を描いたことに起因している。そこで描かれたのは、まずカテゴリーの対象への参照の産出であり、次に理性の建築術的傾向性である。

超越論的なものと生との異質性の解消は、まさしく、カテゴリーやその対象との関係とともに進むと同時に、後成的な作用にしたがう。じじつ、第一批判から最後の批判にかけて、超越論的なものと生の関係の構造は進化し、複雑化し、変転を遂げている。批判哲学における後成説、そしての批判哲学の後成説の意味は、長きにわたる理性の成熟にかかわっている。この成熟は、超越論的なものと、これから生起しながらも抵抗しうるようにみえるもの、すなわち、自己形成をし、カテゴリーなどいささかも必要としない、生ける有機体とが取り結ぶ関係としての成熟である。『判断力批判』において、カントが徐々にとらえるようになったのは、経験にはないもの、その他諸々の経験の対象としては与えられないもの、全体をなす対象としては与えられないものとしての現象である。それはすなわち、美、そしてまさしく本書でわれわれの興味をひく、生である。二十一世紀の読者よりもはるか以前に、カントは超越論的なものを生の事実性にさらしていたことになる。事実性との接触から、一連のカテゴリーの変化――第一批判がその可能性を除外したようにみえる後成的な変化――が生じる。この変化とはすなわち、合目的性の媒介をつうじて生じる因果性の種別化であり、自律した概念としての合目的性の構築であり、これらの結果として生じる必然性のカテゴリーの変容である。

（8） Bernard Bourgeois, *L'Idéalisme allemand*, Paris, Vrin, « Alternatives et progrès », 2000, p. 109.「理性の教説には、生きものという概念の場がない。『判断力批判』は、この概念に客観性をいっさいみとめていない。生きものの概念には、対象を構成する役割はいっさいみとめられず、客観的自然を主観が探究するさいの、たんなる統整的概念とされるだけである」。*Id.*

いま述べた解釈を裏づけるため、『純粋理性批判』と『判断力批判』のあいだにどのような後成説の意味の変転があったか、検討することからはじめたい。しかしながら、一見したところ、第一批判の§27と第三批判の§81において、意味がちがうようには感じられない。あるのはただ文脈のちがいだけのようにみえるのだ。第一批判では、アプリオリな産出のアナロジーという意義を後成説が担っているのに対し、第三批判で後成説は、生きた諸々の個体の成長の様態という、もとの意味で論じられている。哲学の議論としての中身は同一である。くりかえしになるが、どちらの批判も、偶然発生〔自然発生〕および前成説に対抗して後成説を擁護することをねらっている。§81でカントは、生ある存在の産出をめぐっては二つの大いなる理論がある、と記す。一つが「機会原因論」、次に「予定説」である。機会原因論によると、「世界の第一原因は自分の理念に従って、およそ生殖の機会が生じる度ごとに、その際まじり合う物質に有機的形造を直接に与えることになる[9]」。カントはただちに機会原因論のテーゼから遠ざかる。この説は、生物にはいかなる形成力もそなわっておらず、それぞれの機会ごとにその都度、神が創造ないし創造しなおしてくれる、というのだから。「予定説」は、これとは逆で、「〔…〕有機的存在者は〔…〕自分と同種の存在者を産出し、こうして『種』は不断に自己を保存し続ける」ことを前提するものであり、この説のうちには、前成説と後成説との二者択一が存在している。

ところで予定調和説には二通りの行き方があり得る、即ち同種のものから生じた個々の有機的存在者を、そのものからの分出物と見なすか、それとも産出物と見なすか、二つのうちのいずれかである。そこでかかる有機的存在者を分出物と見なす体系は個体的前成説（individuelle Präformationstheorie)

或は開展説（Evolutionstheorie）と呼ばれる、またこれを産出物と見なす体系は後成説（Epigenesis）と呼ばれる。[10]

とうぜんながらカントは、後成説は前成説に対して優越性、あるいは「大きな長所」を有する、と結論づける。前成説を「主張する人達は、個体から自然の形成力を剝ぎ取り、これを〔世界〕創造者の手から直接に発生させようとする」[11]。こうしたことから、前成説の主張者の見解は、機会原因論の主張者に反論しているようにみえても、この見解に合致するのであり、「生殖は単なる形式にすぎないのであって、最高の知性的世界原因はこの形式をとおして、その都度自分自身の手で直接に産出物を〔有機的に〕形成し、母体にはこれを養い育てる仕事だけをゆだねる決意をした、ということになる」[12]。

カントはそれぞれの批判書において後成説に賛意を示す議論を展開しているが、両者の類似はあらためて強調する必要もないだろう。類似は議論の余地なく明白である。§81の末尾でのブルーメンバッハおよび形成衝動概念への参照は、産出をめぐる異論の数々に対する後成説の優勢を裏づけ、§27の発言を敷衍している。

だが、この二つの章には明確なちがいがある。くりかえしになるが、ちがいは文脈の非対称性にではなく、因果性をめぐる差異とでも呼ぶべきものにある。第一批判では、後成説が描写し実効性をもたせ

（9） CFJ, §81, p. 419.〔第三批判、下、一一九頁〕
（10） *Ibid.*, p. 420.〔同書、一二〇頁〕
（11） *Id.*〔同書、一二〇頁〕
（12） *Id.*〔同書、一二〇－一二一頁〕

るべき自然の法則性は、機械的秩序〔機械論〕である。知性により生み出される自然の秩序は、自然的必然性、すなわち機械的必然性の基礎づけである。これに対し、第三批判では、ご存知のとおり「目的論的原理」の枠内で後成説が分析されており、そこでは「[…]意図をもって作用する原因」が想定され、これを「目的として、機械的法則としての自然が[…]配せられる」[13]とされる。ところで、機械論と目的論は「まったく種類を異にする[…]二通りの因果性」[14]である。両者を「合一させる」にいたることなど、できない相談である。だが、「特殊な種類の因果性」[15]と定義される、この合目的性の役割と重要性を解明することができれば、この二つの体制のあいだの往来が可能になり、カテゴリーの秩序に変容がもたらされることになるだろう。

自然的秩序と体系的秩序――合目的性を吟味する

『純粋理性批判』では、機械論と目的論はまだ緊張関係に入っていない。単独で§27をめぐる諸読解を立ち往生させてきた困難は、第三批判が明示するとおり、後成説が目的論的判断に属するものであり、機械論的説明を受け入れられないという点にある。[16]たしかに『純粋理性批判』では、誕生・産出の様態、だが規範に則って誕生しないものの誕生・産出の様態を描くことが後成説の役割だった。すなわち、決定論の概念装置――知性の法則（カテゴリーと原理）と自然法則とのあいだの一致を描写することである。機械論と目的論とでは因果性の構えがちがうといっても、ちがいそれ自体があきらかになるわけではないので、後成説の形象はこの徴候的なあいまいさの責を負わされ、そこに生じる意味の空白のために注釈者たちは後成説から前成説へと転向することになる。前成説は機械論とそのままのかたちで両立しやすいからである。あるいは端的に、後成説からその超越論的な身分を剥奪することになる。『純粋理性批判』では、二重の因果性の躍動、すなわち太古的なものあるいは考古学／始原的なもの（カントが自然の形而上学の第一原理と呼んだように）、そして目的論的因果性の躍動は、それ自体としては取りだされていなかった。

「純粋理性の後成説の体系」という定式は、知性と理性の双方にかかわっているといわれてきた。カントなら、「自然」のみならず「自然の秩序（*Naturordnung*）」にかかわっている、というだろう。カントにおいて「自然」は、法則の総体であり、あらゆる現象が法則のもとに包摂されることをさしている。「自然の秩序」のほうは、法則が一つの体系《システム》のもとに結合しあおうとする傾向を描写するものである。したがって、知性と理性の差異は、「自然」と「自然の秩序」との差異を裏づけるものである。形式のうえでの自然、すなわちアプリオリな合法則性にしたがうものとしての自然は、ことごとく知性の管轄から生じてくる。だがこの形式はこれとは別の秩序に、体系的秩序であり理性に帰すべき秩序に向かっている。

われわれの知性認識をその全範囲にわたって見渡すと、われわれは次のことに気づく。それは、理性がまったく独自に知性認識に指定し、実現させようとするものは、認識の体系性だということ、すなわち、一個の原理に基づく認識の首尾一貫性だということである。(17)

（13） *Ibid.*, p. 419.〔同書、一一八頁〕
（14） *Id.*〔同前〕
（15） *Ibid.*, §84, p. 432.〔同書、一四〇頁〕
（16） この点は『判断力批判』§65が力強く示している。

ところで、カントが「合目的性」と名づけるのは、体系へのこの傾向性なのである。『純粋理性批判』での合目的性も、確実に生きものと関係している。というのも、理性の体系的傾向をみちびく統整的原理は、類や種へと分配する自然の階層化作用として説明されているからだ。しかしながら、おどろいたことに、ここには目的論の概念が登場していない。さらに、フィリップ・ウネマンが強調するように、第一批判では、合目的性は「科学の体系性の要求と厳密に同義語」になっており、「［…］数々の所与のものを作用因にしたがって統合的に説明することと、いささかも対立することがない。［…］したがって、［合目的性は］機械的決定論の用語による記述［にしたがっている］のだが、その機械論的記述のなかには説明的価値のある目的がいっさいおかれない[18]」。

〈秩序〉というとき、そこには因果性原理による諸現象の統整、そして理性の建築術という二つの意味があったことを想起していただきたい。この二つの意味から、注目すべき点をきわだたせることができる。『純粋理性批判』では、機械性（必然性）と合目的性（体系的秩序）は、相互に補完しあっており、ほかの審級形式を必要としない。純粋理性の体系《システム》は、「目的」として描写される。その特権的形象は、まさに有機体のそれである。だが、合目的性は、自然の生きものをそのままの姿で描写するのではない。たしかに、「すべての部分が目的の統一体に関係し、部分同士も目的の理念において関係しあう[19]」のが体系の統整的原理である。『判断力批判』でも言明されるように、ここで論じられる〈目的〉は、目的（*Zweck*）とその達成〔終わり〕（*Ende*）——有機的全体性（あらゆる部分の相互依存性）の達成——の両方をさす。また、確認しておくなら、体系的統一の三つの原理は、「超越論的弁証論への付録」で、類と種への自然の整序づけとして呈示されている。

理性は知性にその領域を用意する。それは、（1）より高い類の下での多様なものの同種性の原理に基づき、また、（2）より低い種の下での同種なものの多様性の原理に基づく。そして、体系的統一を完成させるために、理性はなお、（3）すべての概念の親和性の法則をつけ加える。この法則は、差異性の段階的な増大に基づいて、あらゆる種から別のあらゆる種への連続的な移行を要求する。[20]

全体という理念が諸部分の構築に先立つ以上、体系《システム》は、生ける有機体という理念と類比的な増大・成長の法則にしたがって発展されねばならないだろう。じじつ、「純粋理性の建築術」でカントはこう述べている。「[…]全体は分節（*articulatio*）されているのであって、積み重ね（*coacervatio*）られているのではない。全体は内的（内的原因から *per intus susceptionem*）には増大しうるが、外的（併置によって *per appositionem*）には増大しえない。それは、動物の身体のようで、その成長は五体の部分をつけくわえるのではなく、つりあいを変えずに、各部分をそれぞれの目的のためにより強くし、より有能にするのである」[21]。最後の一節では、仕上げとして、建築術における体系、合目的性、有機体の関係が記される。

（17） CRP, p. 561, A645/B673.〔第一批判、下、三二三頁〕
（18） Philippe Huneman, « La place de l'analytique de la biologie dans la philosophie transcendantale », *in* Sophie Grapotte, Mai Lequan, Margit Ruffing (dir.), *Kant et les sciences. Un dialogue philosophique avec la pluralité des savoirs*, Paris, Vrin, 2011, p. 253-265, p. 257.
（19） CRP, Architectonique de la Raison pure, p. 674, A832/B860. 引用者による改訳。〔第一批判、下、四七八頁〕
（20） *Ibid.*, Appendice à la Dialectique transcendantale, p. 568, A657/B685.〔同書、三三三頁〕
（21） *Ibid.*, p. 674, A 833/B861.〔同書、四七八－四七九頁〕

体系は、自然偶然発生（generatio aequivoca）による蛆虫さながら、ひろい集められた概念がただ合流することによって、始めは形が整っていないとはいえ、時が経つうちに完全な形に形成されてきたかのようにみえる。しかしながら、どんな体系も、始原の胚種としてのその図式を、ただただ自己展開していく（*sich blossauswicklend*）理性の中にもっていたのである。それゆえ、どの部分もそれ自体として一個の理念によって分けられているだけでなく、かてて加えて、すべての部分同士も人間の認識の体系において、再び全体の部分として合目的に［好都合に］統合されている。(22)

寄せ集めないし「技術的」配置による成長・増大と、有機的成長との対立がここにすでに呈示されており、この対立は目的論的判断力批判の根幹をなす論点の一つとなるだろう。(23)

したがって、ここにわれわれは、合目的性と有機的生の発展と様態との緊密な結びつきの確証を手にしたことになる。しかしながら、『純粋理性批判』で分析されている認識の体系性には生物学の場がなく、これは直接『自然科学の形而上学的原理』のひらいた展望に位置づけられる。この著書によれば、物質は「物質であるかぎり」(24)生命をもたない。科学の形而上学の第一原理は運動の原理であり、生きた物質なるものの原理ではない。(25)ふたたび、ウネマンの発言を引こう。「合目的性は、自然的科学が説明するのは何かを表現する言語の一つにすぎず、科学に対しては発見的機能を提供することしかできない。この言語は物理学の領域でただちに相互拡張的となる」。(26)こうした見地に立てば、認識の体系的統一性は、理性の目的として、機械の必然性と完璧に調和する。

『純粋理性批判』では、生きものはそこに登場せずして登場する。それはまだ、超越論的なものを試練〈立証試験〉にかけてはいない。それはまだ、〈問い〉として生みだされていない。だが、後成説の形象は、すでにテキストに〈問い〉を書きこみ、まだ具現化していない〈ずれ〉を導入している。だからこそ、われわれが指摘してきたように、あらゆる理由から——こういわねばならない——超越論的分析論の文脈では後成説の形象は理解不可能であったのだ。後成説の形象は、物理学と生物学とが、すなわち機械論と目的論とがまだ大まかな差異しか示していない状態にあることを伝える。

§27に言及する者たちが困惑するのは、ある意味でまったく正当である。この困惑は、くりかえし立ちあらわれてくる。後成説は、偶然性という部分をぬきにしては思考不可能である。だが、『純粋理性批判』では、偶然性は徹底して排除されている。〈アプリオリ〉が意味するのは、普遍的なものであり、必然的なものだからだ（くりかえしになるが、ヒュームをめぐる議論の意義はすべてここにかかわる）。理性の水準では、建築術的傾向は、まさに「寄せ集め」の偶然的傾向に対立する。カントはこう言い切っている。

（22）Ibid., p. 675-676, A835/B863.〔同書、四七八－四七九頁〕
（23）カントはまた、有機的な生物の成長と、内的な自己分化ではなく、地層の継続的な堆積をつうじて生じる鉱物の「増大」とのあいだにも区別をもうけている。
（24）*op. cit.*, p. 465, AKIV 544.「［…］あらゆる物質は物質であるかぎり没生命的である。慣性の法則が述べているのはまさしくこうしたことにほかならず、またそれ以上のなにごとも述べてはいない」〔『自然科学の形而上学的原理』、『カント全集12』所収、前掲書、一二八頁〕
（25）『自然科学の形而上学的原理』は運動の諸原理を考察するものであり、生命をもつ物質なるもの、すなわちカントが手厳しく批判する物活論の基礎をなす抽象観念を探究するものではない。
（26）Philippe Huneman, « La place de l'analytique de la biologie dans la philosophie transcendantale », *op. cit.*, p. 257.

仮に、われわれに与えられる現象の中に、相違がありすぎて明敏きわまりない人間の知性も、ある現象と別の現象を比較して、なんの類似性をも見出せないほどだったとしよう。ちなみに、相違ということで私が言おうとしているのは、形式に関してではなく（というのは、現象は形式においては互いに類似しあっているだろうから）、内容、すなわち現に存在しているものの多様性に関してである。そうなると、類の論理的法則はまったく生じなくなるだろうし、類という概念さえも、あるいは何らかの一般概念はおろか、知性すら働かなくなるであろう(27)。

この「多様性」は、『判断力批判』の神経過敏な論点の一つであり、ここでは考察しえないもの、体系の外にあるものと断定される。さらに気づくのは、カントは類と種の関係を支配する諸原理を、生物学的ではなく、論理的な法則として描いていることである。

したがって、§27のアナロジーを厳密に『純粋理性批判』の枠内にとどめておこうとするならば、このアナロジーは読み手を惑わせるものである。合目的性が必然性の構造に異を唱えず、有機的成長の様態がその機械的性質と齟齬をきたさず、カテゴリーが規定的判断のみに奉仕しているかぎり、自己分化による胚発生という形象がどんな超越論的な役割を果たしているのかを見てとるのは困難である。先に言及した、体系形成のイメージのあいまいさがあるという指摘に反論することなどできない。カントは、身体の「内的増大・成長」について語る。この成長は「[…]五体の部分を［身体に］つけ加えるのではなく、つりあいを変えずに、各部分をそれぞれの目的のためにより強くし、より有能にするのである(28)」。後成的な作用による成長のほうは、すでにみたとおり、まさしくこの〈つりあい〉を変えるのである。このイメージのうちに、前成的な構造の展開をどうしてみないでいられよう。諸体系の構築がたんにもともと存在する胚の「中身が展開すること／ひろげられること（*Auswicklung*）」だとしたら、いったいどこに自己分化があるというのか。われわれはすでに、「胚」そして「原基／素質」をめぐる諸観念をカントがもちいたことに、どういった意味を与えるべきかを論じた。「胚」や「素質」が前成的作用を裏づけているといいうる根拠は、何もなかったのだった。にもかかわらず、第一批判には、超越論的な産出性におのれの産出力を表現する自由と余地は、ごくわずかしか存在していないといわざるをえない。あたかも経験が、畳まれたものをひろげることしかしていないかのように。そこでは、過去への眼差しにたんに事後確認という役が振られているだけである。それゆえ、超越論的なものが後成説のアナロジーにかんして無効だと結論づけられ、この無効性により、同時に、懐疑論的議論による超越論的身分の即時剝奪が正当化されるのは、まったくもって避けがたいということとなる。

第三批判が第一批判におよぼす遡及効果

私も発生論的手法の難点におちいっているという批判があるかもしれない。判断力批判の発生を私はたどりなおしているのではないか。じっさい私は、以下のように指摘するにとどめておくこともできただろう。第一批判は、反省的判断力ではなく、普遍的なものが「蓋然的」であるときの理性の「仮説的」使用が問題になっている段階だ、と。

(27) CRP, 566, A653/B681.〔第一批判、下、三三〇頁〕。
(28) *Ibid.*, p. 674, A 833/B861.〔同書、四七九頁〕

理性が特殊なものを一般的なものから導きだす能力だとすれば、それには二つの場合がある。一つは、一般的なものはすでにそれ自体で確実であり、与えられている場合である。その場合、包摂のために判断力が必要になるだけであり、特殊なものは包摂によって必然的に規定される。もう一つは、一般的なものが蓋然的にしか想定されておらず、単なる理念であり、特殊なものは確実であるが、この帰結のための規則の普遍性はまだ問題である場合である。[…]これを私は、理性の仮説的使用と呼ぶことにする。[29]

次のように注意をうながすだけでもいいのかもしれない。判断力の反省的な力は、〔第一批判の〕「反省概念の二義性」で素描されてはいるものの、熟考されても、解明されてもいない。反省は、概念形成と、そこから諸々の表象が生じてくる認識の源泉の位置特定という二重の論理的身ぶりとして示されているだけである。判断力の反省的機能とのつながりは、ここではまだあきらかにされていない、と。

また、こう主張してすますこともできるだろう。『純粋理性批判』では、「偶然的自然秩序」の根本的理念は取りあげられておらず、これは一七六四年に『神の存在の唯一可能な証明根拠』において展開されるのを待たねばならない。後者のテキストでカントが述べるところでは、自然にはそのメカニズムの総体を構成する必然的にして体系的な秩序のかたわらに「偶発的な調和」の総体がある。「非有機的な自然」が「数え切れぬほど多くの必然的統一性の証拠を提供する」[30]のに対し、「植物界および動物界の被造物は一貫して、偶然的だが偉大な賢明さをもって一致する根拠の驚嘆すべき実例を差し出している」[31]。ところで、「偶然的秩序」の統一性は、決定論的必然性に属しているわけではない。それは「技巧《アール》の効果である結合」として、職人《アルチザン》の仕事としてあらわれる。[32]第一批判も、体系的統一と技術的統一とにちがいがあることを強調してはいる。だが、一七六四年の論文では、二つの統一性が調和ある全体性である——技術的統一は寄せ集めの結果ではない——が、双方の統一は同類の因果性に支配されるのではない、とされている。ここにはまだ自然の合目的性の観念も、意図的な合目的性の「かのように」も見あたらないのだが、非必然的秩序を支配する因果性の観念は出てきている。

それゆえ、私は次のように結論づけることもできるかもしれない。カントに「偶然的秩序」の再考をうながした長い期間をへて、後成説がおのれの正当な場所を見いだすことができたのは、生きものおよび合目的性をめぐる思考が完成される第三批判においてほかにない、と。

だが私が提出しようとしているのは、また別の読み方なのである。この読み方は、第一批判で設定された超越論的配置に対し、第三批判が遡及的効果をもちうると想定し、一つの〈批判〉から別の〈批判〉への移行のなかで、自己解釈をおこない、変容を遂げるのは理性だとみなす。この読み方では、理性と後成説との関係について、まっすぐで一方通行的なものとする定義づけ、すなわち『純粋理性批判』の§27から『判断力批判』の§81までを片道切符で結ぶ定義づけとは異なる、別の定義づけがなされなければならない。

（29） *Ibid.*, Appendice à la Dialectique transcendantale, p. 562, A646/B674.〔同書、三二四頁〕
（30） Emmanuel Kant, *L'Unique Fondement possible d'une démonstration de l'existence de Dieu*, *op. cit.*, p. 369.〔『神の存在の唯一可能な証明根拠』『カント全集3』所収、前掲書、五七頁〕
（31） *Ibid.*, p. 368.〔同前〕
（32） *Id.*〔同前〕

生きもの、そして事実としての合理性

第一批判が提出していない問題、第三批判の要諦となる問題に正しく立ちかえろう。すでに述べたように、「有機的存在者」は、最初は自然秩序における身分なきものとしてあらわれる。因果性の差異〔機械論と目的論の差異〕を見極めてはじめて、この有機的存在者の特定が可能になる。カントはこう書いている。「この種の因果性〔機械的組織の〕を欠くと、有機的存在者は自然の目的ではあるがしかし自然の所産ではないということになる」[33]。生が呈示する問題、すなわち『純粋理性批判』では生の問題として練りあげられることのなかった問題は、有機的組織の規則破り的な特性からきている。有機的存在者という概念は、機械論的必然性をすりぬけ、それゆえに理性に、自然からもう一つの自然を、目的化された自然を、第一の自然との分節を理性が理解しそこねる、そうした自然を取りだすよう強いる。「[…] まったく種類を異にするこれら二通りの因果性の合一 [...] の可能性は、われわれの理性によっては理解されない（*begreift unsere Vernunft nicht*）」[34]のである。

目的論的判断力の反省的な性格に光があてられ、その結果として、「自然目的」概念の統整的性格があきらかになれば、二つの因果性を理解はできなくとも、識別することは可能になる。つまり逆説的だが一方をもう一方の原因につなぐ、すなわち、諸現象のなかの生きものの地位の特異性と規則性の双方をつなぐことはできなくとも、二つの因果性を識別することはできる。「こういう訳で、それ自体自然目的とみなされるような物の概念は知性や理性の構成的概念ではないが、しかし反省的判断力に対しては統整的概念として使用されうるのである」[35]。

この結論の性格はあまりにも有名ではあるが、この結論が解決とする合理性の試練の烈しさを隠すことはできない。機械論的なものと目的論的なものの「両立可能性」は、カントが苦闘のすえに獲得したものだが、生が哲学に突きつける謎の侵入を解消できるわけではない。

『判断力批判』の第一部である美的判断力の批判は、この謎についての最初の定式化である。自然の決定論にしたがいながらも、自身に固有の形式をもつ現象、自身にのみにしたがうため、その形式が変則的となる現象というものが存在するのだ。それゆえ、こうした現象は、カテゴリーが規定しきれない論理の穴に居座ろうとする。自然における形式の多様性というふうにカントは呼んだが、この多様性のいくつかは、「純粋知性〔悟性〕がアプリオリに与えるところの諸法則によってはけっきょく規定されずに残されてしまう[36]」のである。多様なものの統一の原理は、こうした形式に先立つとされるが、われわれにには未知のままにとどまるのである。「およそ反省的判断力の責務は、自然における特殊から普遍へと昇っていくことである。それだからこの判断力もやはり一個の原理を必要とするが、しかしこれを経験から得てくることはできない〔…〕。それだから反省的判断力は、かかる超越論的原理を自分自身に法則として与え得るだけ」である[37]。

ここで「諸形式」そして「諸形式の多様性」は何を意味するのか。自然の産物は、判断力に対しみずからに普遍的なものを与えよと命じるのだが、ある意味で、それ自身をカテゴリー化するようにみえる特徴がある。あたかも、自然の産物が自足し、ある意味で自身について判断し、その独自性のために思

（33）CFJ, §81, 419.〔第三批判、下、一一九頁〕
（34）Id.〔同書、下、一一九 - 一二〇頁〕
（35）*Ibid.*, §65, p. 367, 引用者による改訳。〔同書、下、三八頁〕
（36）*Ibid.*, Introduction, IV, p. 158.〔第三批判、上、序文、三六頁〕
（37）*Ibid.*, p. 159.〔同書、三七頁〕

考は無用とされると同時に極点にまで突き動かされるかのようにみえるのだ。自然と自由が、反省的判断の使用をつうじて発見されたこのカテゴリーなき場において調和するとしたら、それはまた、そして何をおいても、ある種の自然対象が自然的に自由であり、必然的に自律したものとして姿をあらわすからだ。自然の産物の「形式」はその独立性に由来する。カントは示そうとしているのは、まず自然の美が、次に生きものが理性に謎を呈示しているということ、事実の合理性という謎、理性ぬきですませることができるようにみえる合理性という謎を呈示している、ということなのである。というのも、こうした現象は自閉し、自己形成し、自己規範化し、われわれの判断装置を即座に撥ねのけてしまうようにみえるからだ。事実的な合理性は奇妙な合理性であり、自然と自由との結合という偶然のなかに、われわれぬきで意味が与えられる場なのである。

　したがって、ある種の現象がもつ思考を脱相関化する力を、カントは時代に先んじて発見したことになる。くりかえすが、生きものは、われわれぬきできわめて精妙に自己組織化する。そして判定されることになど、まったく無関心のままである。だがけっきょくのところ何が問題なのか。こうわれわれは問うことになる。問題は、無関心が意味の裏側だということである。これこそメイヤスーがけっして提起することのない問題である。無関心であるものは、単独でおのずと意味をなす。まさしくこれこそが、生きものがわれわれに考えさせるものなのである。生きものは、それ自体単独でもちこたえる意味をつくるのだ。

　エリック・ヴェイユは、その注目すべき論文「意味と事実」[38]において、第三批判が偶然性批判であり、意味というものの偶然的性格こそがこの批判の特質だと述べている。

『判断力批判』は［…］理にかなう事実を把握しようとするが、これは科学が組織する意味を欠いた事実だけのことでもなければ、実践理性の水準でつねに前提とされ、永遠に事実から切り離された事実だけのことでもない［…］。いまや、意味が事実であり、諸事実は意味をもつ。これが最終〈批判〉の根本的見解である(39)。

さらにヴェイユはこうつづける。「われわれは美を了解しないし、生を了解しない、それらを目で確かめる(40)」。合目的性があらわれるのは、まさしく、「意味の偶然的実存としての意味(41)」としてなのだ。

もう一つの偶然性ともう一つの必然性

このように、後成説の射程は、『純粋理性批判』で論じられているカテゴリーの産物の感覚的言い換えにとどまらない地点にまでおよんでいる。そしてまた後成説は、『判断力批判』での主題別の生物学的議論も大きくふみこえている。後成説が結論として描くのは、出発点から準備され、最終的に生物学的判断の立証をとおして完成される超越論的なものの変容の姿なのである(42)。

(38) Éric Weil, « Sens et fait », in *Problèmes kantiens*, Paris, Vrin, 1970, p. 57–107.

(39) *Ibid.*, p. 64–65.

(40) *Ibid.*, p. 76.

(41) *Ibid.*, p. 80.

(42) 現在、目的論的判断力の批判は生物学的判断の分析論であると考えられるようになっている。以下を参照。Philippe Huneman, « La place de l'analytique de la biologie... », *op. cit.*

どういうことか。エリック・ヴェイユはこうつづけている。「新たな〈批判〉が生まれたのは、カントが新たな問題にぶつかったためであり、それはもはやアプリオリな判断の問題ではない［…］。一貫性のある世界や、理論的および実践的なすべての方向づけ、思弁‐実践的なすべての方向づけの必要条件といったものへの期待や要請は、たしかにアプリオリなものだが、そうした期待・要求に応え、新たな根本的問題を生むのは、事実のほうなのである」[43]。「根本的問題」は、超越論的必然性に対する世界の――生の――事実的応答なのである。カントは、「意味の現前の非必然的性格を、その非還元的性格を、倦むことなく主張している」[44]。カントが「偶然的なものの合法則性」として呈示する合目的性は、一般的な超越論的演繹の枠組みのいっさいをふみこえている。第三批判は、超越論的演繹を、非演繹的なものの試練にかけるのだ。よって、超越論的なものの〈事実論性 factualité〉をカントが考慮に入れていないとするメイヤスーの見解は、まちがっている。カントが考えているのは、まさに〈事実論性〉のみなのだ。合目的性への理にかなった道は、合理性の事実性そのものへの理にかなった道と切り離しえない。

したがって、超越論的な形成力がたしかに存在することになる。カテゴリーは不変ではないのだ。これを立証するのは、第三批判で生じている、必然性というカテゴリーの変容である。すでに述べたが、この変容は種別化――すでに生じている変化――によって、合目的性における因果性〔志向的因果性〕の種別化によって準備されている。この種別化は、同時に合目的性そのものの、もう一つの意味内容をあきらかにしている。最初の二批判で有効とされている超越論的諸規定によれば、合目的性は、単純に「ある概念の対象に関しての、その概念の原因性〔因果性〕」、すなわち、ある対象がある概念の結果として可能であると考えられたときの対象のありようをさしている[45]。こう理解すると、合目的性は、それがある種の表象でしかないような因果性の種別化など、いささかも必要としていないことになる。これに対して、「自然目的」としてのある物の可能性は、概念の因果性が介入しなくても、この物そのものが一つの目的でもあるということを想定している。というのも、「〔…〕或る物が自然的所産として、目的に対する関係をその物自身とその内的可能とのうちに含む[46]」からである。「その物のすべての部分が〔…〕結合して、統一された全体を形成する[47]」、こうした自己組織化は、精神の法則ではない。それは事実的であり、自足し、思考される必要性などいささかももっていない。

因果性の種別化そして合目的性の複雑化は、いま一つの別の必然性を考慮に入れるのをうながす。第三批判は、必然性の新たな概念構造から出発して、自然における合法則性のさまざまな類型の実在を、思考に対峙させる。§66の一節はまさに二つの必然性の共存に光をあてる。

例えば動物の体軀には、単なる機械的法則に従って凝結したとみなされるような部分がいくらもあると言ってよい（皮膚、骨、毛髪のようなもの）。しかしこれらの物を作るに必要な物資を集めてこれを適当にきりもりし、またこれに形式を付与してそれぞれ然るべき場所に定置したところの原因は、常に目的論的に判定されねばならない。それだから動物の体軀における一切のものは、それぞれ有機的なものとみなされねばならない、ところがまたこれら一切のものは、同じくこの物に対する或る種の関

（43） Éric Weil, « Sens et fait », *op. cit.*, p. 64.
（44） *Ibid.*, p. 67.
（45） CFJ, §10 « De la finalité en général », p. 198. を参照。〔第三批判、上、§10、一〇〇頁〕
（46） *Ibid.*, §65, p. 365. 強調は引用者による。〔第三批判、下、§65、三三―三四頁〕
（47） *Ibid.*, p. 365.〔同書、下、三四頁〕

係においては、それぞれ単なる道具にもなるのである[48]。

必然とは、あるものの反対がありえないことをいい、偶然とはあるものの反対がありうることをいう。こうした定義が有効なのは、機械的因果性の場合のみである。この定義は有機体の特徴を描写する作業には適さないだろう。この点はきわめて正当にヴェイユが以下に述べるとおりである。「必然的とは反対項なしに否定されえないもの［であるが］、美と生きものは、それらが否定され、現実に否定され、現実に不在にされたとしても、自然科学に矛盾をもたらすようなものではないのである[49]」。この箇所はきわめて重要である。われわれがもう一つの必然性と呼んだものに反対項はない。この必然性を否定したからといって、いかなる矛盾も、いかなる論理的破綻も生じないし、法則がゆさぶられたり、不整合を生じるような可能性もないのだ。だが、この必然性はすべてを変える。というのも、これが発見されたなら、超越論的なものの変容が引き起こされるからだ。生が思考に突きつける問いとは、超越論的偶然性として規定された必然性の問いである。カントはこのことを明確に述べている。「［…］自然の形式は極めて多様である、或いは超越論的な普遍的自然概念には極めて多数の変容があると言ってもよい（*so viele Modificationen der allgemeinen transscendentalen Naturbegriffe*）[50]」。形式／形態の多様性が、超越論的なものを変容させるのだ。

それゆえこのカテゴリーをめぐる変化は、おわかりのとおり、たんなる認識論的性格の変化ではなく、あくまで、一つの〈批判〉から別の〈批判〉への移行、機械論から目的論への移行、あるいは物理学から生物学への移行に結びつくことになるものである。カントによれば、この変化は、カテゴリーの生物学的適応性やそれらの漸次的な進化のことではない。この変化は、理性が自然のなかで一つの事実としての自身に出会い、もはや決定論の必然性ではない必然性の意味を発見することをいっているのである。

というのも、理性は、もう一つの必然性が自分の偶然性であることを見いだすからだ。われわれの精神構造は、「その構造そのものからは、その構造のみからは、理解することも必然的になることもない、そうした構造[51]」である。偶然性と必然性の区別は、われわれの思考の偶然性を考慮に入れてはじめて意味をもつ。『判断力批判』の§70は、「特殊的〔自然〕法則が偶然的に統一される[52]」と述べている。ところで、これはあきらかに、われわれの知性〔悟性〕とわれわれの精神一般の「性質における或る種の偶然性（*eine gewisse Zufälligkeit der Beschaffenheit*[53]）」と切り離せない。カントはこう説明する。この偶然性は知性の論証的性格に由来し、知性は概念から出発して特殊へ向かうことを強いられるのだが、この特殊は、知性がその多様性については何も規定しえない、そうした特殊である[54]。直観的知性であれば、一つの同一の必然性のもとで全体を、全体のもとで諸部分の結びつきを、形式の統一性と多様性をとらえることだろう。だが、われわれの知性はこれとは逆で、現象の多様性を認識の統一性にもち来たらすことはただ、「〔…〕我々の知性が自然の多様な標徴（*Naturmerkmale*）を我々の概念の能力〔知性〕と合致

(48) *Ibid.*, §66, p. 369.〔同書、下、§66、四一－四二頁〕
(49) Éric Weil, « Sens et fait », *op. cit.*, p. 104.
(50) CFJ, introduction, section IV, p. 158. 強調部分は引用者による。〔第三批判、上、三六頁〕
(51) Éric Weil, « Sens et fait », op. cit., p. 60.
(52) CFJ, p. 380.〔第三批判、下、五七頁〕
(53) *Ibid.*, §77, p. 401.〔同書、§77、九二頁〕
(54) 同書以下参照。〔同書、下、九四頁〕

させることによってのみ」可能であり、「[…]この合致」は「極めて偶然的なものである（*sehr zufällig*）」。[55]

ここにこそ、われわれが出発点とし、§27で論じられた、あのカテゴリーと対象の〈一致 *Übereinstimmung*〉、アプリオリな必然性の構造そのものとカントの目に映り、その反対項が不可能で、それゆえいかなる矛盾もゆるさない〈一致〉がある。ここでこそ、〈一致〉はその必然性そのものにおいてきわめて偶然的であるといわれているのだ！〈一致〉はもう一つの偶然性にしたがっている、といってもよい。つまり、もう一つの必然性にしたがうということでもある。その事実性の必然性にしたがうのだ。カントのおかげでわれわれが見いだすことができるのは、メイヤスーが〈その後〉を言明したと信じる有限性よりもいっそう斬新で、いっそうラディカル／根源的な偶然性の意味である。理性自身に端を発する、必然性と因果性の後成的な変容が示すのは、偶然性が物理法則の変更可能性に由来しているということではなく、むしろそれが、必然性ないし合法則性のさまざまな水準《レベル》の実在——物理的必然性はその一面にすぎない——に由来している、ということなのである。

理性の後成説という定式は、それゆえ、主格の属格として理解する〔「理性が後成する」と理解する〕のが肝要なのだ。まさに問題となっているのは、一つの後成的な作用、すなわち理性自身の胚の懐胎なのである。三批判書の全行程をとおして、理性は変容を遂げ、その道行きの最終段階がアポステリなこの変化をめぐる理性の省察を組織する。理性の変容は、外部から生じるのでも、ある種、検証ずみの対象に結びつけられるのでも、あるいはもはやそれだけに結びつけられるのでもない。この変容は理性の根源的な内的要求に応える。すでに胚の状態にあるものとして第一批判で呈示されていた内的要求、すでにある理念《イデー》——みとめがたいという人は多いだろうが否定することができない——のもとで、カテゴリーのある種の可変性という理念のもとではっきりと示されていた内的要求にこそ、応えるのである。

構造と進化
本書の冒頭で取りあげた超越論的分析論におけるカントの発言はこうであった。

［…］われわれは、純粋概念を人間の知性におけるその最初の萌芽〔胚〕（*Keime*）と原基〔素質〕（*Anlagen*）にいたるまで追究するであろう。純粋概念は、ついに経験を機縁に展開され、まさに同じ人間知性をとおして、身にまつわる経験的条件から解放されて、鮮明に示されるまでは、その萌芽と原基の中に準備されている。(56)

議論は長いあいだ、最初の「胚」と「原基／素質」とをめぐって展開されてきたわけだが、この二つは知性のうちにカテゴリーとして「準備されている」形態である。いまやわれわれは以下のことをみとめることができる。問題はもはや、源泉の源泉にあるのでも、認識能力を構成する内在性が、認識能力それ自体のうちでどんな役割を果たしているかという問いにあるのでもない。じっさい、カントは、第三批判で彼なりにこの問いに答えているのである。われわれがけっして呈示することができない理由は、生の理由なのだ。それは、カントにおいて謎のままにとどまる物自体では断じてないのだが、不思議なことに、多くの読解がなぜそこにかかずらってしまう。真の難問は、生なのだ。思考が同時に、超越論的主体と生ける存在――経験的主体とは別のものである――の思考であるという事実、このことこそが

（55） *Ibid.*, p. 402.〔同書、下、九三頁〕
（56） CRP, p. 154, A66/B91.〔第一批判、上、一二三頁〕

難問なのだ。

超越論的主観性と経験的主観性との関係が吟味され、解決されるのは、超越論的演繹においてである。だが超越論的主観性、経験的主観性、生ける主観性の差異は、第三批判で浮かびあがってきたものである。たんなる経験的なものと生きものとの差異をなすものこそ、有機的組織なのだ。有機的組織は、思考への応答のようにみえる――もっともカントは「鏡」について語っていた――が、これは思考のように自己秩序化し、自己組織化し、その形成も思考同様に体系的である。しかしながら、生は、思考なしですますこともでき、生は思考されることを必要としていない。これに対し、思考主体は生きており、ほかのものとは異なる思考対象として、その生の事実性に出会う。それゆえ、認識能力の生得的部分は、究極的には、思考の生ける自然性へと送りかえすのである。

いまやわれわれは、ある意味で、あたかも複雑になるかのように折り畳まれた層をなしたものが〈震央〉であるということができる。カテゴリーの対象への参照はいまや、機械的なしくみに支配される自然の諸対象だけにかかわるのではなく、有機的に組織化された諸対象にもかかわっている。後成的作用がこの二重の客観性の場それ自体において展開されてゆくのを、われわれはいま目にしている。後成的作用はカテゴリーの産物そして対象との「一致／調和」の産物をさしている一方で（第一批判）、目的論的判断とともに突如あらわれるカテゴリーの変容をもさし、別の対象とのいま一つの別の一致／調和の必然性をあらわにする（第三批判）。後成的作用の一つの次元からもう一つの次元にまで、成熟し、その決定的形式を見いだすのは、あらゆる合理的営みなのである。

カントによる批判のくわだてには、構造的視点そして理性の進化的視点がその全域に取り入れられている。この二つのどちらかを選ぶ必要はない。超越論的哲学の力学は、アプリオリなものの形式的内在性――始原学／考古学的次元――から由来すると同時に、たえざる更新による可変性――目的論的次元――からも由来している。それだからこそ、形式の永続性と可変性は、一つの同じ秩序のもとに、〈純粋理性の後成説の体系〉という秩序のもとに一体化しているのである。

第十四章　超越論的なものを放棄することはできるのか

根源的時間と平準化された時間という分割の終わり

後成的作用が超越論的形成力として理解されるなら、知性と理性とが相互に作用しあう萌芽的な関係という観点から時間を考えることが可能になる。〈前と後〉の関係をめぐる以前とはちがった意味があらわれる。この意味は、将来への前進と過去への遡及という、たえざる視線の移動をつうじて、一つの〈批判〉からもう一つの〈批判〉へと合理性が発生し、発展するさまを浮き彫りにする。ハイデガーは『純粋理性批判』の第二版での想像力の追放をみて、そこで伝統的時間概念が勝利していると確信し、後成説の主題がカントの著作に秘めておいた脱構築の可能性に気づかなかった。この可能性は、根源的時間性と平準化された時間性、あるいは「通俗的な」時間性との区別を終わらせる手だても提供する。後成的作用は発生ではないが、ある特定の設定された地点からの、線形の出来事の連鎖でも、出来事の結合物でもない。後成的な時間性は発生をその「下部に」あるいはその「表層に」位置づけるが、むしろこれは、自己分化をつうじた全体性形成としての成長の運動のなかにあらゆる部分が共存する、総合的連続体の時間性である。カントにおける〈総合〉は強い意味での産出性および生殖性として、すなわち〈後の存在〔＝子孫〕〉の産出の運動として考えられるべきである。この〈後の存在〉なしでは、総合は未熟のままであろう。

このように後成的作用を、存在論的地平と生物学的成熟との、そして現在に到来するものと自然的成長との見分けがつかなくなる、そうした時間化の過程と考えることは可能である。後成的な時間性は、起源的ではなく超越論的であり、派生的ではなく自然的である。この時間性を、それがさし示す生物学的過程から、有機的成長から、生きものの将来から切り離すことはできない。しかしながら、この時間性の運動が自身を思考する理性の運動でもあり、また後成的作用や自己調節の作用を欠いた合理性、新しいものによる古いものの更新を欠いた合理性が存在しない以上、後成的作用の自然的にして客観的な時間は、主観的で純粋な時間、思考による、思考のための地平の形成としての時間性でもあると考えることは可能である。

こうしたわけで、根源的時間と客観的〔対象的〕時間のちがいがあるとは、もはやいえないのだ。自然的産出性と存在論的産出性は同一の〈いま〉という場で再会するのであり、根源的時間性も生物学－考古学的な時代設定にしたがって展開されうるものであることを受け入れるのは難しくはないだろう。成熟とは無縁の本来的時間性と、脱自とは無縁の時系列の通俗性とのあいだで独自のリズムを刻んで展開しているものこそ、後成的な時間性なのである。これからは、この時間性を思考することこそ、要請されることになる。

可能な非－世界について

第一批判、それも自然法則の必然性をめぐるカントの考察——特徴的なのは辰砂《しんしゃ》の例——にのみ言及し、合目的性の問題にはいっさいふれていないのだから、メイヤスーは、まったく別様な可能世界という仮説にかんして、偶然性の伝統的な定義にとどまっていることになる。彼の仮説がどれほど正当化困難で、ひいては不可能に近いかを、われわれはみてきた。エリック・ヴェイユが以下のように指摘しているだけに、なおさらそう思える。

具体的科学は非有機的で非方向的な世界では想定不可能である、というのが真だとしても、構造化されない自然、非‐世界、非‐宇宙といったものが概念上矛盾を含んでいることにはならない〔その宇宙論的仮説において、カント自身はこうした自然について考えていた……〕(1)。

ゆえに、〈まったく別様の世界〉という考えそのものに対しては、カントはけっして異を唱えてはいないことになる。物理的必然性にしたがうのをやめる世界というものは、考えられないわけではない。だがカントにとって、必然性と偶然性の関係をめぐる問題は別のところにあった。彼にとって問題は、物理法則の相対化という不条理を通過することにではなく、必然性にはさまざまな体制があるという認識にこそあった。くりかえすが、物理的必然性は、こうした体制のうちの一つにすぎない(2)。

カントが提出したような生物学的問いを一顧だにしないのだから、生命をめぐる諸学問についての〔カントの〕分析論が「偶然性という形而上学の古典的問いを引き継いでいる(3)」ことも、メイヤスーはみ

(1) Éric Weil, « Sens et fait », *op. cit.*, p. 104.
(2) そしてヴェイユは、「エントロピー概念が登場したからといって、カント以後の物理学がそこに論理的ないし物質的不可能性をみとめるようになるわけではない」と付けくわえている。

ていないことになりそうだ。理性の後成説の発展は、必然性のさまざまな水準を出現させ、同時に偶然性の意味に変容を引き起こす。偶然性はもはや、別様であることができる能力の同義語ではなく、という、正確には同一のものに帰結しないものの避けえない事実性の同義語になるのだ。というのも、生きた有機的個体が理性にさし向ける問いは、必然的な自然秩序に代わるものがありうるかという問いではなく、理性に対して自然秩序が独立しうるかという問いである。この〈脱相関化〉の可能性、カントに完全に意識されているこの可能性は、物理法則ないし自然法則一般の変更の思索に向けてではなく、事実の合理性の思索に向けて扉をひらくのである。事実の合理性に、理性はある意味で「出くわす」しかない。これは生の自己充足性という合理性なのだ。生の自発性には、理由というものがない。

たしかにカントはこのことから、われわれの精神の偶然性とこの偶然性が響きあっているとし、またしても、われわれの認識能力の構成には説明不可能な性質があるとする結論を引きだしている。それは、偶然性の問いを立てることがわれわれの精神に可能なのは、まさしくわれわれの精神自体が偶然的であるからである。すでにみたが、合理性の偶然性を合理的に把握することは、有限性に立ちかえることになる。有限性に対しても、われわれの知性の論証的性格を適用しなければならない。偶然性と必然性がわれわれが現象とかかわるときのカテゴリーであることには、いささかも疑いの余地がない。

だがすでに指摘したとおり、有限性「なるもの」があるわけではない。有限性の概念は、必然性や偶然性の概念がそうであるように複数なのである。ハイデガーには有限性の概念が二つあることをわれわれは指摘した。ところで、第三批判で分析されている有限性には、これに特有の意味がある。『純粋理性批判』で限界づけとされた有限性の意味が、〔『判断力批判』の〕目的論的判断の批判では強調されていない。そこでは有限性は、生から出発して思考されるべきだとされている。ところが、生と有限性の関係は、カント以後、二十世紀になって再度あつかわれ、解明されることになる。そこで中心的に論じられるのは実存的有限性であり、生ではけっしてない。有限的であるには、ただ生きているだけではなく、実存的でなければならないとされる。これがこの百年をかけてわれわれが理解したことなのだ。だがこんにち、企図されるべき哲学的思索は、有限な実存をめぐる思索ではなく、有限な生をめぐる思索なのである。後成説は、まさにこのくわだての一助となる可能性をもっているのである。

それは、カントが生きものに過度の特権を付与していたからではない。生きものは、現存在のような「模範例」ではない。生の出現は、その営みから機械的な規則正しさにのっとった凡庸きわまりない出来事としてすみずみまで理解できる。この規則正しさが「被造物」、すなわち生きものを「一様に支配している(4)」からである。人間もまた、「この機械的組織の支配下に包括され(5)」うるだろう。だが、有機的存在についての判断が非有機的自然についての考察のさまたげになったり、機械的組織にあてはまることがけっしてないのに、この判断のおかげで、まさに機械的でないとらえ方で、記憶として、つねに非有機的自然を考えることができるのである。こうしたわけで、地球／大地はつねに、痕跡を取り集めたものとしてあらわれる。「自然の歴史」、すなわち、カントが語っていた「自然の記述(6)」は、「考古学」なしにありえないということになる。考古学／始原学は「自然の最古の変革の痕跡」をあつかうのである。

カントにとって、地球の過去の年代決定、すなわちその歴史と呼ばれるものは、考古学的な暦／時間

(3) Philippe Huneman, « La place de l'analytique de la biologie... », *op. cit.*, p. 265.
(4) CFJ, §82, p. 426, 訳に変更をくわえた。〔第三批判、下、§82、一二九頁〕
(5) *Id.*
(6) *Ibid.*, §80, p. 416.〔第三批判、下、§82、一一三頁〕

区分なしには可能ではなく、この暦ぬきで地球の過去が何かを意味することはありえない。考古学とは何か。客観性に異を唱えることがないにもかかわらず、考古学はまなざしの中立性というものをみとめない。この学は、記号の戯れとしての「太古における地球の状態の表象」を、「自然そのものが我々をいわば誘い、刺激してやまないような[7]」展望のもとで、可能ならしめるからである。だが、考古学は、たんなる人間学化ではない。それが研究するのは「いくつもの化石化作用」、すなわち数多の化石であり、人間の手で「整形された石」ではない。それゆえ、考古学は祖先〔以前〕的過去の人間学化ではまったくなく、膨大な指標としてこの過去を評価する活動なのである。別の言い方をするなら、そしてカントのものでない語彙をもちいるなら、カントにとって〈原化石〉はつねに〈原痕跡〉である。そして原痕跡はつねに生の痕跡なのである[8]。

思弁的実在論を知ったなら、カントはそれをこう非難したはずだ。思弁的実在論は生物学的判定や生の側面をないがしろにし、その議論には、カントの思索にすでに登場している偶然性の新たな意味が抜け落ちている。カントの思索は、「現実的なもののほうへと方向転換し、これを自身の問題としようとしている[9]」というエリック・ヴェイユの発言のとおり、（一）生きものの有限性としての現実的なもの、（二）意味としての事実性、（三）意味と過去との考古学的結びつきのほうへと向かっているのである。

生物学的理性

この時点で、本書で呈示してきた理性の後成的発生というカント的意味と、脳の発生・発達をめぐる現代的研究とのあいだに、どういった関係を打ち立てることができるのか。後成説とエピジェネティクスとのあいだには、どのような関係ができているのか。生についてのカント的な定義へのわれわれの執着が正当ならば、この定義を現代の生物学的判定に突きあせてみなければならない。

　この分析作業をつうじて、私は超越論的なものの生物学化という難問に直面した。この問いを吟味するたび、二つの用語は両立不能にみえた。すでに何度も目にしてきたとおり、思考のカテゴリーの起源への神経生物学的な接近法をとれば、ただちに後成説の主題は哲学から奪われ、後成説から超越論的な意味内容がそぎ落とされてしまう。ある意味で、脳の後成説を支える進化論的展望――存在論的であり同時に系統発生的でもある二重の展望――のもとに超越論的なものが溶解してしまうのである。神経学者たちの課題は、脳の個体的発達を経験や学習といった非発生的な要因の影響を考慮に入れて解明することである。その一方で、こうした過程を、最近の知見を取り入れたより大きな進化論の枠組みに位置づけるという課題もある。すなわち、遺伝の決定要因には、発生的要因だけでなく、エピジェネティック〔後成的〕な要因もあるとする見方を取り入れた進化論である。[10] だが一度となく目にしてきたように、

（7）*Ibid.*, §82, note, p. 425. 訳に変更をくわえた。〔第三批判、下、§82、一三〇頁〕

（8）何よりもおどろかされるのは、メイヤスーが痕跡についていっさい語らないという選択をしたことである。彼が大々的にもちだすのが、化石や原化石という様式だというのに、である。たしかに彼はこう述べている。「過去の生命の痕跡を示す物証、すなわち本来の意味での化石ではなく、地球上の生命に先立つ、祖先以前の出来事ないし現実を示す物証を、原化石［*archifossile*］、あるいは物質化石［*matière-fossile*］と名づける」。*Après la finitude*, *op. cit.*, p. 26.〔メイヤスー『有限性の後で』、前掲書、二四‐二五頁〕。だが一口にいってしまえば、痕跡ぬきに化石を考えることなど、できない相談に思える。この本の〔痕跡について探究してきた〕デリダに対する沈黙はあまりにも大きく、かえってきわだっている。

（9）Éric Weil, « Sens et fait », *op. cit.*, p. 105.

（10）「総合的」とされる進化理論を参照していただきたい。

適応や進化、遺伝についてのこうした見方は、アプリオリないし超越論的な構造という観念とは、相容れないようにみえる。カテゴリーと経験の対象との一致が進化的路線をたどり、環境への適応要請に応じて変形するなら、アプリオリな後成的作用の実在を主張することはできなくなるのだ。

だがカントは、とうぜんながら、§27において「後成説」という用語を気まぐれにもちいていたわけではない。この表現は、〈批判〉作業の全域にあらわれる問い、理性と生ける有機体との密接な関係についての問いを浮上させずにおかない。カントにおいて有機体とは、思考の対象であるばかりか、そのもともとのイメージを思考に送りかえす。生は思考の「かのように」であり、思考は生の「かのように」なのである。誤謬推理、あらゆる実体化の誘惑をはなれて、生物学は、理性のアイデンティティをめぐる探究を支えるのにおそらくもっともふさわしい領域である。こういえるのは、生きものについてのカントの議論の発展がその現代性においてきわだっているからだ。現代生物学におけるエピジェネティクス的転回を、この哲学者が先取りしていたようにさえみえることに、われわれは胸騒ぎをおぼえずにいられない。数世紀もの隔たりをこえて、「そのなかにおいては一切のものが目的であると同時にまた相互的に手段となる」「有機的所産[11]」についての記述には、細胞分化によって表現型が形成されるという知見が予示されており、この予示は後成的なメカニズムが可能にしたものにほかならない。ウネマンが正当にも指摘しているように、カントは、『判断力批判』の§66で、どのように全体と部分が同時に誕生するのか、と問いかけている。カントの記述は、「有機体全体を注視する細胞分化の理論、すべての細胞が同じ遺伝子型をもっているのに［たとえば］表現される神経細胞が一つなのはなぜかを問う」理論を予告している。

では、生ある事実性のうちに、理性はいったい何をみるのだろうか。そこに理性は自分自身を見てとる、というのが私の見解だった。この方向にさらに歩を進めて、こう主張したい。こんにちの神経生物学、すなわち、さらに洗練されつつある脳のメカニズムの洗練されつつある描写や、ますます精緻になる脳の画像処理技術で可能になったのは、思考が、思考の本来の生を現実に考えることである、と。理性は、生きものを鏡として、そこに映った自分の姿を眺めるだけでなく、自身の固有の生を、自身が生きるさまを見てとっている。ところで、こうしたビジョンには、何にもまして、生物学的判定の批判の糧が必要である。それは、思考自身による思考の客観的および主観的な獲得物のうちに、（その生物学的機能体系が発見されても、思考に何がしかの隠されているものがあるはずだとして）超越論的なものが不可視性という線を引くことになるからではない。そうではなく、思考の可視性が、たんに事実として言明されるだけでなく、概念的に析出され解明されることを求めているからだ。じっさい、生きている自分をみる理性は、理性に作用し、そうして思考を誘発し、批判を要請するのであり、たんなる事実確認の次元にとどまっていることはできない。

　現代哲学のある状況から出発してカントの思考を受容した後継者として、われわれがいま一度想起できるのは、思考活動や合理性一般を、神経系のはたらきのうちに記載しようという考えや、真理の進化的過程という考えに、カントは反対することはなかっただろう、ということだ。くりかえすが、理性と脳を同等とみなすことにカントはかならずしも反対しなかっただろう。なぜなら、脳は、厳重なプログラムのもとで作動する器官であるどころか、後成的な冒険に向けてひらかれたものであるからだ。超越論的なものが適応的にはたらくとする見方を、カントはかならずしも拒否することはなかったであろう。

（11）CFJ, §66, p. 368, 訳に変更をくわえた。〔第三批判、下、三九頁〕

カテゴリーの変容可能性を彼自身がみとめているからだ。理性の後成的な発生と発展は、超越論的なものの可変的な形式、そして変化させられた形式に一致する。それは脳の形態が、その諸結合の可変的な発達と一致するのと同じである。

だが一方で、思考の生物学からもたらされる、思考そのものへの遡及効果を検討することのない、問いをもたない認識論の独断論を、カントがみとめることはなかったはずである。生物学の思考への効果をめぐる考察こそ、もはや回避できない現代哲学の課題である。本書が示そうとした、こんにち、われわれの目の前にひろがる観念論と懐疑論の新たな闘技場 *Kampfplatz* から抜けでようとするなら、これは避けてとおれない課題なのである。

アナロジーという難問

しかしながら、私は先に進みすぎているのではないか。§27で後成説は、あくまでアナロジー〔類比、類似、比喩〕として呈示されていることを思い出すべきではないのか。アナロジーをパラダイム〔範例〕に転換することで、私はこのアナロジーの限界を不当にもふみこえ、結果として、反省的判断の限界をもふみこえてはいないか。こんにち理性は生きている自分を目にしており、カントがこうした事態を思考するのを助けてくれるなどというのは、強引な主張にすぎないのではないか。哲学には後成的な伝承と遺産の様態があると想定することは、はたして正当化されうるのか。すなわち、これまで本書の分析での諸読解の比較や解釈的対話をつうじて、私がカントの思考の受容を一例として呈示してきた様態は実在するのか。

カントにおける後成説のアナロジー的な身分規定に、どのような意味を与えるべきか。本書の道ゆきで保留のままになっているこの論点について、いまこそ説明せねばならない。この論点への言及をここまでひかえていたのは意図があってのことであり、本書全体が有効性をもちうるかが、この問いにかかっていたからなのである。後成説など、つまるところ、後成説などイメージにすぎず、教えをひろめる目的の、教育と描写の役割以外、これにもたせるべきでないというのなら、私が展開させてきた議論は意味なきものとなる。

後成説のアナロジーとしての役割は、§27において、「いわば純粋理性の後成説の体系[12]」という文の「いわば（*gleichsam*）」に記されている。このパラグラフでは、「アナロジー」をその一般的な意味で理解すべきであり、「経験の類推《アナロジー》[13]」の原理を吟味するなかで表明されているような、技術的意味合いで受けとるべきではない。

ここでは、後成説とカテゴリーの産出とのあいだの〈類似／アナロジー〉は、数学的類比にも哲学的類比にも相当しない。このアナロジーを構成する四つの用語があり、これらを関連づけるのは容易である。すなわち、後成説は、超越論的哲学におけるカテゴリーの産出にあたるものを、発生の理論に照ら

（12） CRP, §27, p. 218, B167.〔第一批判、上、二二四頁〕

（13） 数学におけるアナロジー〔類推〕と哲学におけるそれとのちがいについて、カントはこう述べている。「哲学において意味する類推とは、数学において表されるのとは大いに異なっている。数学においては、類推とは二つの量の関係の等しさを表す定式のことであり、それはつねに構成的である。比例の三つの項が与えられていれば、それによって第四の項も与えられ、すなわち構成されうる。しかし哲学においては、類推とは二つの量的関係ではなく、質的関係の項の等しさのことである。そこにおいて私は、与えられた三つの項から、第四の項そのものをではなく、単に第四の項への関係のみを認識でき、またそれを示すことができる」。CRP, Analogies de l'expérience, p. 251, A180/B223.「経験の類推」〔第一批判、上、二六一頁〕

してみたもの、となる。同時に、数学的相同性も、もはや問題にならない。その相応関係が未規定のままにとどまるからである。したがってここでは、アナロジーをたんに一つの仮説的ケースとして、すなわち、ある概念を感覚的に形象化したものと受けとるのが順当だろう。

このような形象化を、『判断力批判』でカントは表現の二つの可能性と呼んでいる。

即ち図式的であるか、さもなければ象徴的であるか、二つのうちのいずれかである。第一の場合には、悟性〔知性〕の事とする概念に、これに対応する直観がアプリオリに与えられる。また第二の場合には、理性によってのみ考えられ得る概念、従ってまたそれにはいかなる感性的直観も適合しないような概念に、或る種の直観が配せられるのである。そしてかかる直観に判断力の手続きが合致するのは、判断力が図式化において観察するところのもの、即ち単に類似するところのものに関してだけである。(14)

後成的作用はカテゴリーの図式ではない。それはカテゴリーと対象の関係一般が産出される過程を描くものだからだ。またそれは観念の象徴でもない。考えうるのは、後成的作用はある意味で、カテゴリーと対象の中間に位置づけられるということである。それは経験的な産出概念の例としての役割をもちうる。だがそれを体系という理念の図式と考えることも可能なのである。カントは「純粋理性の建築術」でこう記す。

理念はその遂行のために図式を必要とする。すなわち、目的の原理からアプリオリに規定された、諸部分の本質的な多様性と秩序を必要とする。理念によってではなく、すなわち理性の主目的からではなく、偶然的に与えられる目的〔その数をあらかじめ知ることはできない〕によって経験的に描かれる図式は技術的統一をもたらす。一方、理念に従ってのみ生じるものは〔理性が目的をアプリオリに課し、経験的にはそれを期待しない場合〕、建築術的統一を基礎づける。[15]

体系《システム》という理念の産出ないし図式の例として、教育的ないし象徴的役割を担い、後成説は形象化のさまざまな次元に居場所をもっているのだ。ここで強調しておかねばならないのは、経験的な描写という地位のために、図式から論理的実効性が剝奪されることはまったくない、という点である。上記の節の最終行がはっきりと断定するように、理性の真の図式は「理念に従ってのみ生じる」。図式は技術的にでっちあげられたものではない。別の言い方をするなら、図式に作者は存在せず、図式は概念ないし理念のイメージであるが、その概念ないし理念によって図式は自動的に産出される。〈描写〉は、主観的な発明や創出の次元には属していない。〈描写〉は、〔理性や知性の〕諸概念を感覚表現に翻訳するときの論理的過程をさすのであり、はじめから自由な創造行為をさすわけではない。したがってそれは、哲学者の意図に左右されない。イメージは「概念に従って」わき出るのだが、もっとも忠実な描写がおこなわれるときにその姿をあらわす。したがって、このイメージは修辞学的意義をもたない。つまりは、後成説のアナロジーは構成的であり、概念からおのずとわき出る、概念のイメージ化された表現である。このアナロジーは感覚的翻訳であり、最大限に無媒介的に、最大限に正当性をもって、カテゴリーの産出

(14) CFJ, §59, p. 340.〔第三批判、上、三三四頁〕
(15) CRP, p. 674-675, A833/B861.〔第一批判、下、四七九頁〕

の生物学的イメージとして、思考の前に姿をあらわすのだ。その隠喩的な意味に引き戻してしまうなら、このアナロジーには客観的重要性や適切さがいっさいないようにみえてしまうのである。

不変性と手直し

上記のように考えるなら、この形象を拡大させ、パラダイムとしてあつかっても、なんの問題もないだろう。形態の不変性は、基礎構造を少しずつ、たえず手直し／再編するという作業により維持されていく。このことが後成的作用のパラダイムの意味なのである。

理性は、二重の体系《エコノミー》を生ける有機的組織と共有している。秩序と安定性を発生させる全体性、すなわち理性は、必然的にそれが組織する要素に先立って存在するのであり、それはちょうど、「胚」ないし「原基／素質」が種の形態発生の不変性を保証するのと同じである。理性の「超越論的能力」は「原理の能力」であり、これは「すべての知性作用を、どの対象に関しても、絶対的全体へ総括することをめざす」[16]。この「〈全体〉という形式の合理的概念」は体系的統一性であるが、それは、この概念がまずアプリオリに全体性の「略図（*monogramma*）」、「輪郭」あるいは「分節（*articulatio*）」として呈示されるかぎりにおいてであり、「唯一最高で内的な目的」が、諸部分の「同類性」と「部分への区分」を作動させるかぎりにおいてである[17]。

この体系的プログラムの展開または同時に、新たに生じた部分が増えていくことにより確保される構造の可鍛性——変形、順応、修正といった特性——を前提としている。このしなやかさは、体系の均衡確保の条件である。結論として述べておきたいのは、カント哲学において、超越論的なものは〈全体〉の安定性のみならず、その変容可能性をも保証するものであるということである。

そうしたわけで、超越論的なものの「発生源」ないし震源と称されるものをさがすのをやめ、それに固有の可動性を考えるなら、すなわち不変性と変容のあいだの移り行きやみちびき手としての役割を考えるなら、超越論的なものの基礎づけの堅牢性を云々する問いが誤った問いであることがたちまち判明する。

超越論的なものの媒介者としての役割に焦点を絞って光があてられるのは、『判断力批判』においてである。究極的には、周知のように、自然と自由との分節化——接触点——を可能にするものはいったいなんなのかとカントは問いかけているのである。それなくしては自然と自由が、「通約不可能な深淵」によって引き裂かれたままとなってしまうものとは、何か。「あるものの原理にしたがう考え方から、それとは別の原理にしたがう考え方への移り行き[18]」を可能にするものがなんなのか、これをさがさねばならないのである。自然のなかに「自由概念に従うところの原因性〔因果性〕を規定する原理[19]」があると確認することは直接的には〔媒介なしには〕不可能なのだから、両者を「結びつける[20]」こと、あるいは両者のあいだの「橋渡し[21]」が必要になってくるのだ。よって第三批判の使命とは、両者の遭遇地点の〈震央〉、すなわち合目的性を特定することである。じっさい「判断力は、自然概念と自由概念とを媒介

(16) CRP, p. 350, A326-327.〔第一批判、下、三〇頁〕
(17) CRP, p. 675, A834/B862.〔第一批判、下、四七九頁〕
(18) CFJ, Introduction, II, p. 154.〔第三批判、上、序論、三〇頁〕
(19) *Ibid.*, IX, p. 175.〔同書、六三頁〕
(20) *Ibid.*, III, p. 156.〔同書、三二頁〕
(21) *Ibid.*, IX, p. 175.〔同書、六三頁〕

するところの概念、即ち自然の合目的性という概念を与える、そしてこの媒介的概念が、純粋理論理性から純粋実践理性への移り行きを可能ならしめるのである」[22]。ある種の現象が目的としてのみ可能であるようにみえるという事実から、「その形式の合目的性が自由の法則に従って自然において実現さるべき目的の可能と少なくとも一致調和する」[23]、そうした様態にある自然をわれわれは考えることができるのである。したがって批判哲学の後成説は、合目的性という概念の最終的練りあげをとおして、すなわち超越論的なものにある、主導する能力の解明をとおして成し遂げられる。つまり、超越論的なものがじゅうぶんに拡大され、その決定機関（判断力）のもとに、超越論的なものを撥ねのけるもの（美そして生きもの）が包摂され、超越論的なものに依存しないものが超越論的なものの体系そのもののうちに統合されるにいたる必要があるのである[24]。この拡大、発展のためには、すでにみたとおり、因果性の差異化、合目的性の複数化、必然性の変容が必須である。言葉を換えるなら、§27が告げているように、カテゴリーの後成的作用が必要となるのだ。

明日のカント

みずからとたえず協議する超越論的なものという展望があれば、数多くの分裂したカント読解のために失われつつあった融通性を、カント哲学がとりもどすことは可能になる。時間化の二つの体制（ハイデガー）、論理学と生物学という二つの誘惑（前成説と認識をめぐる進化論）、アプリオリなものについての二つの理解（形式的理解と歴史的理解）といった引き裂かれた状態のままなら、最終的にはカント哲学は有限性の枯渇した表現としてあらわれるほかなくなる。

たしかに哲学の貧しさを告発すべき時代があり、ずいぶん以前から、詩的 - メシア待望論や時代の先端をいく科学の諸革新を無視する態度は非難された。しかしながら、私が示そうとしたように、実証主義や還元主義の誘惑は、同一の失敗の別の側面にほかならない。

こうした傾向には反対するが、復興運動を起こして超越論的なもの、あるいは批判的合理性の統一性を救出することが私のねらいではなかった。私がいおうとしたのは、次のようなことである。『純粋理性批判』でカントは、三角形の図式について論じ、じっさいには「頭〔思考〕の中にしか」[25]存在しないものだと述べている。もしこの考えを共有するなら、そして私は共有しているのだが、われわれは超越論的なものの有効性を保持していることになる。そう、現実には三角形の図式は思考に対してしか存在しない。だが、ただちに付けくわえねばならないのは、その現実性を、物質的および客観的現実性をぬきにしたなら、思考は無であるということだ。後成説を合理性のパラダイムであると形容するとき、私はその科学的意味合いをけっして忘れなかったし、生物学と哲学という二領域が対等であり、知見の相互交換をおこないうると主張してきた。

近い将来、生物学は、後成的な変化可能性が発生的／遺伝的なものにもまして重要な進化要因だということを証明するだろう。また近い将来、プログラムとその翻訳とのあいだの優劣関係は、逆転してい

---

(22) *Ibid.*, IX, p. 176.〔同書、六四頁〕

(23) *Ibid.*, II, p. 154.〔同書、二九－三〇頁〕

(24) *Ibid.*, V, p. 161.「自然の合目的性という概念が超越論的原理に属している」がゆえに、この統合は可能である。〔同書、四一頁〕。

(25) CRP, p. 226, A141. をみよ。「純粋知性概念の図式機能について」「三角形の図式は頭の中にしか存在しえないのである」〔第一批判、上、二二七頁〕

ることだろう。カントが理解していたように、理性の中心への後成説の主題の導入が着手した仕事は、アプリオリなものの変容に時間を与えなおすことである。

こんにち、つまり〈明日の前〉である現在、あきらかになりはじめているのは、非実存的な有限性概念である。それは生きものの影であり、新たな思考の契機なのだ。

結論

歴史を自然の絶対的他者とみなす、〈意味〉を歴史と自然との差異がもたらした結果とみなすのをやめるなら、この瞬間を「歴史的」瞬間と呼んでもよいだろう。エピジェネティクス的なパラダイムの時代における歴史の新段階、そして意味についての問いは、根本的なものである。この問いは、〈象徴にかかわるもの〉と〈生物学にかかわるもの〉の関係に根底からの変化が生じ、不通の関係ではなく、交換の関係になったことを告げている。

シャンジューとの対話のなかで、リクールはこう述べている。

私が、この対話に神経科学が貢献してくれていると強く感じるのは、諸機能の発生する枠組みのみならず、脳の「後成的」発達についてこの科学が知見を披露し、発達の個体史に道を開いてくれたときです。

しかしながら、彼はこうつづける。

だからといって、表面に現れないこの後成的発達と人間主体の個体史とのつながりについて理解の進展が見込めるだろう、ということを意味しているわけではありません[1]。

私としては、リクールの見解とは反対のことを確信している。進展はあるはずである。哲学と神経科学をかくも長いあいだ引き裂いていたものがわからなくなる程度には、われわれはおそらく前進しているはずなのだ。

（1） Jean-Pierre Changeux, Paul Ricœur, *Ce qui nous fait penser*, *op. cit.*, p. 92-93.〔シャンジュー、リクール『脳と心』、前掲書、九七頁〕

訳者あとがき

本書はCatherine Malabou, *Avant demain—Épigenèse et rationalité*, Presses Universitaires de France, 2014を訳したものです。著者のカトリーヌ・マラブーは現在、英国のキングストン大学・近代ヨーロッパ哲学研究センターCentre for Research in Modern European Philosophyで教鞭をとるフランス人哲学者で、可塑性（外部の力を受けたとき、変化した形態をそのままのこす性質。かたちを受けとり、与える性質）の概念を軸に多面的な理論的活動を展開し、ジャック・デリダの指導の下で仕上げた博士論文であるヘーゲルの時間論をはじめとして、ハイデガー、デリダについての研究、神経諸科学とフロイトの精神分析を突きあわせる心的外傷論などの著作を発表しています。彼女は神経学、生物学の本を読んで、死についての哲学的な思考（たとえばハイデガー）に対する見方が変わったといい、とりわけ二〇〇〇年代以降、脳と精神をめぐる主題への関心をつよめています。現代生物学の知見を取り入れた人間の存在基盤をめぐる「唯物論」的な哲学考察が彼女の特色といえると思います。

＊

さて、本書は一口にいえばカント論なのですが、今回もマラブーならではというべきか、一分野の専門研究にとどまらず、哲学や科学の現状診断を盛りこんだ独自色の強い著作になっています。近年のカント批判への応答をこころみるという主要なモチーフはすぐ見てとれるとはいえ、「純粋理性の後成説」という、発生学上の学説を援用したとみえるカントの定式（「純粋」なものと、経験的なものが結合されているらしい逆説的な定式）に着目していること、遺伝や脳にかんする現代生物学の議論を（今回も）参照していること、さらにフーコーやハイデガーのカント批判も取りあげられていることなど、かなり入り組んだ構成になっており、それぞれの議論の糸がどうつながるのかわかりにくく、読む者を戸惑わせます。ですが序論に記されている周到な問題提起をふまえるなら、目次の構成は、おおざっぱに四つの柱に分けることができます。

（一）「超越論的なもの」や「アプリオリなもの」といったカント哲学の中心概念を批判するメイヤスーを受けとめて、どういう問いをあつかうかが呈示され、その問いにそって「純粋理性の後成説」という表現の諸解釈が吟味される部分（序論、一章から六章まで）。

（二）ヒトゲノム解読後の神経生物学において生じた、遺伝と環境とのかかわりをめぐる見方の転換（エピジェネティクスという領域の台頭）とカントの後成説との概念的なつながりが論じられる部分（七章と八章）。

（三）時間や歴史を導入する存在論からのカント批判（フーコー、ハイデガー）、偶然性による必然性批判（メイヤスー）といったカント批判の言説を取りあげ、反論をこころみる部分（九章から十二章まで）。

（四）カントの第三批判（『判断力批判』）における自然の合目的性という概念の解読をとおして、超越論的なものと〈生〉のかかわりについて、マラブー自身の見解を示した結論部（十三章から十四章まで）。

最終章のタイトルにあるように、カント哲学の根幹をなす「超越論的なもの」ないし「アプリオリなもの」という概念をどう評価すべきか（放棄すべきなのか、それは可能なのか）、という問題意識が全編をつらぬいており、この問いを提起したメイヤスーの「思弁実在論」を「大陸哲学」の内部から出てきた本質的なカント批判として受けとめ、時間、脳、偶然性という主題の検討をとおして、この問いへの答えをさぐろうというのが、本書の基本線だといえます（カントにおいて「超越論的」は多義的にもちいられていますが、経験の要素、感覚的要素を含まない「純粋な」もの、「経験的なもの」に対立する思弁的な枠組みと考えればよいと思います）。

どうして時間、脳、偶然性という大きな主題が三つも盛りこまれているのかといえば、それぞれの主題に取り組んでいる三つの思索（ハイデガーの存在論、神経生物学、メイヤスーの思弁的実在論）が、そろいもそろって、超越論的なもの、あるいはアプリオリなものという概念の基礎づけの不安定さをみてとり、この概念を放棄しようという方向で一致しているためです。乱暴に要約するなら、三つの方面からカントは攻撃を受けていて、これにマラブーはどう応じるかという構図になっているのです。

超越論的なものは、あらゆる認識の可能性の条件であると定義されながら、その発生源、由来を説明できない。思考の枠組みたる知性のアプリオリな概念（カテゴリー）が必然的であるといわれても、それに根拠はないのではないか。頭で考えただけのものが、考えている側と無関係に、独立して存在しているはずの対象と、どうして経験に先立って（アプリオリに）必然的に一致するといえるのか。たまたま偶然に一致した、したようにみえるだけではないのか。

こうした疑問を多面的に検討し、超越論的なものの不安定さという見解には同意しつつも、カントの著作にはすでに超越論的なものに抵抗するものが描写されていて、カント自身、この抵抗するものと対峙している、とマラブーはいいます。この抵抗するものは、思考や科学といった人間の営みに無関心な「生」のことであり、第一批判（『純粋理性批判』）で「純粋理性の後成説」という定式で素描はされているものの、第三批判（『判断力批判』）の目的論的判断力批判でようやく全面的に取りあげられるものです（後成説は、胚あるいは卵の中には材料だけがあり、段階的かつ漸次的に生物のかたちができていくとする生物学史上の学説で、生物の小型がすでに胚に完成して入っているとする前成説に対立します）。きわめて固定的で硬直したものとみられがちな超越論的なものが、もしも後成的であるなら、そこにもっと自由度をもった、変化可能な特性を見いだすことができるのではないか。三方面からの批判に対して評価すべきところは評価し、異をとなえるところはとなえながら、マラブーが最終的に呈示しようとするのはこうした展望であり、カントがすでに偶然性を、それも超越論的なもの、アプリオリなものの必然性と両立可能な偶然性を描いていた、メイヤスーの偶然性とはちがう「もう一つの偶然性」（三一三頁）の概念を練りあげていた、とする見解が呈示されます。

＊

以上のような行程のなかでマラブーが採用した方法で、今回、訳者にとってとりわけ印象的だったのは、〈震央〉という地震学の概念を導入していることです。震源が地中にあるのに対し、震央は地表上に地震波が到達する地点を、つまりある力が表層にあらわれるときの効果をさしています。表層の効果ということは、ある力（必然的なもの）が表層で偶然的要素に遭遇している、ということです。必然的なもの、論理的に先立つもの（アプリオリなもの！）の効力・影響は、事後的に偶然的なもののもとで見いだされる、とする発想になります。起源や発生源を特定することに注力する発生論的な探究法（ひらたくいえば起源さがし）とは対照的に、発生した効果を調べることで、その発生源の意義を考えるわけで、この手法は、表層の効果がたんに二次的で派生的に起きたことがらではなく、一次的なもの（発生源）を構成する、すなわち後のものが先立つものを遡及的に規定する、そうした動態的な構造をとらえようとするものです。後成説の現代版といえる現代生物学のエピジェネティクスは、遺伝子によらない遺伝のしくみ、遺伝と環境の相互作用を解明しようとする研究分野ですが、その報告するところによると、DNA配列の変化をともなわないのに、環境次第でDNAの性質が変わることがあり、その変化が次世代に（あるいは世代をこえて）伝わることがあるそうです。ここにあるのも、事後の結果が発生源を変更させる構造、固定的・不変的でありながらも変化可能性をもっている構造です。マラブーの〈震央〉概念の応用は、エピジェネティクスの現時点での見解と、みごとに重なりあっているといえるでしょう。概念をあつかう哲学が生物学化するのではなく、生物学にすでに概念化（思弁化）を求める動きあることを示している適例で、われわれが今後、科学と哲学の関係を考えるとき、方法の妥当性を測るときの一つの基準になると思います。

＊

本書の訳出にあたっては、本書の英訳版Catherine Malabou, *Before Tomorrow. Epigenesis and Rationality*, Translated by Carolyn Shread, Polity Press, 2016を参照しました。カントほか、優れた邦訳の数々に助けられたことは、言うまでもありません。また、生物学関連の用語のいくつかについて、科学思想史がご専門の佐藤恵子先生にご教示いただきました。面識のない一介の翻訳者の質問に丁寧にお答えくださり、ありがとうございました。最後になりますが、的確なアドバイスと迅速な仕事ぶりで訳者を支えてくださった、人文書院の松岡隆浩氏に感謝いたします。

二〇一八年五月

平野　徹

——, *Chemins qui ne mènent nulle part*, tr. fr. Wolfgang Brokmeier, Paris, Gallimard, « Tel », 1962.

——, *Les Problèmes fondamentaux de la phénoménologie*, tr. fr. Jean-François Courtine, Paris, Gallimard, 1985, p. 386.〔マルティン・ハイデガー『現象学の根本問題』木田元／平田裕之／迫田健一訳、作品社、2010年〕

——, *Les Concepts fondamentaux de la métaphysique. Monde-finitude-solitude*, tr. fr. Daniel Panis, Paris, Gallimard, 1992.

——, *Temps et Être*, tr. fr. François Fédier, in *Questions IV*, Paris, Gallimard, « Tel », 1976.

Herder, Johann Godfried, *Ideen zur Philosophie der Geschichte der Menschheit, in* V. B. Suphan (éd.), *Herders Sämmtliche Werke*, vol. 13, Berlin, Weidmann, 1887.

Hume, David, *An Inquiry Concerning Human Understanding*, L. A. Selby-Bigge (éd.), Oxford, Clarendon Press, 3e édition (réimpression de l'édition de 1777).〔デイヴィッド・ヒューム『人間知性研究』斎藤繁雄／一ノ瀬正樹訳、法政大学出版局、2004年〕

Johnston, Adrian, *Prolegomena to Any Future Materialism, Volume One: The Outcome of Contemporary French Philosophy*, Evanston, Northwestern University Press, 2013.

Marion, Jean-Luc, *Étant donné. Essai d'une phénoménologie de la donation*, Paris, Puf, « Épiméthée », 1997, rééd. « Quadrige », 2013.

Meillassoux, Quentin, *Après la finitude. Essai sur la nécessité de la contingence*, Paris, Seuil, 2006.〔カンタン・メイヤスー『有限性の後で　偶然性の必然性についての試論』千葉雅也／大橋完太郎／星野太訳、人文書院、2016年〕

Müller-Sievers, Helmut, *Self-Generation. Biology, Philosophy, and Literature Around 1800*, Stanford, Stanford University Press, 1997.

Musil, Robert, *Tagebücher*, Adolf Frisé (éd.), Reinbek bei Hamburg, Rowohlt, 1976, vol. 1, p. 119; Robert Musil, *Journaux*, tr. fr. Philippe Jacottet, Paris, Seuil, 1981.

Peirce, Charles Sanders, « Principles of Philosophy », in Charles Hawthorne et Paul Weiss (eds), *Collected Papers of Charles Sanders Peirce*, Cambridge MA, The Belknap Press of Harvard University Press, 1965.

Richards, Robert J., *The Romantic Concept of Life. Science and Philosophy in the Age of Goethe*, Chicago, University of Chicago Press, 2002.

Ricœur, Paul, *De l'interprétation. Essai sur Freud*, Paris, Seuil, 1965.〔ポール・リクール『フロイトを読む　解釈学試論』久米博訳、新曜社、1982年〕

——, *Le Conflit des interprétations. Essais d'herméneutique*, Paris, Seuil, 1969.

Sluga, Hans D., *Gottlob Frege*, Londres, Routledge & Keagan Paul, 1980.

« Épiméthée », 1990.〔ジャック・デリダ『フッサール哲学における発生の問題』合田正人／荒金直人訳、みすず書房、2007年〕
——, « *Ousia et Grammè.* Note sur une note de *Sein und Zeit* », in *Marges de la philosophie*, Paris, Éditions de Minuit, 1972.〔ジャック・デリダ「ウーシアとグラ ンメー」『哲学の余白　上』所収、と迅速な仕事ぶりで訳者を支えて高橋允昭／藤本一勇訳、法政大学出版局、2007年〕
——, *Glas. Que reste-t-il du savoir absolu?*, Paris, Denoël Gonthier, « Médiations », 2 vol., 1981.
——, *Donner le temps*, Paris, Galilée, 1991.
Foucault, Michel, *Archéologie du savoir*, Paris, Gallimard, « Tel », 1969.〔ミシェル・フーコー『知の考古学』慎改康之訳、河出書房新社、2012年〕
——, « Sur l'archéologie des sciences. Réponse au Cercle d' épistémologie »（1968）, in *Dits et écrits I*, Paris, Gallimard, « Quarto », 2001, p. 724-759.〔「科学の考古学について　〈認識論サークル〉への回答」石田英敬訳、『ミシェル・フーコー思考集成Ⅲ』所収、筑摩書房、1999年〕
——, « Nietzsche, la généalogie, l'histoire »（1971）, in *Dits et écrits I*, p. 1004-1024.〔ミシェル・フーコー「ニーチェ、系譜学、歴史」伊藤晃訳『ミシェル・フーコー思考集成Ⅳ』所収、筑摩書房、1999年〕
——, « Les problèmes de la culture. Un débat Foucault-Preti »（1972）, *Dits et écrits I*, p. 1237-1248.〔「文化に関する諸問題　フーコーとプレティの討議」安原伸一朗訳、『ミシェル・フーコー思考集成Ⅳ』所収、筑摩書房、一九九九年〕
——, *L'Herméneutique du sujet.* Cours au Collège de France de 1981-1982, Paris, Gallimard/Seuil, 2001.〔『ミシェル・フーコー講義集成Ⅺ　主体の解釈学　コレージュ・ド・フランス講義1981-1982年度』廣瀬浩司／原和之訳、筑摩書房、2004年〕
Galloway, Alexander R., *Les Nouveaux Réalistes*, tr. fr. Clémentine Duzer et Thomas Duzer, Paris, Éditions Léo Scheer, 2012.
Godin, Christian, « La figure et le moment du scepticisme chez Hegel », *Les Études philosophiques*, Paris, Puf, 2004, vol. 3, no 70, p. 341-356.
Grondin, Jean, *L'Horizon herméneutique de la pensée contemporaine*, Paris, Vrin, 1993.
Heidegger, Martin, *Être et temps*, tr. fr. François Vezin, Paris, Gallimard, 1987.〔マルティン・ハイデガー『存在と時間』高田珠樹訳、作品社、2013年〕
——, *Beiträge zur Philosophie*（*Vom Ereignis*）, *Gesamtausgabe*, vol. 65, Francfort-sur-le-Main, Vittorio Klostermann, 2003.
——, *Le Principe de raison*, tr. fr. André Préau, Paris, Gallimard, 1957, rééd. « Tel », 1962.〔マルティン・ハイデッガー『根拠律』辻村公一／ハルトムート・ブフナー訳、創文社、1962年〕

Power of Mental Force, New York, Harper Collins, 2002.〔ジェフリー・M・シュウォーツ／シャロン・ベグレイ『心が脳を変える』吉田利子訳、サンマーク出版、2004年〕

Waddington, Conrad Hal, *The Basic Ideas of Biology*, in *Towards a Theoretical Biology*, Edinburgh, Edinburgh University Press, 1968-1972, 4 vol.

West-Eberhard, Mary-Jane, *Developmental Plasticity and Evolution*, New York, Oxford University Press, 2003.

Wolff, Caspar Friedrich, *Theorie von der Generation in zwei Abhandlungen erklärt aund bewiesen*, (*Theoria generationis*), Berlin, Wilhelm Birnstiel, 1764, rééd. Hildesheim, Georg Olms Verlag, 1966.

そのほかの参考文献

Anderson, Ross, « Transcendental Arguments and Idealism », *in* Godfrey Vesey (dir.), *Idealism Past and Present*, Cambridge, Cambridge University Press, 1982.

Aristote, *Physique IV*, *Physique IV*, II, 219b, tr. fr. Henri Carteron, Paris, Les Belles Lettres, 1990.〔『自然学』内山勝利訳、『アリストテレス全集 4』所収、岩波書店、2017年〕

Badiou, Alain, *Logiques des mondes. L'être et l'événement*, 2, Paris, Seuil, 2006.

Bennington, Geoffrey, « Derridabase », *in* Jacques Derrida et Geoffrey Bennington, *Circonfession*, Paris, Seuil, « Les Contemporains », 1991.

Boltzmann, Ludwig, *Principien der Naturfilosofi. Lectures on Natural Philosophy 1903-1917*, Ilse M. Fasol-Boltzmann (éd.), Berlin/Heidelberg, Springer, 1990.

Brague, Rémi, *Du temps chez Platon et Aristote. Quatre études*, Paris, Puf, 1982.

Braver, Lee, *A Thing of This World. A History of Continental Anti-Realism*, Evanston, Northwestern University Press, 2007.

Bourgeois, Bernard, *L'Idéalisme allemand*, Paris, Vrin, « Alternatives et progrès », 2000.

Brekke, Øystein, « On the Subject of Epigenesis. An Interpretive Figure *in* Paul Ricœur », in Marius Timmann Mjaaland, Ulrik Houlind Rasmussen, Philipp Stoellger (dir.), *Impossible Time. Past and Future in the Philosophy of Religion*, Tübingen, Mohr Siebeck Verlag, 2013, p. 73-82.

Cassirer, Ernst, *Le Problème de la connaissance dans la philosophie et la science des temps modernes* (1907), tr. fr. René Fréreux, Paris, Cerf, 2005.〔エルンスト・カッシーラー『認識問題 2-2 近代の哲学と科学における』須田朗／宮武昭／村岡晋一訳、みすず書房、2003年〕

Derrida, Jacques, *Le Problème de la genèse dans la philosophie de Husserl*, Paris, Puf,

2010.

Edelman, Gerald M., *Biologie de la conscience*, tr. fr. Ana Gerschenfeld, Paris, Odile Jacob, 1992.〔ジェラルド・モーリス・エデルマン『脳から心へ　心の進化の生物学』金子隆芳訳、新曜社、1995年〕

Harvey, William, *On the Generation of Animals* [1651], Ann Arbor, Edwards, 1943.

Ho, Mae-Wan, *Living with the Fluid Genome*, Londres/Penang, Institute of Science in Society/Third World Network, 2003.

——, « Epigenetic Inheritance. "What Genes Remember" ? », *Prospect Magazine*, mai 2008, no146.

Jablonka, Eva, Lamb, Marion J., *Evolution in Four Dimensions, Genetic, Epigenetic, Behavioral, and Symbolic Variation in the History of Life*, Cambridge, MIT Press, 2005.

Jacob, François, *La Logique du vivant. Une histoire de l'hérédité*, Paris, Gallimard, « Tel », 1970.

Jenuwein, Thomas, Allis, David, Reinberg, Danny (dir.), *Epigenetics*, Cold Spring Harbour Laboratory Press, 2006. Édition électronique: www.epigenome.eu, www.epigenome-noe.net〔D・アリス／T・ジェニュワイン／D・ラインバーグ編『エピジェネティクス』堀越正美監訳、培風館、2010年〕

Lenoir, Timothy, *The Strategy of Life. Teleology and Mechanism in Nineteenth Century German Biology*, Dordrecht, Reidel, 1982.

Lewontin, Richard, *The Triple Helix. Gene, Organism, and Environment*, Cambridge, MA, Harvard University Press, 2000; *La Triple Hélice. Les gènes, l'organisme et l'environnement*, tr. fr. Nicolas Witkowski, Paris, Seuil, 2003.

Ludwig, Pascal, Pradeu, Thomas (dir.), *L'Individu, perspectives contemporaines*, Paris, Vrin, « Bibliothèque d'histoire de la philosophie », 2008.

Malabou, Catherine, « Pour une critique de la raison neurobiologique », *La Quinzaine littéraire*, janvier 2009, no 984.

Maupertuis, Pierre-Louis Moreau, De, *Essai sur la formation des corps organisés*, Paris, A. Berlin, 1754.

Morgan, Thomas Hunt, « The Relation of Genetics to Physiology and Medicine », Nobel Lecture, 1935. Disponible en ligne [http://www.nobelprize.org/nobel_prizes/medicine/laureates/1933/morganlecture.pdf].

Pradeu, Thomas, « Philosophie de la biologie », *in* Anouk Barberousse, Denis Bonnay, Mikael Cozyk (dir.), *Précis de philosophie des sciences*, Paris, Vuibert, 2011, p. 378-403.

Schwarz, Jeffrey M., Begley, Sharon, *The Mind and the Brain, Neuroplasticity and the*

Paris, INRA Éditions, 1999.
——, « Programme de recherche inter-centres *Biologie et société* », 2009.
En ligne: http://www.ehess.fr/fileadmin/template/images/documents_pdf/PRI-Biologie.pdf
Blumenbach, Johann Friedrich, *Über der Bildungstrieb und das Zeugungsgeschäfte*, Göttingen, Dietrich, 1781.
——, « Über den Bildungstrieb (Nisus formativus) und seinen Einfluß auf die Generation und Reproduction », in Georg Christoph Lichtenberg, Georg Forster (éd.), *Göttingisches Magazin der Wissenschaften und Litteratur*, 1780, vol. 1, no 5, p. 247-266.
——, *Manuel d'histoire naturelle* [1792], tr. fr. Soulange Artaud, Metz, Collignon, 6e éd., 1803.
——, *Institutions physiologiques*, trad. du latin et augmentées de notes par J.-Fr. Pugnet, Lyon, J. T. Reymannet et Cie, 1797, section 45, *De la force de formation*, paragraphe 591, p. 299-300.
Buffon, Georges-Louis Leclerc, comte de, *OEuvres complètes. Histoire des animaux*, Paris, F.-D. Pillot, 29 vol., 1829-1832.
Canguilhem, Georges, Lapassade, Georges, Piquemal, Jacques, Ulmann, Jacques, *Du développement à l'évolution au XIXe siècle*, Paris, Puf, « Pratiques théoriques », 1962.
Changeux, Jean-Pierre, *L'Homme neuronal*, Paris, Fayard, 1983.〔ジャン＝ピエール・シャンジュー『ニューロン人間』新谷昌宏訳、みすず書房、1989年〕
——, *Du vrai, du beau, du bien. Une nouvelle approche neuronale*, Paris, Odile Jacob, 2008.
——, avec Philippe Courrège et Antoine Danchin, « Selective Stabilization of Developping Synapses As a Mechanism For the Specification of Neural Networks », *Proceedings of the National Academy of Sciences* USA, 1973, no 70, p. 2974-2978.
——, avec Paul Ricœur, *Ce qui nous fait penser. La Nature et la règle*, Paris, Odile Jacob, 1998.〔ジャン＝ピエール・シャンジュー／ポール・リクール『脳と心』合田正人／三浦直希訳、みすず書房、2008年〕
——, avec Alain Connes, *Matière à pensée*, Paris, Odile Jacob, 2000.〔ジャン＝ピエール・シャンジュー／アラン・コンヌ『考える物質』浜名優美訳、産業図書、1991年〕
Dossier « Épigénétique: l' hérédité au-delà des gènes », *La Recherche*, avril 2012, no 463, p. 38-54.
Dupré, John, Parry, Sarah (dir.), *Nature after The Genome*, Londres, Wiley-Blackwell,

Löw, Reinhard, Philosophie des Lebendingen. *Der Begriff des Organischen bei Kant, sein Grund und seine Aktualität*, Francfort, Suhrkamp, 1980.

Mensch, Jennifer, *Kant's Organicism. Epigenesis and the Development of Critical Philosophy*, Chicago, The University of Chicago Press, 2013.

Mc Laughlin, Peter, *Kant's Critique of Teleology in Biological Explanation. Antinomy and Teleology*, Lewistin, Edwin Mellen Press, 1990.

Rockmore, Tom, *In Kant's Wake. Philosophy in the Twentieth Century*, Malden, Blackwell, 2006.〔トム・ロックモア『カントの航跡のなかで 二十世紀の哲学』牧野英二監訳、齋藤元紀ほか訳、法政大学出版局、2008年〕

Sandford, Stella, « Spontaneous Generation. The Fantasy of the Birth of Concepts in Kant's *Critique of Pure Reason* », *Radical Philosophy*, mai-juin 2013, no 179, p. 15-26.

Sloan, Phillip R., « Performing the Categories. Eighteenth-Century Generation Theory and the Biological Roots of Kant's *A Priori* », *Journal of the History of Philosophy*, 2002, vol. 40, no 2, p. 229-253.

Verneaux, Roger, « La notion kantienne d'analyse transcendantale », *Revue philosophique de Louvain*, 1952, vol. 50, no 27, p. 394-428.

——, *Le Vocabulaire de Kant*, Paris, Aubier-Montaigne, 1967.

Weil, Éric, *Problèmes kantiens*, Paris, Vrin, 1970.

Wubnig, Judy, « The Epigenesis of Pure Reason, A Note on the *Critique of Pure Reason*, B sec. 27, 165-167 », *Kant-Studien*, 1969, vol. 60, no 2, p. 147-152.

Zammito, John H., *The Genesis of Kant's* Kritik der Urteilskraft, Chicago, University of Chicago Press, 1992.

——, « Kant's Persistent Ambivalence Toward Epigenesis, 1764-1790 », *in* Philippe Huneman (dir.), *Understanding Purpose. Collected Essays on Kant and Philosophy of Biology*, in North American Kant Society Studies in Philosophy, vol. VIII, Rochester, University of Rochester Press, 2007, p. 51-74.

Zöller, Günter, « Kant On the Generation of Metaphysical Knowledge », in Hariolf Oberer et Gerhard Seel (dir.), *Kant, Analysen-Probleme-Kritik*, Würzburg, Königshausen et Neumann, 1988, p. 71-90.

生物学関連の文献

Aristote, *De la génération des animaux*, Paris, Les Belles Lettres, tr. fr. P. Louis, Paris, 1961.〔『動物発生論』島崎三郎訳、『アリストテレス全集 9』所収、岩波書店、1969年〕

Atlan, Henri, *La Fin du « tout génétique »? Vers de nouveaux paradigmes en biologie*,

1937.

Duchesneau, François, « Épigenèse de la raison pure et analogies biologiques », in François Duchesneau, Guy Lafrance et Claude Piché, *Kant actuel. Hommage à Pierre Laberge*, Paris, Bellarmin/Vrin, 2000, p. 233-256.

Foucault, Michel, « Qu'est-ce que la critique? Critique et Aufklärung », Bulletin de la société française de philosophie, avril-juin 1990, vol. 84, no 2 (conférence prononcée le 27 mai 1978 devant la Société française de philosophie).

——, « What is Enlightenment? », in Paul Rabinow (ed.), *The Foucault Reader*, New York, Pantheon Books, 1984, p. 32-50. Repris in *Dits et écrits*, Paris, Gallimard, « Quarto », tome II, 2001, p. 1381-1397.〔「啓蒙とは何か」石田英敬訳、『ミシェル・フーコー思考集成X』所収、筑摩書房、2002年〕

——, « Qu'est-ce que les Lumières? », Magazine littéraire, mai 1984, no 207, p. 35-39 (extrait du Cours au Collège de France du 5 janvier 1983). Repris in *Dits et écrits*, Paris, Gallimard, « Quarto », tome II, 2001, p. 1498-1507.〔ミシェル・フーコー「カントについての講義」小林康夫訳、『ミシェル・フーコー思考集成X』所収、筑摩書房、2002年〕

Genova, A. C. « Kant's Epigenesis of Pure Reason », Kant-Studien, 1974, vol. 65, no 3, p. 259-273.

Heidegger, Martin, *Kant et le problème de la métaphysique*, tr. fr. Alphonse de Waelhens et Walter Biemel, Paris, Gallimard, « Tel », 1953.〔『ハイデッガー選集第19巻　カントと形而上学の問題』木場深定訳、理想社、1967年〕

——, *Interprétation phénoménologique de la* Critique de la raison pure *de Kant*, tr. fr. Emmanuel Martineau, Paris, Gallimard, 1982.

Huneman, Philippe, *Métaphysique et biologie. Kant et la constitution du concept d'organisme*, Paris, Vrin, 2008.

——, « La place de l'analytique de la biologie dans la philosophie transcendantale », *in* Sophie Grapotte, Mai Lequan, Margit Ruffing (dir.), *Kant et les sciences. Un dialogue philosophique avec la pluralité des savoirs*, Paris, Vrin, 2011, p. 253-265.

Ingensiep, HansWerner, « Die biologischen Analogien und die erkenntnistheoretischen Alternativen in Kants Kritik der reinen Vernunft B § 27 », *Kant-Studien*, 1994, vol. 85, no 4, p. 381-393.

Lebrun, Gérard, *Kant et la fin de la métaphysique*, Paris, Armand Colin, 1970, rééd. Le Livre de Poche, « Références », 1970.

Longuenesse, Béatrice, *Kant et le pouvoir de juger. Sensibilité et discursivité dans l'Analytique transcendantale de la Critique de la raison pure*, Paris, Puf, « Épiméthée », 1993.

参考文献

※参照した邦訳文献については〔 〕で示した。本欄に記載のない邦訳についてはそれぞれの原註に〔 〕で示した。引用文は文脈上訳に変更をくわえた箇所や、マラブー引用のフランス語テキストから直接訳出した箇所があり、邦訳文献の該当箇所とかならずしも一致していない（訳者）。

イマヌエル・カントの著作

1）ドイツ語文献

Gesammelte Schriften, Berlin, Königlich Preussischen Akademie der Wissenschaften, 1902-1997（“AK” とローマ数字の併記は巻数を、アラビア数字はページ番号を示す）

2）使用したフランス語翻訳

Œuvres philosophiques, Ferdinand Alquié（éd.）, Paris, Gallimard, « Bibliothèque de la Pléiade », 3 vol., 1980, 1985, 1986（noté Pléiade I, II, III）.

以下の著作を除く。

Anthropologie du point de vue pragmatique, tr. fr. Michel Foucault, Paris, Vrin, rééd. 2008.〔『実用的見地における人間学』渋谷治美訳、『カント全集15』所収、岩波書店、2003年〕

Critique de la raison pure, tr. fr. Alain Renaut, Paris, GF-Flammarion, 2006, 3e édition（noté CRP）.〔『純粋理性批判』上・下、石川文康訳、筑摩書房、2014年〕

Critique de la faculté de juger, tr. fr. Alain Renaut, Paris, GFFlammarion, 1995（noté CFJ）.〔『判断力批判』上・下、篠田英雄訳、岩波書店、1979年〕

La Philosophie de l'histoire. Opuscules, tr. fr. Stéphane Piobetta, Paris, Aubier, 1947.

カントについての文献

Benoist, Jocelyn, *Kant et les limites de la synthèse. Le sujet sensible*, Paris, Puf, « Épiméthée », 1996.

Bouveresse, Jacques, « Le problème de l' *a priori* et la conception évolutionniste des lois de la pensée », in Essais V-Descartes, Leibniz, Kant, Marseille, Agone, « Banc d'essai », 2006, p. 113-138. En ligne [http://agone.revues.org/index214.html].

Boyer, Alain, *Hors du temps. Un essai sur Kant*, Paris, Vrin, « Essais et controverses », 2001.

De Vleeschauwer, Herman Jan, *La Déduction transcendantale dans l'oeuvre de Kant*, 3 vol., Antwerpen/ Paris/s' Gravenhage, De Sikkel/E. Leroux/N. Nijhoff, 1934-

ラ　行

タ　行

ナ　行

ハ　行

マ　行

人名索引

（本文に登場する人名をあげた。カントについては主要著作の略称をあげ、その該当個所を示した）

著者略歴

カトリーヌ・マラブー（Catherine Malabou）

1959年生まれ。英キングストン大学近代ヨーロッパ哲学研究センター教授。訳書に、『デリダと肯定の思考』（編著、高橋哲哉、高桑和巳、増田一夫訳、未來社、2001年）、『ヘーゲルの未来　可塑性・時間性・弁証法』（西山雄二訳、未來社、2005年）、『わたしたちの脳をどうするか　ニューロサイエンスとグローバル資本主義』（桑田光平、増田文一朗訳、春秋社、2005年）、『新たなる傷つきし者　現代の心的外傷を考える』（平野徹訳、河出書房新社、2016年）がある。

訳者略歴

平野　徹（ひらの　とおる）

1967年生まれ。中央大学法学部政治学科卒。ストラスブール大学哲学部修士課程中退。仏語翻訳者。訳書に、シャルル・ドゥローネ『ジャンゴ・ラインハルト伝　ジャンゴ わが兄弟』（河出書房新社、2009年）、マラブー『新たなる傷つきし者』（河出書房新社、2016年）がある。

Printed in Japan

ISBN978-4-409-03098-1 C3010

明日《あす》の前に

——後成説と合理性

二〇一八年六月一〇日 初版第一刷印刷

二〇一八年六月二〇日 初版第一刷発行

著者 カトリーヌ・マラブー

訳者 平野徹

発行者 渡辺博史

発行所 人文書院

〒六一二-八四四七

京都市伏見区竹田西内畑町九

電話〇七五・六〇三・一三四四

振替〇一〇〇〇-八-一一〇三

印刷所 創栄図書印刷株式会社

装丁 間村俊一

落丁・乱丁本は小社送料負担にてお取り替えいたします

カンタン・メイヤスー著／千葉雅也、大橋完太郎、星野太訳

有限性の後で

偶然性の必然性についての試論

この世界は、まったくの偶然で、
別様の世界に変化しうる。

二二〇〇円

人文学を揺るがす思弁的実在論、その最重要作、待望の邦訳。「カンタン・メイヤスーの最初の一冊にして代表作である本書は、さほど長いものではないが、濃密に書かれた書物だ。アラン・バディウが序文で述べるように、これは一種の「証明」の試みに他ならない。何を証明するのか。ひとことで言えば、事物それ自体を思考する可能性があるということの証明である。カントの用語を使うならば、本書は、私たちを「物自体」へ向けて改めて旅立たせるものである、と紹介することもできるだろう。」（訳者解説より）